“全国旅游高等院校精品课程”系列教材
上海市高职高专一流专业建设系列教材

酒店接待实务

HOTEL RECEPTION PRACTICE

陈为新 /主编

中国旅游出版社

责任编辑：李冉冉
责任印制：冯冬青
封面设计：中文天地

图书在版编目（CIP）数据

酒店接待实务 / 陈为新主编. -- 北京 : 中国旅游出版社，2022.10

全国旅游高等院校精品课程系列教材

ISBN 978-7-5032-6974-5

Ⅰ. ①酒… Ⅱ. ①陈… Ⅲ. ①饭店－商业服务－高等学校－教材 Ⅳ. ①F719.2

中国版本图书馆CIP数据核字(2022)第104799号

书　　名：酒店接待实务

作　　者：陈为新主编
出版发行：中国旅游出版社
（北京静安东里 6 号　邮编：100028）
http://www.cttp.net.cn　E-mail:cttp@mct.gov.cn
营销中心电话：010-57377108，010-57377109
读者服务部电话：010-57377151
排　　版：北京旅教文化传播有限公司
经　　销：全国各地新华书店
印　　刷：三河市灵山芝兰印刷有限公司
版　　次：2022 年 10 月第 1 版　2022 年 10 月第 1 次印刷
开　　本：787 毫米 ×1092 毫米　1/16
印　　张：18.5
字　　数：339 千
定　　价：42.00 元
ISBN　978-7-5032-6974-5

编委会

总 序

为全面落实全国教育大会精神和立德树人根本任务，根据《国家职业教育改革实施方案》总体部署和《上海深化产教融合推进一流专科高等职业教育建设试点方案》（沪教委高〔2019〕11号）精神，我校积极落实和推进高等职业教育一流专科专业建设工作，烹饪工艺与营养、酒店管理、西餐工艺、旅游英语、旅游管理和会展策划与管理六个专业获得上海市高职高专一流专业培育立项。在一流专业建设中我校拟建设一批省级、国家级精品课程，出版一系列专业教材，为专业建设、人才培养和课程改革提供示范和借鉴。

教材建设是旅游人才教育的基础，是“三教”改革的核心任务之一，是对接行业和行业标准转化的重要媒介。随着我国旅游教育层次和结构趋于完整化、多元化，旅游专业人才的培养目标更加明确。因此教材建设应对接现代技术发展趋势和岗位能力要求，构建契合产业需求的职业能力框架，将行业最新的技术技能标准转化为专业课程标准，打造一批高阶性、应用性、创新性高职“金课”。拓展优质教育教学资源，健全教材专业审核机制，形成课程比例结构合理、质量优良、形式丰富的课程教材体系。

以一流专业建设为契机，我校积极探索校企共同研制科学规范、符合行业需求的人才培养方案和课程标准，将新技术、新工艺、新规范等产业先进元素纳入教学标准和教学内容，探索模块化教学模式，深化教材与教法改革，在此基础上，学校酒店与烹饪学院组织了经验丰富的资深教师团队，编纂了本套系列教材。本套教材主要包括：《酒店经营管理实务》《酒店安全管理》《酒店接待实务》《接待业概论》《酒店专业英语》《茶饮文化》《调酒技艺》《咖啡技艺与咖啡馆运营》《酒店督导技巧》《食品营养与卫生》《厨房生产管理》《面点制作工艺》《中式烹调技艺》《餐厅空间设计》《酒店服务管理》等。既有专业基础课程教材，又有专业核心课程教材。

专业基础课程教材重在夯实学生专业基础理论以及理解专业理论在实践中的应用场景，专业核心课程教材从内容上紧密对接行业工作实际；从呈现形式上力求新颖，可阅读性强，图文并茂；教材选取的案例、习题及补充阅读材料均来自行业实践，充分体现了科学性与前瞻性的结合；从教材体例编排上按照工作过程或工作模块进行组织，充分体现了与实际工作内容的对接。

本套教材的出版作为上海旅游高等专科学校一流专业建设的阶段性成果，必将为专业发展及人才培养成效再添动力。同时，本套教材也为国内同类院校相关专业提供了丰富的选择，对于行业培训而言，专业核心课程教材的内容也可作为员工培训的素材供选择。

上海旅游高等专科学校
一流专业建设系列教材编委会
2020 年 11 月 于上海

前 言

改革开放40余年，酒店行业也发生了翻天覆地的变化。特别是近来随着大数据、人工智能的发展，越来越多的岗位都朝着复合化、数字化的方向发展，酒店接待也不例外。2021年3月，教育部颁布了最新的《高等职业教育专业目录》，酒店管理专业更名为酒店管理与数字化运营专业，进一步明确了这一点。未来的酒店接待人才是能够熟练使用酒店管理信息系统，为客人提供“满意＋惊喜”服务的复合型人才。

《酒店接待实务》是针对酒店接待员的培训教材，既可用于酒店管理与数字化运营专业的酒店接待课程，也可用于酒店前厅接待员的入门培训。本教材根据世界技能大赛酒店接待赛项要求，将酒店接待工作职责分解为若干任务，试图反映其所有工作内容。本教材具有以下三个特点。第一，尽可能简单明了地涵盖酒店接待的全部工作流程，包括处理查询和预订、入住和结账的过程等，这些是酒店接待员必须了解的内容。第二，突出酒店接待员所需要的社交技能和销售能力。酒店接待员需要和人打交道，既要提供优质的服务，表现出机智、热情，又要以销售为导向，最大化酒店利润；这两种不同的能力都很难学习，因此本教材都有专门章节以丰富的案例详述了酒店接待员所需要的社交技巧和销售技巧。第三，针对所有工作内容都尽可能地给出其背后的管理原理。有潜质的酒店接待员不仅应该知道他们在做什么，还应该知道为什么；这样既有利于酒店接待员更好地完成工作，也有助于其未来的职业生涯发展。

本教材尽可能以清晰、便于理解的方式进行编写，将理论与实践融为一体，及时反映出酒店接待工作中的新需要、新技术、新方法、新理念，以期对我国酒店接待及管理与数字化运营专业的课程建设提供有益的启迪。

由于时间仓促，书中不足之处在所难免，望广大读者批评指正！

陈为新

2022年6月

目 录
CONTENTS

绪论

自从2019年第45届世界技能大赛新增了“酒店接待（Hotel Reception）”赛项，酒店接待员（Hotel Receptionist）岗位又开始受到了业界的重视。该岗位隶属于酒店前厅部（Front Office），之前被称为“前厅接待员”；但现在随着该岗位内容的拓展，被称为“酒店接待员”，主要负责前厅的接待工作。

对许多客人而言，前厅就代表了酒店。前厅几乎要向每一位客人提供服务，所有的功能、活动和区域的设置也都是为了对客服务和销售。客人与酒店之间所发生的交易记录显示了酒店经营活动的流程。这一流程可以分为四个阶段：抵店前、抵店、住店和离店。在每一个阶段中，前厅都担负着重要的对客服务和客账管理的责任，因此前厅接待员应懂得客人入住期间的全部服务和账务活动内容。

一、酒店接待工作内容的发展

改革开放以后，酒店业是我国对外开放最早的行业之一。随着信息技术的发展，我国酒店前厅接待业务的发展也历经了几个阶段。20世纪80年代，传统的酒店前厅业务分工细致。就前台而言，就有入住登记、离店结账、客人问讯、外币兑换等各项工作。每项工作都需要由不同的员工来完成，并隶属于不同的部门。例如，负责入住登记和客人问讯的员工，隶属于前厅部；负责离店结账和外币兑换的员工隶属于财务部。他们被规定不能互相帮忙。在这些规定下，酒店前台时常发生客人等候，而前台有些工作人员无所事事的情况，这引发了众多客人的不满，甚至投诉。这种传统的管理方法是基于“财务部门对业务部门进行监控”这一原则之上的，亦是只考虑了酒店内部管理的需要。

随着时代的进步，为了更好地给客人提供服务，从20世纪90年代末期起，酒店前台员工经过培训，都能为客人提供从入住登记、客人问讯、外币兑换到离店结账的任何服务，即客人到了前台，只要面对一名员工，就可以解决所有的问题。负责这些业务的员工都隶属于前厅部，财务部只是在相关业务上给予指导和监督。这是从客人需求角度出发的现代管理方法，既能最大限度地满足客人的需求、节约客人时间成本，又能减少酒店的用工成本。

进入 21 世纪以来，随着大数据、人工智能的进一步发展，酒店接待员的工作内容又进一步得到了拓展：他们不仅需要掌握传统的前台业务，还要能处理预订、总机、问讯、客户关系等多项之前隶属于前厅部、预订部等其他部门的一些业务。前厅部各个部门人员也进一步精简，员工掌握的技能更加复合化，来适应时代的发展。从第 45 届世界技能大赛酒店接待赛项的要求（见附录 C），也可以看出酒店接待员的工作内容越来越复杂。除了许多专业技能外，酒店前后台之间以及各部门与客人之间的联络、关系协调也需要前厅部来沟通。

二、酒店接待工作的意义

酒店接待本质上就是为客人提供一种服务、一次满意的住宿体验。那么，酒店接待这项服务工作对于社会、客人和员工都意味着什么呢？

（一）从社会发展的角度

有研究表明，当一个国家称人均 GDP 超过 1 万美元，它的服务业将迎来爆发性增长。我国从 2019 年起已经连续三年人均 GDP 超过了 1 万美元，这意味着我国的服务业将进入新的发展阶段。正如习近平总书记所说："中国特色社会主义进入新时代，我国社会的主要矛盾已经转化为人民日益增长的美好生活需要和不平衡不充分的发展之间的矛盾。"

换句话说，按照马斯洛需求层次理论，当下我国人们的需求已从单纯的满足生理和安全的需求进入高阶需求的满足之中。低阶的生理和安全需求，大多是由第一产业和第二产业来去实现的。更高阶的需求，如社交需求、赢得尊重的需求、自我实现的需求，实际上都是要通过第三产业，即服务业来满足，所以服务业的大发展背后，其实是源自我们人类本身在不断地演进。

（二）从客人的角度

最新研究表明，财富本身并不能为美好生活提供任何保证，比高收入更为重要的是人们如何花钱。同时，与为自己花钱相比，为别人花钱更令人愉快，而且当人们把钱花在自己身上时，花钱旅游、增长见识比购买物质产品更让人感到持久的幸福。美国康奈尔大学心理学教授托马斯·季洛维奇也认为，经历往往能够满足我们更多潜在的心理需求。旅行虽然很快结束，但我们可以经常与其他人共享自己的经历，不但能与他人产生更广泛的联系，还有利于形成认同感。更重要的是，我们往往不会拿自己的经历跟他人攀比，而物质方面的攀比要突出很多。季洛维奇教授和他的同事们还发现，期待一段美妙的经历，要比等着购买实际有形的商品更能带来快乐。等待着一个事件的发生一般会令人兴奋，而期待物质性的东西则“似乎会让人不耐烦”[①]。

但若要给客人带来一个令人兴奋的事件，在物资供应日益丰富、消费水平日益提高的今天，单靠真诚和微笑是不够的。经济社会的发展、人们生活水平的不断提高、交通设施的改善以及带薪假期制度的逐步实行，使人们的出行更加频繁，对个性化服务的需求也日益增多。客人拥有更多的主导权和自由选择权，这在带动酒店业发展的同时也对酒店业提升服务体验提出了更高要求。要留住客人、赢得客人，更重要的是能够给客人以实实在在的帮助，也就是使服务具有更加丰富的内涵。具体来说，提供的服务不但能够满足客人的期望，而且能够起到雪中送炭和锦上添花的功效，给客人以意外的惊喜，这就是酒店服务追求的目标。

（三）从员工个人的角度

现在有研究表明，人的压力是无法消失的，而压力对人造成的伤害是显而易见的。为了减少压力，人们采用提高睡眠质量、健康饮食等方法，但是最本质的方法是选择和人接触多一些的行业。因为为别人提供服务，能够对他人的情绪感同身受，从而更愿意去关怀他人、为他人多做一些贡献——让别人幸福，自己才会幸福。痛苦的时候，找到一个利他的目标，向目标前进，心中关爱着他人、每天尽量地关怀他人、克服自己心中过多的私欲、更多地去想想自己能够为别人做些什么事

① 裘霜 译．金钱能买来幸福吗？［J］读者，2015（8）：46.

情，大脑就会变得越来越健康，每天也会越来越快乐[①]。

酒店接待业是典型的和人打交道的行业，是人与人的直接接触与交流。这种工作能够给客人传递幸福和快乐，因此在工作的过程中享受工作的过程，在客人的惊喜中使员工自己也感到充实、满足、富有，这就像是国际服务评估组织金钥匙的人生定位——在客人的惊喜中找到自己富有的人生。

总之，服务业是解决人类更高级、更加多变需求的行业。酒店接待服务是一门科学，科学的意义在于求真；酒店接待服务也是一门艺术，艺术的价值在于创新；酒店接待服务更是一项事业，事业的意义在于献身。希望我们都能为打造中国服务贡献出自己的力量。

① 有田秀穗 . 减压脑科学［M］. 北京：国际文化出版公司，2021.

项目一

解读酒店接待

学习目标

知识目标：

1. 理解酒店接待的内涵。
2. 酒店接待服务的重要意义。
3. 了解酒店接待的业务内容。
4. 熟悉酒店的服务、设施、收费标准。
5. 熟悉酒店的残障人士设施。
6. 了解客户类型与住店周期。

技能目标：

1. 能够根据客人实际需求，划分不同类型的客人。
2. 能够提供有关酒店服务和设施的准确、全面的信息。
3. 能够确保接待区在外观、标志、清洁度方面都有良好的展示。
4. 能够维护客人、同事和访客的健康和安全。
5. 能够保护住店客人的隐私。

任务一　了解酒店接待

案例导入

岗位创新，或许是酒店组织变革的一个突破口

通过岗位合并，实现减人、增效、加薪，这种方式和思路，值得酒店借鉴。

盛夏的7月，你来到某城市旅行。经过几小时的旅途奔波，出租车停在一家五星级酒店门口，在给司机师傅付款时，你透过车窗看到华丽的旋转门门口有一位帅气的酒店员工正快步走向后备厢，帮忙取出行李后，来到车门前致以问候：“女士，下午好，欢迎您选择我们酒店，我叫Peter，很高兴为您服

务。”他一边拉行李一边引领你走向酒店前台。出乎你的意料，他并没有把你交给另外一名等候在前台的员工，而是俩人互换位置，前台的员工前往酒店门口，他则继续为你办理入住手续。你提供了预订和身份信息，房卡办好后，他拿着你的房卡和行李站在你的侧前方，引领你前往客梯处，并与你一同乘坐电梯。这一路上，他与你相谈甚欢，他向你初步介绍了这座城市。到达客房后，他熟练地将房卡插进取电口，将行李放置在行李架上。在走出房门前，他真诚地说："女士，再次感谢您下榻 ×× 品牌酒店，很高兴为您服务，入住期间如果您遇到问题，可以随时找我，我叫 Peter，祝您入住愉快！"两次自我介绍，让你牢牢地记住了他的名字。他给你的旅行增添了温暖的记忆。在完成旅行后，你在预订渠道给这家酒店一份五星好评，并提到了 Peter 这位员工。

酒店的这一波操作，是不是跟你以往的入住体验不太一样。一般完成以上流程，你会接触到不同部门和岗位的员工，但是在这里，你基本上只需要对接一个人，由他帮你解决入住期间的所有问题。这究竟是如何做到的？我们一起来一探究竟。

根据笔者的调研和采访，这家五星级酒店在前厅部将前台和礼宾两个岗位进行合并。按照酒店部门的编制，前台和礼宾部均隶属于前厅部，是房务部的一部分，通常是旅客进入酒店后最先感受到服务的部门，是冲在服务第一线的先锋。前台为客人办理入住登记及退房手续，对酒店整体房态进行控制并整理和归档客户信息。礼宾部是一个全方位对客服务的集合处、是无所不知的活地图、是车辆安排小能手、是行李搬运专家、是 24 小时随时待命的万能"工具人"。所以，合并不是简单的岗位合并，前提是员工变得一专多能。

"人才"被视为行业未来发展的关键所在。未来酒店业需要什么样的人才？如何缓解人力成本压力？岗位合并，或许正是一个突破口。这种用工模式有哪些实实在在的好处呢？下面来分析一下。

从客人角度来看，加强了服务体验，感受到了服务的完整性。在进行任何岗位的调整前，首先要考虑的是是否会影响客人体验、降低酒店的服务水平。酒店的前台及礼宾部扮演着重要的服务角色，是酒店的窗口。当把这些岗位职能合并在一起后，是否会影响整个部门的运营和服务质量呢？是否会降低客人的受关注度及满意度呢？答案是未必，有可能还会提升客人的体验。回想以往我们在酒店寻求帮助时，酒店传统的分工制度使我们听惯了"请找 ××× 部门的 ×××，他会帮助您"，或是"请稍等，我叫我的同事来帮助您”这样的专业话语。客人就像烫手山芋一样，在寻求服务帮助的过程中被扔来扔去。通常很简单的一个问题，却经过好几个人，耗费多时才能解决。而岗位合并后，一站式的服务，避免了工作交接过程中出现漏洞，减少了服务空挡，客人不用面临多个面孔，而只需要对接某一位员工，对服务的感受会更加深刻，客人的满意度没有降低。这样的妙招何乐而不为呢？

从员工个人角度出发，职业技能得以丰富和提升。在《中国酒店人力资源现状调研报告（2020）》中显示，“个人晋升机会少，职业发展前景不明确”的占比在经历了前两年的下降后，于 2019 年出现了反弹上升。员工更加关注职业发展的前景。而胜任越多的工作，就要接受更多的培训，就越有机会在职位上得到晋升。多样性的工作势必需要员工提升自身专业技能及素养。现如今，单一类型的人才发展越来越具有局限性，丰富自身能力，艺多不压身，个人能力得到提升的同时，个人价值也将得以体现，在服务执行中，也会收获更多的工作经验，为职业发展增多了可能性。

从酒店角度来说，一专多能，提高人效。从前需要两个人完成的事情，现如今可以通过一个人来完成。岗位职责优化、功能合并的模式，不仅是酒店服务功能和职责的创新，而且在一定程度上节省了人员编制和用工成本。随着时代的发展和客人对服务要求的提高，曾经贵宾的一对一式服务，通过岗位创新，也可以得到普及。未来的酒店服务需要的不是机械化、流程化，而是灵活化、人性化。在一专多能的用人模式下，人力成本和编制数量更具有可塑性。

复合型人才带给酒店的好处是显而易见的。但是这种工作模式，是否适用于全部酒店，还需要探索和实践。

（资料来源：https：//mp.weixin.qq.com/s/auBbJQRUDYD7AD5_lY62ZA。）

相关知识

一、酒店接待服务的内涵

中文的“接待”，这个双音节词是由文言文的两个单音节词“接”和“待”组成的，两个字均有多重含义。“接”的字义中有“迎接、接洽”之意，“待”的字义中包括“招待、相待、款待”等含义。在中国古代典籍中，“接待”表示“接纳、相待”，如“望之见纳朋，接待以意”（《汉书·萧望之传》）、“表欲得战士之力，倾意接待，士皆爱附，乐为用命”（《三国志·吴志·陈表传》）①。

在欧美，酒店业也被称为“Hospitality Industry”。Hospitality 即为“招待、接待”，而殷勤为客人服务为酒店业之根本。《圣经》中素有“以诚待客”的句子，显示了全心全意的服务和招待已经成为娱悦客人之本。在陌生的异地及海外旅行的途中，素不相识的人对我们所表现出的点滴好意，会给我们留下深刻的印象！

酒店接待工作本质上就是服务。什么是服务呢？以研究服务产业而著名的美国经济学家 Gronroos 认为，“服务一般是以无形活动的方式，发生在客人与接待人员之间，涉及有形资源、产品或系统运作，是为满足客人需求所提供的流程。”这个经典的定义有五个要点：一是由服务者提供服务；二是服务有客人作为对象；三是服务的目的是满足客人需求；四是服务的形式有多种；五是服务是一个流程，有起点与终点。换句话说，由接待人员所提供的服务流程所涉及的可能是物品、劳力、技术、知识、信息、设施、时间或空间，并因这一系列服务的提供满足客人所需而显现价值。因此，服务要回答谁是接待人员（Who）、服务谁（Whom）、因何需求（Why）、用何方式（What）和从何时开始（When）这“5W”方能成立②。

知识链接

什么是服务？

酒店从根本上说，只销售一样东西，那就是服务，提供低劣服务的酒店是失败的酒店，而提供优质服务的酒店则是成功的酒店。酒店的目标应是向客人提供最佳的服务，而酒店的根本经营宗旨也就是为了使客人得到舒适和便利。

——现代酒店管理之父埃尔斯沃思·密尔顿·斯塔特勒（见图 1–1）

图 1-1　埃尔斯沃恩·密尔顿·斯塔特勒

① 马勇 . 旅游接待业［M］. 武汉：华中科技大学出版社，2018.
② 诺木汗 . 服务大三元，中国大发展 . 中国服务纵横谈 Π［M］. 南京：江苏文艺出版社，2013.

服务是无形的，高低相差是细微的，难以用明确的规则条例来界定，所以往往容易被忽视，或被简单地理解为“笑脸相迎”“百问不烦”而已。但是让客人心甘情愿地掏钱购买你们恰到好处的微笑和温暖人心的言辞，酒店接待人员还需要具备许多专业技能。酒店产品是高度职业化的产品，即每一项服务的每一个动作都是经过培训的和有规范的。

拓展阅读

服务是一种艺术

我在大学读的是酒店管理专业，真正认识到服务是一种艺术，还是在大学毕业的6年以后。那是1987年，我有幸被集团选送参加为期1年的高级管理培训。受训地点是澳大利亚悉尼的一家本集团内的豪华五星级酒店。这家酒店的地理位置非常好，隔海相望是世界著名的悉尼歌剧院。作为培训内容的一部分，必须对整个酒店每个部门的、每个岗位的工作流程都有所了解，这样我就有了在酒店内西餐厅学习3天的机会。这家西餐厅在悉尼是一个社会名流云集的餐厅，原因有三点。一是该餐厅的特殊的地理位置，餐厅在酒店的顶楼16层；坐在该餐厅，透过大玻璃，每个角度隔海观赏悉尼歌剧院，都是最佳角度。二是该餐厅的意大利菜肴颇具特色。三是该餐厅拥有无可挑剔的服务水准。听完歌剧，该餐厅自然就成了社会名流共进晚餐的首选。

该餐厅的接待员一律是男士，他们身着的制服是黑色的燕尾服，双手一律佩戴白手套，头发齐整、皮鞋锃亮，俨然一位位绅士。每天到该餐厅前来就餐的客人，也是穿着讲究、举止风雅。在整个服务的过程中接待员永远是行如风、站如松、脸带微笑、动作迅速、态度和蔼。每位接待员都有事先规定分管的服务区域，接待员们从介绍菜单和点酒开始，然后就不停地穿梭于餐厅、厨房取菜处、酒吧之间。全套西餐的就餐时间在2~2.5小时，接待员要照顾几张餐桌的客人。客人一般从开胃菜、开胃酒开始，然后是汤，再后面一道是主食。上主食前，接待员会根据主菜类型帮客人推荐酒水：如果客人点的是肉类，会介绍配饮的红葡萄酒；如果客人点的是海鲜，会介绍配饮的白葡萄酒。胃口好的客人，还会要甜食和餐后酒，咖啡和茶则是结束晚餐的最后一道菜品。接待员要照顾好自管范围内的每一位客人的4~5道菜，所以一眼望去，每位接待员都拿着托盘，就像在舞台上走台步，姿态极美。最使我惊叹的是，根据该餐厅的服务标准，每道菜品必须加盖送上餐桌，然后揭盖展示菜品，无论有几位客人同时就餐，上菜必须在同一时间，揭盖也必须在同一时间。按照这一服务标准，如果是一位客人就餐，那只要由该桌的接待员进行服务即能完成服务；如果是两位客人同桌就餐，则需要邻桌的另一位接待员来帮忙完成服务；如果是三位或四位同桌，以此类推，则可以想象服务的难度。但我所见到的是六位客人同桌就餐：当该桌接待员把菜送上餐桌后，其他接待员就会无声地走向该桌，共同摆好姿势、同时揭盖，动作的默契实在令人惊讶，远远望去，揭盖的过程就像花朵的开放——太美了，这服务就像是舞台上的表演。我那时从心中发出由衷的感叹：服务是一种艺术！社会名流在著名的歌剧院欣赏完歌剧艺术后，这餐晚餐绝对是在享受另一种艺术。我终于明白，为什么这个西餐厅会名流云集。把服务当艺术，整个服务过程，就像是一出戏在舞台上表演，接待员是全身心地投入，服务对象——客人是全身心地享受。但这种服务的熟练和配合的默契，绝对是多次、长期培训的结果。

（资料来源：袁学娅. 中外酒店管理比较——入世后我国酒店管理如何同国际接轨［M］. 沈阳：辽宁科学技术出版社，2002.）

二、客人与接待人员之间的关系

客人和接待人员必须相互尊重、相互配合，这是提高服务质量的前提和必要条件。

接待人员应尊重客人，为客人提供热情、友好、殷勤、礼貌的优质服务，尽力满足客人的特殊需要，提高客人的满意程度。虽然在不同的服务环境中，尊重客人的形式会有所不同，但接待人员都必须通过自己的言行，使客人感觉到自己对他们的真诚关怀。

毫无疑问，我们首先强调的是接待人员必须尊重客人。但是，要全面提高服务质量，只强调服务行为管理还是不够的。在绝大多数服务工作中，客人必须亲自参与服务过程，配合接待人员的工作，才能获得良好的服务消费经历。提高服务质量，不仅是服务者的责任，也是客人的责任。在消费过程中，客人必须遵守社会公认的消费行为准则，尊重接待人员的劳动。客人的消费行为不仅会影响自己的满意程度，而且会影响其他客人的满意程度和接待人员的工作满意感。与不文明的客人相比较，接待人员更愿意为那些有礼貌、讲道德的客人提供优质服务。

劣质服务可能是接待人员引起的，也可能是客人引起的。要从整体上提高服务质量，酒店管理人员不仅应加强员工服务行为管理，也应加强客人消费行为管理。

如果酒店管理人员无条件信仰“客人永远是正确的”，必然会引起以下一系列问题：迎合不文明客人的不正当行为；严重影响其他客人的消费经历和满意程度；严重威胁其他客人和接待人员的人身安全、其他客人和企业的财产安全，甚至使企业遭受严重的经济损失；使接待人员产生屈辱感，严重影响接待人员的工作满意感。

要做好客人消费行为管理工作，管理人员就必须认识到客人并非永远正确。酒店应尽力满足客人正当的需要，但这并不等于说客人的一切需要都必须满足。任何酒店的管理人员都必须考虑自己对社会、对企业、对员工的责任，而不能单纯强调客人的需要。

管理人员应分清哪些委屈是接待人员应该忍受的，哪些委屈是接待人员无法忍受也不应该忍受的。对侮辱员工的不文明客人，管理人员应理直气壮地维护员工的合法权利，并通过培训工作使员工掌握识别不文明客人、预防与处理不文明行为的能力。

绝大多数客人是愿意遵守社会公认的消费行为准则的，是愿意配合接待人员工作的，但是这些客人也有可能引起服务质量问题。因此，酒店也应采取必要的措施加强管理这类客人的消费行为。这些措施包括：第一，提供必要的信息，使客人理解自己在服务过程中的作用、应遵守的规章制度、应有的行为方式；第二，帮助客人掌握必要的知识和技能，指导客人扮演好“兼职接待人员”的角色；第三，鼓励客人积极参与服务工作；第四，及时纠正客人的不正确消费行为，防止客人引起的服务差错。加强客人消费行为管理，可提高客人的配合能力，增强他们扮演好“兼职接待人员”角色的信心，减少服务差错，缩短服务工作时间，提高客人对服务质量的感受和酒店的劳动生产率。

三、酒店接待的工作内容

人的服务是无形的，高低相差是细微的，难于用明确的规则条例来界定，所以往往容易被忽视，或被简单地理解为“笑脸相迎”“百问不烦”。“让客人心甘情愿地掏钱购买你们恰到好处的微笑和温暖人心的言辞”。为了能够达到这个目标，酒店接待人员还需要具备许多专业技能。

通过第 46 届世界技能大赛酒店接待赛项的要求，可以看出酒店接待员的工作内容越来越复杂，要将前厅部的许多工作融合在一起，是一专多能的复合型人才。酒店前后台之间以及各部门与客人之间的联络、关系协调也需要前台来沟通，具体如表 1-1 所示。

表 1-1　第 46 届世界技能大赛酒店接待赛项要求

任务	知识目标	能力目标
工作组织与自我管理	个人需要了解和理解： ● 酒店提供的服务和设施及其收费标准； ● 酒店关于入住、健康与安全、歧视、客人财产、客人行为、酒精服务、商品和服务销售、数据保护的法律要求； ● 在酒店疏散时的应用规则，并作为紧急服务时第一个呼叫点的使用规定； ● 为残障客人提供的设施； ● 酒店行业前台业务的结构、作用和要求； ● 报告结构、轮班模式和员工类型； ● 客人周期管理； ● 可能使用酒店的客户类型。	个人应能够： ● 有效应对客人的突发情况； ● 维护客人、同事和访客的健康和安全； ● 认同组织及其目标； ● 交给下一班，确保所有信息都能传递； ● 有效地优先工作； ● 确保接待区在外观、标志、清洁度方面都有良好的展示； ● 适用与客人安全相关的规则和指导； ● 维护客人隐私； ● 适用与酒店内商品和服务的销售和服务相关的所有法律。
沟通、客户关怀和人际交往技巧	个人需要了解和理解： ● 与客人进行有效沟通的重要性； ● 与酒店客人沟通的程序和指导； ● 有效沟通的障碍以及如何克服这些障碍； ● 酒店关于制服和个人外观的政策； ● 个人陈述的重要性； ● 酒店接待区对创造第一印象的重要性； ● 使用适合的称谓和礼仪； ● 酒店接待与其他部门之间的联系以及接待作为部门间沟通中心的作用。	个人应能够： ● 根据客人类型和 / 或情况，包括残障客人和有沟通困难的客人，欢迎、出席并与所有客人沟通； ● 提供有关酒店服务和设施的准确和全面的信息； ● 与客人、同事和供应商保持良好的专业关系和沟通； ● 从同事和供应商处接收和传递信息； ● 与酒店其他部门进行有效及时的沟通； ● 和客人保持良好的、专业的沟通和联系； ● 拨打和接收电话和电子邮件； ● 在入住期间接待客人并确保他们满意； ● 保持良好的个人形象，遵守公司关于制服、名牌和个人形象的规定； ● 注意并对肢体语言和手势等非语言交流做出适当的反应； ● 有效运用倾听技巧； ● 进行适当和专业的谈话； ● 在对话中表现出自信； ● 表现出机智和外交手腕； ● 有效地解决冲突； ● 响应特殊要求。

续表

任务	知识目标	能力目标
酒店预订程序	个人需要了解和理解： ● 房间分配程序包括：密度图、常规图、软件解决方案； ● 连锁酒店中的中央预订地； ● 用于记录酒店预订的软件系统； ● 关税种类和范围； ● 临时、确认和保证预订的状态； ● 有关存款的政策和在预订时接收存款的程序； ● 房间释放时间； ● 酒店关于超售的政策 ● 酒店内使用的与预订相关的所有文件； ● 酒店关于收益管理的政策； ● 有关使用代理人或经纪人的政策。	个人应能够： ● 通过电话、电子邮件、预订平台或信函进行个人预订； ● 通过电话、电子邮件、预订平台或信函进行团体预订； ● 通过经批准的代理商或经纪人进行预订并适当记录； ● 根据客房情况接收上门客人的预订，根据酒店政策商定价格和付款； ● 根据酒店政策申请并收取押金； ● 根据酒店的政策和程序分配房间； ● 记录额外服务或销售的请求，以确保交付和适当收费。
登记手续	个人需要了解和理解： ● 国家和国际酒店客人文件和记录的法律要求； ● 登记客人用的电子和手动系统； ● 密钥颁发程序和协议； ● 不同类型的传统和电子房间钥匙； ● 注册要求； ● 客人历史的功能与更新； ● 客人的普通要求，如早间电话、报纸、早餐、客房服务； ● 自动登记手续； ● 处理客人行李、物品和停车的程序； ● 团队入住程序； ● 超额预订政策。	个人应能够： ● 根据酒店的政策和程序登记入住客人； ● 保存与客人有关的所有必要文件和信息； ● 向客人发放房间钥匙； ● 提供分配房间的指示和酒店服务和设施的信息； ● 请求并接受有关附加服务和销售的指示； ● 确保付款准备并顺利结账； ● 建议将客人的行李转移到客房，并根据酒店的政策组织转移； ● 有效组织团队客人； ● 有效处理超额预订和无房情况。
行政和后台程序	个人需要了解和理解： ● 各种类型的客人记录和会计系统，包括手册（表格分类账）和计算机系统； ● 账户类型； ● 将费用过账到客人账单上，如餐厅费用、客房服务、酒吧、已支付账款； ● 坏账以及酒店如何管理它们； ● 如何解释数据，包括客人历史记录、邮件列表、数据库、账户。	个人应能够： ● 有效使用计算机和常用办公软件； ● 以物理和电子方式归档文件和数据； ● 现金和现金等价物的处理和核算； ● 根据需要管理货币兑换； ● 执行办公室和行政程序，如归档、文字处理、数据库、复印和维护记录； ● 根据酒店政策，用适当的佣金计算货币兑换和交易； ● 准确地将费用过账到客户账户； ● 根据酒店政策维护信贷系统； ● 创建并记录与客人相关的文件（如确认函、信函等）。

续表

任务	知识目标	能力目标
行政和后台程序	● 客房统计：客房入住率、平均房价、客房收益率、营业毛利； ● 如何访问和改进收入、促销、折扣、预测、趋势、策略的数据； ● 综合办公室和行政程序和程序，包括归档、文字处理、数据库、复印和维护记录； ● 与处理和记录现金及现金等价物有关的担保的重要性和方法。	
促销	个人需要了解和理解： ● 酒店和酒店集团使用的促销活动的范围和目的； ● 酒店接待员在促进、最大化销售和利润方面的作用； ● 酒店接待员在促进重复预订中的作用； ● 视觉展示和宣传材料的影响； ● 会员制的作用； ● 如何进行线上促销； ● 收益管理和线上分销渠道的作用； ● 能产生销售额的各种第三方平台及它们各自的用途。	个人应能够： ● 在客人到达时和入住期间向他们推销酒店服务和设施； ● 根据酒店政策和收益管理最大化进行销售、客房占用、客房收费； ● 代表客人预订其他服务，如出租车、鲜花和剧院门票； ● 在接待区创建有效的促销展示； ● 响应酒店或酒店集团的广告和促销活动； ● 管理价格； ● 推销酒店的会员，识别会员，并确保他们的会员权益。
管理投诉	个人需要了解和理解： ● 酒店的投诉程序； ● 灵活性和程序一致性的范围； ● 调查分析基本技术； ● 个人权力的限度； ● 冲突管理的基本原则。	个人应能够： ● 预见潜在问题和投诉； ● 让投诉人安心，包括需要搬到适当的地点； ● 认真听取投诉，按要求做记录； ● 客观、敏感地提问； ● 在保持客观性的同时，表现出体谅和同理心； ● 整理记录，区分事实和观点或假设； ● 参阅酒店的程序，以确定选项和解决方案； ● 根据情况采用酒店的程序； ● 如果超出了个人的权限，把这件事交给直属经理处理； ● 在投诉解决后查看客人的满意度。
退房手续	个人需要了解和理解： ● 退房时间； ● 客人离境的计费程序； ● 各种支付方式； ● 在准备客人账单和收到付款时对预付款进行核算的程序； ● 如何解释退款； ● 销售税及其在酒店账单中的应用；	个人应能够： ● 根据酒店的政策和程序给客人结账； ● 管理快速退房和延迟退房； ● 管理大型团体或团体的签出； ● 收到付款； ● 酒店收到的预付款和应向客人退款的账户； ● 销售税。

续表

任务	知识目标	能力目标
退房手续	● 与退房和客人离开有关的文件； ● 快速退房程序； ● 延迟退房程序和政策； ● 如何管理大型团体和团体的退房。	
介绍当地景点和文化	个人需要了解和理解： ● 当地的文化、历史和旅游信息； ● 公共交通选择； ● 当地的菜肴； ● 当地通信和文化传统方面的信息； ● 知道如何通过互联网快速获取新信息。	个人应能够： ● 通过讲故事、经验和指导，促进当地、地区和国家的发展； ● 代表客人计划旅行、订票和预订； ● 了解客人的需求并进行相应的推广； ● 协助运输； ● 进行研究以获取信息并保持信息的更新； ● 用心学习最重要的科目，能够为客人提供快速反应； ● 收集客人体验的反馈。

任务二　了解酒店

案例导入

“表”的世界和“里”的世界

不管工作了多少年，
到“表”的世界里工作时总是紧张。
为了在任何时候与客人擦肩而过时都不会失礼，
在这之前绝对应该对镜整衣、调节表情。
那是对“表”的世界的礼节。

饭店是一条街。特别是像帝国饭店这样拥有1059套客房的大型饭店，各种各样的人走来走去，大厅沸腾于谈笑声中。有从外国刚到的贸易公司的职员，也有刚出席完结婚典礼的新郎新娘。饭店是条光耀的街。

但是，饭店还有另一副表情，那是工作人员清扫客室，在餐厅的厨房掌厨等工作时的表情。

饭店作为一个企业，既有营业，也有经理、总务等工作。跨进前台的背后，就成了排着桌椅、电脑的办公室。电话交换室、职员食堂也和华丽的大厅挤在同一个屋檐下。还设有只供职员、相关工作者使用的内部通路、电梯。这些是支撑着富丽堂皇的“表”的世界的“里”的世界。

在“里”面，饭店和其他企业基本上没什么不同。但是，饭店与其他企业绝对不同的是，仅一壁之隔、只需穿过一扇门，就是完全不同的世界了。饭店职员总是在两个世界穿来穿去。但是，不管发生了什么事，也不能把“里”的表情带到“表”的世界里来，不能让客人感觉到“里”的存在，这是服务业的铁律。

所以，在帝国饭店“表”“里”的交界处一定备有镜子，职员每当迈到“表”的世界之前，不仅要对镜整发正衣，还要调节自己的表情。无论在后面怎么四脚朝天地忙碌，一跃进“表”的世界就要换上沉着稳重、温和宽厚的表情。哪怕是万分之一的疲倦、松懈感都不能显示给我们的客人。

HOTEL MAN（从事饭店服务工作职员的总称）每窥视一次镜子，就是全身心地做好了走向“表”的世界的准备，而且会更加真切地意识到自己是HOTEL MAN。

（资料来源：东京帝国饭店营业企划室 编.帝国饭店服务秘诀［M］.北京：中国旅游出版社，2000.）

相关知识

一、酒店接待工作的基础

酒店接待工作的基础，首先要充分了解所服务的酒店。

（一）正确牢记本酒店的名称

酒店往往是店名和法人名称各不相同。在记住店名的同时，还必须正确牢记酒店作为注册公司的名称。

知识链接

随着中国经济和旅游行业的快速发展，越来越多的国内酒店业主在国内各大中心城市及度假区投资兴建高端酒店，并与酒店管理公司展开合作，签订酒店管理合同，委托其进行管理。例如，上海静安洲际酒店，其业主方公司全称是“宝矿控股（集团）有限公司”，酒店管理方则是来自美国的洲际酒店管理公司。

（二）记住酒店主要人员的名字

记住总经理与直属上司的名字、酒店概况、酒店的详细地址等。在酒店工作了一段时间后，就应该掌握上述情况。无论自己在酒店从事何种工作，都至少要在2~3年内熟悉内部各部门的情况。要关心整个酒店的工作，从而逐步了解整个酒店的情况，对其他部门一无所知，不利于将来的发展。

（三）了解有关本酒店的历史

记住本酒店的简史。要了解本酒店的创始人用怎样的想法创建了这家酒店，以后又怎样发展壮大，这点非常重要。员工对酒店抱有自豪感可以带动工作的积极性，了解先辈的创业历史对自己也大有帮助。现在发展成为集团型的大酒店，最初皆是由一家开始的，明白这些对了解整个酒店业也是颇有裨益的。

（四）了解本酒店其他的有关情况

酒店本身就是一种商品，庭院、客房、餐厅、大堂等也都是商品。因此，要记住餐厅在几楼、营业时间由何时至何时、宴会厅有几间、可容纳多少人、商店有何种商品、各商店所处位置、商店的营业时间等。

记住这些后，当你在早上7点或夜晚11点这种非正常用餐时间在走廊被擦肩而过的客人问：“现在哪儿可以用餐？”时，就不会张口结舌地回答不出来。

当然，充分了解自己所从事的工作，其重要性是不言而喻的。必须每天学习自己所从事的服务以及出售的产品，设法通过几年的经验积累，成为这方面的专家，并且要时刻不忘和其他部门的协作以及协调酒店整体利益的重要性。

（五）严格遵守酒店的工作规则和内部规章制度

无论谁都不愿被束缚，但唯有众人齐心协力才能使酒店各项工作正常运转，因此作为员工，必须遵守一定的规则，如上下班打卡、严守轮班时间、不在禁烟区吸烟、禁止打私人电话等。要保持在规定范围内行动，并养成习惯。

对酒店而言，最理想的经营莫过于让酒店设施被客人最大限度地加以利用，并且有利可图，使全体酒店员工受惠。为此，严格遵守酒店的规章制度是至关重要的。要严于律己，使每人各自分担的工作完全运转起来，同时还要做到同心协力，由多人汇集而成的服务具有非常大的力量。

二、酒店的服务设施

好的服务设施能让日常生活变得更便捷和轻松。这些服务设施通常是包含在基本费用中的权益和特色服务，常常是免费的。应该确保客人知道，为了让他们的旅行更舒适并成为他们真正的“家外之家”，我们的酒店将提供哪些便利设施。

在激烈的竞争中，酒店需要不断地尝试提供更多的服务和设施来吸引客人。从提供的内容到提供的质量，酒店之间有很大的差异。酒店中典型的酒店服务设施有以下这些。

（一）酒店的硬件设施

1. 客房

（1）客用消耗品。这是指客人可以带离酒店的物品，包括香皂、洗衣袋、礼品袋、鞋擦、一次性拖鞋、沐浴液、洗发液、牙具、淋浴帽、梳子、火柴、面巾纸、茶叶、针线包、圆珠笔、明信片等。

（2）客用固定物品。这类物品是放在客房内供客人使用的，属于多次性消耗品，不允许客人带走，如衣架、各类布草、茶水用具、酒具、烟灰缸、服务夹、熨斗和熨衣板、吹风机、电视机等。另外，有些酒店提供厨房设施，客人可以做饭或储藏食物。在一些酒店、可能采用小厨房的形式（为扩展的寄宿房间），提供的设备大概包含冰箱、烤箱、火炉、微波炉、咖啡机等。

（3）客人租借物品。这类物品一般不放在客房内，而是存放在客房中心，供客人临时需要时借用。客人租借物品品种较多，小到文具及小型生活用品，如订书机、回形针、橡皮、包装绳、水果刀等；大到一些电器及大件用品，如电熨斗、台灯、加床等。

目前，多数酒店提供某种形式的互联网服务，最常见的是 Wi-Fi。有些酒店也在大厅内放置计算机，供客人使用。

2. 餐厅

酒店可能会提供不同种类的餐饮，如欧式早餐（包含谷物类食品、甜点、华夫饼、香肠、水果和饮料等）。

（1）餐厅。包括中餐厅、特色西餐厅、小酒吧、西饼房、咖啡厅等。

（2）自动售货机。通常出售软饮料或小吃。

（3）客房送餐服务。一般是 24 小时客房送餐服务，客人只需选择客房电话上的送餐服务，即可轻松点单，在客房内便可轻松地享受酒店餐厅的食物。

3. 会议设施

酒店可以提供各种会议会务设施，方便举行各类商务会议、社交活动和婚典。

（1）活动场地。包括会议室、宴会厅、独立的会议签到区。

（2）会议设备用品。包括液晶投影仪、液晶电视、电话会议、领奖台、麦克风、便携式扩音系统、对讲机或收音机、舞台、可移动舞池、白板、活动挂图和记号笔、公告栏、笔和便笺等。

4. 商务中心

提供新闻报纸、电脑、传真机、打印机、沙发等的区域。

5. 康乐设施

（1）健身中心。有些酒店设有健身中心，供客人在居住期间使用；有些健身中心除了健身器材外，还配有先进的心血管仪器、蒸汽房、桑拿房。

（2）游泳池。有些酒店提供室内恒温或室外游泳池，供客人使用。

（3）娱乐。除了游泳外，许多度假胜地都提供各种形式的娱乐活动，如高尔夫球场、网球球场等。

（4）水疗。有些酒店提供种类丰富的理疗项目，以达到护理效果。每间水疗护理室配备私人蒸汽房、雨林花洒和更衣室以及休闲区域。

（5）花店。有些酒店还有鲜花店，提供国内外各种新鲜花卉。

（二）酒店的服务

酒店服务一般分为收费的人工辅助服务、私人管家服务以及其他的一些服务。

收费的人工辅助服务。干洗取衣或代客洗衣、当日干洗服务、外币兑换、储藏室、管家服务、洗熨服务、儿童活动、口译和笔译、每日客房打扫服务、夜床服务、豪华轿车服务、商务中心、打印服务、复印服务、扫描仪、配有办公用品、邮寄服务、电子邮件和互联网、行政楼层（早餐、下午茶及晚间鸡尾酒）、传真服务、商务中心提供电脑服务、秘书服务。

私人管家服务。如果客人想购物，酒店可以提供本地零售商店及附近购物中心的信息，还可以以较低的收费为客人提供一位双语购物导购。

此外，酒店还提供本地体育赛事和活动的最新信息和日程安排。其他所提供的服务还包括（但不仅限于）：24 小时泊车或自行泊车服务、美容服务、皮鞋美容、枕头可选清单等。

三、酒店无障碍设施

（一）前厅的无障碍设计

传统、标准的前台设计可能还不能满足所有来店客人的身体条件。无障碍设计是酒店前台设计中一个需要考虑的重要因素。尤其是在前厅区域，美国残障人士协会在 1990 年就已经规定：为公众提供服务的公共区域和服务项目，必须实现无障碍设计。这意味着大量新建的或重新装修的酒店公共区域和服务设施必须没有障碍，包括前厅在内。根据法律，所在企业都要根据自身的情况对建筑和现状进行一些改变以便于残障人士通行。这就要求酒店去除如台阶等障碍物，还要更改门的尺寸和配置。法律还要求前台某个部分的高度要适合使用轮椅的客人或者有其他需求的客人。如果前台的设计并不能改变，那么通常的做法是前厅接待员前往客人处为其办理入住。

（二）客房内的无障碍设施

残障人士客房的门厅不应有门槛，也不应有高度不同的地面，出入口应有坡道，房内设备能满足残障人士生活起居的一般要求。具体的设施要求如下：坡道应控制在 12° 以下；房间门、卫生间门均不少于 90 厘米宽；门锁应为摇臂执手（锁把），不宜用球状执手；卫生间应有较大的空间方便轮椅回旋，内有特殊折椅，沐浴轮椅；卫生间有残障人士专用的面盆、浴盆，在墙壁、浴缸、洗脸盆、便桶边应设牢固的扶手，扶手应具备水平与垂直的功能；规格要求上，门与厕位间的空间间距不少于 105 厘米；面盆台面高度在 70 厘米左右，台面下应无影响轮椅回旋的障碍物；坐便器高度为 43 厘米左右；浴盆边侧墙体扶手垂直安装紧固，承受拉力不少于 100 公斤；

毛巾架及挂衣钩离地面高度不超过 110 厘米；沐浴喷淋装置要求活动式可调节喷淋器，并配有 150 厘米左右长的金属软管；装有呼叫按钮；门、窗帘、开关均为遥控、设置或开关位置高度不应超过 110 厘米，最低不超过 45 厘米；配有盲文服务指南；衣橱内挂衣杆高度能使残障人士适应；大门需设低位猫眼，高度不高于 120 厘米。

四、介绍酒店的服务设施

酒店的每位员工都是酒店的"销售员"。销售不一定是让客人购买某件物品，还可以是推销一种体验，甚至是免费的东西。酒店前厅接待人员可以帮助人们找到有趣的活动或者有特色的餐厅。对酒店或所在区域进行良好的描述，将帮助客人在住店期间决定参观什么和做什么。

当向客人介绍酒店设施时，听起来充满吸引力。"We have a restaurant.（我们有一家餐厅。）"这是一句信息陈述。尽管语法上正确，但却没有把希望对方光顾这家餐厅的想法推销给任何人——这个餐厅好吗？它都有什么呢？它在哪里？为什么我应该在那里用餐？一个更好的版本也许是这样的："Our restaurant is just down the hall. What we specialize are steak and seafood.I love the chocolate mousse cake for dessert!（我们的餐厅就在大厅尽头。我们的特色是牛排和海鲜。我超爱那里的巧克力慕斯蛋糕当甜点。）"这样，我们让客人对餐厅有了更多了解，甚至给出了个人的推荐。

"Our restaurant is just down the hall（我们的餐厅就在大厅内）"这句话中的"Our"给人留下的印象是酒店的各个部门是一个团队。这句话也让客人知道了酒店里有一家餐厅。"What we specialize are steak and seafood（我们的特色是牛排和海鲜）"通过使用"Specialize"这个词，让客人们知道餐厅做得最好的是什么。"I love the chocolate mousse cake for dessert（我超爱那里的巧克力慕斯蛋糕当甜点）"给出了个人推荐和你认为客人可能喜欢的一道菜。

现在想象一下，在你面前的是一位商务客人。你或许会说，"It has an amazing wine list（餐厅的葡萄酒超级棒）"而不是推荐一份甜点。如果是带着孩子的一家人，你或许会说"我们的餐厅很适合家庭聚餐，而且就在大厅内（Our restaurant is family friendly and just down the hall）。"

在旅行时，不同文化背景的人可能会出于不同的原因花时间去做不同的事情。许多亚洲旅客希望购买大品牌或当地制造的商品，作为礼物带回家送给朋友和家人。北美客人通常希望前往周边的地区进行体验。他们会想要一些纪念品，觉得安静和自然的体验往往比热闹的人群更重要。而一些欧洲旅行者在旅行时会购买一些更加昂贵的物品，许多人喜欢与自然、艺术和历史遗迹相关的娱乐。

要记住：做出建设性的概括是有帮助的，但是，我们必须小心不要给客人形成刻板印象。

任务三　了解客人

● 案例导入

自己周围的人都是客人

周围的人都是客人。这些客人也分为两类：一类是付钱住店的普通客人；一类是公司内的客人。公司内的客人，范围往小里说就是员工，往大里说还包括供货方的员工、交往的客户。

那么，首先我们来看看付钱住店的客户。把自己的工作看作一种服务，换句话说就是“对客人攻心的工作”。例如，卖车的人经常会认为自己的工作就是卖车。但是，真正的工作，不仅仅是卖车，而是通过车这个工具，让客人过上舒适的生活。有这样的意识，就自然会想到客人有什么样的希望，客人对自己提供的商品、服务抱着什么样的期待，提供什么样的附加价值客人会欢迎，等等。

卖车的时候，当然应该打听好客人的嗜好、家庭构成、生活方式等，尽量向客人推荐条件匹配的车型，这种意识适合于所有职业。不光是提供商品和服务，而是通过提供商品和服务让客人产生满足感。在这一点上下功夫，展开工作，我认为是十分重要的。

接着，我们考虑公司里的客人。先考虑离你最近的人。如果你是所在部门的领导，下属就是你的客人。把部下看作你的客人，当然就不会语言粗暴、乱发脾气、态度傲慢。然后，还必须积极倾听部下的意见和建议。可能到现在为止你一直因为对方是你的部下而没把他放在眼里，从今以后可要注意了。因为如果轻视部下，员工满意度就不可能提高。要让员工在职场高水平发挥，员工满意度必须很高；员工满意度低，就不能指望他们主动并带着自豪去工作，结果也就不能为客人提供满意的服务。因为你的态度，部下满意度降低，你必须马上改善这一点。

那么，把供货商和交往客户都当作客人，会出现什么样的变化呢？以酒店为例，有纺织品（床单、枕套等的总称）供货商、食品供货商、卫生用品供货商等很多供货商。如果把这些人都当成客人，应该会听到不少意见。我们应该尽量吸收这些意见，寻求改善。用这种心态和姿态跟他们打交道，业界伙伴及交往客户也都会积极提出意见，保持紧密的交流。

最后，就有机会听到来自各界的声音，得到各种有用信息。“不光是为客户提供服务、为总经理提供服务、为自己的员工提供服务，而且为自己的家庭提供服务。我认为这些是我的工作。”这种意识很宝贵。有“自己周围的人都是客人”的意识，会带来很多好处。首先，你会对每个人都怀有尊重之心，留意是否每个人都很满意，周围的人看你的眼光也会很不同。最终，周围的人都会对你非常满意。

（资料来源：林田正光，刘玮．服务带来奇迹［M］．北京：人民邮电出版社，2007.）

相关知识

一、客人类型

酒店存在的原因主要是为人们提供服务。酒店能够为客人提供服务以满足他们的需要，包括提供客房以满足人们对夜晚住宿的需要、提供餐饮满足人们对用餐的需要、提供各类会议设施满足人们对举办活动的需要。了解酒店客人的特征是很重要的，任何一家酒店的客人都可能来自各行各业。通过了解这些客人是谁以及他们的特征是什么，酒店就能更好地为他们提供服务。

酒店一般把客人分为团体客人和散客。团体客人一般一次性使用 10 间（含 10 间）以上客房，即团队用房。散客一般一次性使用 10 间以下的客房，即散客用房。

（一）团体客人

团体客人因订房数量大，会迅速提高酒店客房销售收入和客房出租率。另外，团体客人通常还能给餐饮、宴会、会议展览、娱乐、交通等部门带来业务和收入，所以团体客人是酒店客源重要的组成部分。团队活动一般包括婚礼、专题研讨会、报告会、城市活动（如马拉松、F1 赛事等）。这些团队活动可能没有会议部分，会议部分也可以不在酒店，而是由第三方会议策划者预订。团体客人可以根据一定的标准细分，如根据消费者旅行目的的不同，可以划分为以出差会议为目的的会议团体和以休闲、度假、娱乐等为目的 S.M.E.R.F 团体。

1. 会议团体

商务团体通常在每周的工作日到酒店来入住和活动，它可以进一步细分为公司商务团体和政府团体。

（1）公司商务团体。公司商务团体指以组团的形式到酒店来从事商务活动的团体。常见的有航空公司的职员，如飞行员和空乘人员等，以及到酒店来举办各种研讨会、预算和决算会议以及业务培训、产品展示和推广的团体。他们通常能带来较大的业务量，而且通常会在餐厅用餐、举行宴会或酒会、租用会议设施和设备，能给酒店带来客房以外的营业收入。商务团体在选择酒店时会多方打探价格，甚至要求多家酒店竞价。

（2）政府团体。政府团体通常在一周的工作日里到酒店入住和消费。他们的预算一般比较紧张，所以对酒店的价格比较敏感。在中国，政府团体通常有当地统一的规定价格（接待酒店享受政府补贴），也有政府部门同酒店单独谈判确定价格（属于协议价格）。虽然酒店获得的政府团体价格比较低，但是它可以成为酒店淡季的有力补充。所以，酒店还是要适当接待一些政府团体客人。此外。高规格的政府团体还能有效提高酒店的知名度和美誉度。所以，有些酒店宁可不赚钱，甚至倒贴钱，也要争取接待一些高档的政府代表团来入住。

2. S.M.E.R.F

还有一类包括旅行社组织的旅游度假团和所有因休闲、度假、娱乐、宗教、社交等为目的入住酒店的团体客人。这类团体客人又可以进一步分为社会联谊团体、军事团体、教育团体、宗教团体和有相同职业、爱好或信仰的团体，简称为 S.M.E.R.F（Social，Military，Educational，Religion，Fraternity）。这类客人通常在周末或节假日入住酒店，消费能力通常较低。

（1）社会联谊团体（Social）。社会联谊团体指以开展社交活动为目的的团体，包括各种各样的校友聚会、老乡聚会、婚宴、寿宴、周年纪念等。

（2）军事团体（Military）。军事团体指来自军方的团体。

（3）科研教育团体（Educational）。科研教育团体指在酒店租用客房或会议设施，并以教育科研活动为目的团体。

（4）宗教团体（Religion）。宗教团体指旅行的目的是举行宗教活动的团体。他们通常在周末来酒店入住，很可能需要租用酒店的会议设施进行礼拜活动、讲经和聚会。

（5）有相同职业、爱好或信仰的团队（Fraternity）。该团体包括所有相同爱好或信仰的团体，如喜好文艺、卡通等，酒店是否接待主要是从社会影响角度考虑。

（二）散客

酒店的散客市场更像零售市场，酒店零星地出售客房，客人零星地预订房间。散客房价通常比团体客房价格高。相应地，其为酒店带来的毛利率也更高。散客越多，对酒店客房收入和毛利率越有好处，所以，绝大多数酒店都非常重视散客市场。

酒店的散客市场也可以进一步按照入住酒店的目的和入住的时间划分为商务散客和休闲度假散客两大类。

1. 商务散客

商务散客因出差公干要入住酒店，一般会在工作日入住，周末和节假日一般不入住。商务散客还可以进一步分为上门散客、公司协议散客、政府散客、公司公务长住客、会员卡持有者、赠券持有者以及网络营销市场散客。

（1）上门散客。上门散客和酒店之间没有签订任何协议，到酒店来入住带有一定的随机性。散客选择酒店的动机或者是交通便利，或者是对酒店早有耳闻，抑或是受到朋友的影响等。这类客人能给酒店带来最高的利润，提高这部分客源的比例，对提高酒店的平均房价和客房毛利至关重要。只是随着酒店的分销渠道越来越广，这类客人的比例正逐年下降。

（2）公司协议散客。这部分散客是公司的职员或公司接待的客户。酒店为了吸引这部分客源，同公司签订协议，设立公司账号，在门市价的基础上给予不同程度的折扣价。折扣的大小取决于公司每年给酒店带来的业务量，通常用租用的客房数来衡量。为了获得协议价，公司要保证每年至少租用酒店若干间客房。由于公司协议散客的消费能力相对较强，而且消费量相对稳定，所以这类人群是酒店的重要客源。对商务型酒店来说，从公司协议散客市场获得的客房收入通常占到客房总收入的 25% 以上。

公司协议散客还可以细分为本地公司协议散客、全国公司协议散客和国际公司协议散客，他们分别来自酒店所在地公司、全国性公司和国际性公司。协议价的适用范围随公司的业务阶段变化而变化。例如，如果同酒店签约的公司是国际性公司，那么这个公司在世界各地的职员和客户到这个酒店订房都可以享受相同的协议价。

（3）政府散客。政府散客指政府部门的职员及其接待的客人。一般来说，政府部门对公务出差和接待的预算比公司散客少，所以政府散客价比商务散客价要低。但是，政府公务散客的业务量较大，而且比较稳定，所以是酒店市场的有益补充，在淡季尤其重要。

（4）公司公务长住客。公司公务长住客指从事商务活动，在酒店停留两周以上的散客。这类客人能给酒店带来稳定的、长期的收入，很受酒店欢迎。

（5）会员卡持有者。酒店为了促进或者保持良好的客户关系，通常会向特定的客户人群发行会员卡。会员卡持有者通常可以得到特定的折扣和优惠。优惠包括免费升级入住更高档的客房、提前入住或免费推迟退房、免费使用互联网、免费报纸和杂志、免费传真、免费早餐和迎宾鸡尾酒等，当然，有的会员卡并不给予折扣，甚至要收取年费，这种会员卡通常称为贵宾卡。贵宾卡持有者通常能得到优先订房的权利，也就是不论何时，只要他们要求订房，酒店都会保证他们能订到。贵宾卡客人还能享受别的消费者不能得到的贵宾级服务，如专车接送、免费洗衣、专人全天候服务，免费水疗、免费导游等。酒店完全可以根据市场的需要、竞争的需要以及促销的需要来决定提供多少种会员卡，以及每种规格的会员卡持有者能享受什么样的优惠。

（6）赠券持有者。由于促销的需要，酒店通常会自行发行一些免费的赠券，持有者可免费到酒店入住。另外，酒店会与航空公司、信用卡公司等联合开展一些促销活动，如客人的飞行里程达到一定数量，可到酒店免费入住；使用信用卡消费达到一定金额，可以获得酒店免费赠券等。由于这类客人不直接带来酒店客房收入，酒店应控制发行总量，并把赠券可使用的日期定在淡季或者生意不忙的周末、节假日。

（7）网络营销市场散客。网络营销市场散客指从第三方网站订房的散客，如携程网站。由于酒店通常要支付第三方网站营销商 10%~20% 的佣金，所以酒店实际得到的部分只有酒店直接卖给散客公共价格的 80%~90%。但是，由于网络营销商具有一些酒店不具有的优势，如广告和潜在客人的数据，以及强大的电子预订功能等，因此酒店必须适当借助它们来获得客源。值得注意的是，通过网络营销商订房的客人比例近年来提高很快，而且比例还在逐年提高。

（8）其他特价市场。指酒店推出促销特价的购买者。酒店推出的特价包括各种套餐价，以及类似“住三晚，免收一晚房费”等。

2. 休闲度假散客

休闲度假散客包括除了商务散客之外的所有散客细分市场。由于绝大多数商务散客入住的时间是工作日，休闲度假客人入住的时间是周末或其他节假日，所以如果客人是在工作日入住，常被划归商务散客；如果他们在周末或节假日入住，通常被视为休闲度假散客。

二、客人周期管理

酒店的客人周期一般分为四个阶段：抵店前、抵店、住店期间以及离店。

（一）抵店前

大多数人在到达酒店前都会在网上或通过电话预订房间，这样他们就不必抵达目的地后再到处寻找有空房的酒店。表 1–2 中是预订客房时常用的句子。

表 1–2　预订客房时常用的表述

Guest 客人	Staff 员工
Do you charge extra for a cot? 婴儿床需要额外收费吗?	The cable and music channels that are free，but be aware that some of the movie channels cost money. 有线电视和音乐频道是免费的，但有些电影频道需要付费。
What are your group rates? 你们的团队价是多少?	There is a mini bar in the room. 房间里有一个小冰箱。
Do you have any cheaper rooms? 有便宜点的房间吗?	We require a credit card number for the $50 deposit. 我们需要一个用于支付 50 美元的信用卡号。
Do you offer free breakfast?	Good afternoon，Hotel Josephine，this is Sarah speaking. How may I help you? 下午好，约瑟芬酒店，我是莎拉。我能帮你什么忙?
I’d like to make a reservation please. 我想预订酒店。	I’m afraid we are booked the week/weekend. 很抱歉，那个星期 / 周末我们都订满了。
Is there a restaurant in the hotel? 酒店里有餐厅吗?	There is a complementary shuttle that runs from the airport every two hour. 机场每两小时有一班补充班车。
ls there an indoor /outdoor pool? 有室内 / 室外游泳池吗?	The dining room is open for dinner form 5p.m. until 11p.m. 餐厅营业时间为下午 5 点到晚上 11 点。
Should I book ahead? 我需要提前预订吗?	There are only a few vacancies left. 只有几间空房了。

续表

Guest 客人	Staff 员工
When is it considered off-season/peak season? 何时视为淡季 / 旺季?	
How many people can stay in one room? 一个房间能住多少人?	
Is your hotel wheelchair accessible? 您的酒店是否可以使用轮椅?	
Does your restaurant service vegetarian diet? 您的餐厅供应素食吗?	

（二）抵店

在抵店阶段客人将办理入住手续、拿到钥匙，并接收有关其房间和酒店的信息。表 1-3 中是抵店阶段常用的句子。

表 1-3　抵店阶段常用表述

Guest 客人	Staff 员工
We have a reservation under Steven Tyler. 我们预订了房间，预订人是史蒂文 · 泰勒。	What name is the reservation under? 预订人是哪位?
Do you have any vacancies? 还有空房吗?	Do you have a reservation? 您有预订吗?
Is the hotel full? /Can we get a room for tonight? 酒店客满了吗? / 我们能订一间今晚的房间吗?	I'm afraid you can't check in until after 2:00 p.m. 很抱歉，您需要在下午两点以后才能办理入住手续。
How do we get to our room from here? 从这里到我们的房间怎么走?	Complimentary breakfast is served in the lobby between 6 a.m. and 9 a.m. 大堂早上 6 点至 9 点提供免费早餐。
Is it okay to park out front? 在前面停车可以吗?	Here are two room keys for you. 这里有两把房间钥匙。
What time is the pool open until? 游泳池开到什么时候?	How many days would you plan to say? 您计划一下住几天?
What time is breakfast served at? 什么时候供应早餐?	Would you please fill this form? 请您填写一下这张表格可以吗?

续表

Guest 客人	Staff 员工
Is it too early to check in? 现在入住是否太早?	May I see your driver' license or passport? 我可以看看您的驾照或护照吗?
Can we get a wake-up call? 有叫醒服务吗?	How many people in your party? 您一行有多少人?
When is check out time? 应该什么时候退房?	Just call the front desk if you need extra towels, pillows, or anything else. 如果您需要额外的毛巾、枕头或其他物品，致电前台即可。

（三）在店期间

前台人员需要处理许多客人的要求，他们的服务对客人在入住期间对酒店的满意度有很大影响。表 1-4 中是客人在店期间常用的句子。

表 1-4　客人在店期间常用表述

Guest 客人	Staff 员工
Could I have some more soup, please? 你能再多给我几块肥皂吗?	Good morning./Good afternoon. /Have a good night. 早上好。/ 下午好。/ 晚上好。
Could we have more pillows brought to our room? 能给我们房间再拿几个枕头吗?	Hello, Mr./Ms ×××. How may I help you? 您好，××× 先生 / 夫人，有什么可以帮到您?
Would you be able to recommend a good place to eat? 你能推荐一个吃饭的好地方吗?	I'm happy to assist with that./It would be my pleasure. 我很乐意为您提供帮助。/ 这是我的荣幸!
What time does the door close? 什么时候关门?	Of course.I'll have that sent up right away. 当然，我会马上送去的。
Where can I find the ××× ? 我在哪里可以找到 ××× ?	Thank you for letting us know. 感谢您让我们知道这些。

（四）离店

前台人员要确保客人满意退房，并为他们提供帮助。表 1-5 中是客人离店阶段常用的句子。

表 1-5　客人离店阶段常用表述

Guest 客人	Staff 员工
I'd like to check out. Could I have the bill? 我想退房。能给我账单吗?	How would you like to pay? 您想如何付款?
Could I have a receipt，please? 请给我一张收据好吗?	Have you used the mini-bar at all? 您用过迷你吧吗?
I think there is a mistake on the bill./There are some extra charges on my bill. 我的账单上有个错误。/ 账单上有一些费用收多了。	I hope you enjoyed your stay. 希望您对住在这里感到满意。
Could you help bringing our luggage down from our room? 你们能帮我们把行李从房间里拿下来吗?	Are you ready to check out? 您准备退房了吗?
Is there somewhere we can leave our bags for the day? We'd like to explore the city before we leave to go home. 白天我们可以把行李放在哪里? 我们想在回家之前去看看这个城市。	How was your stay? 您住得怎么样?
Is there a shuttle bus to the train station? 有去火车站的班车吗?	Would you like to speak to the hotel manager on duty? 您想和酒店值班经理通话吗?
Sorry, we're a bit late checking out. 抱歉，我们退房有点晚了。	I'll just need your room keys. 我只需要您的房卡。
We really enjoyed our stay! 我们住得很愉快!	Enjoy the rest of your holiday. 请您享受余下的假期。
We have some complaints.We'd like to speak to the manager. 我们有一些投诉。我们想和经理谈谈。	We look forward to having you stay with us again. / Have a safe trip home! 我们期待您再次光临。/ 祝您一路平安!

实战演练

3~5 位同学组成一个小组，以小组为单位，完成以下工作（具体工作流程和评价标准可参考本书附录 A）：

一、选择一家自己感兴趣的酒店，分析该酒店的客人类型，并就该酒店如何在与客人循环互动的四个阶段中保持良好的关系提出建议。

二、选择一家自己感兴趣的酒店，收集以下酒店信息。

（一）Hotel Information

1. Please list the members of hotel management team.

2. Who are the owners of the property?

3. List the hotel address， general line， fax number and website.

4. What is the direct line of reservation?

5. What is the hotel rating?

6. List three awards that the hotel has been honored for the last 3 years?

（二）Room Information

1. How many floors and hotel rooms total do we have?

2. List the room types of the hotel and please list the rack rate of them.

3. Which floors that belong to club if the hotel has?

4. List the name of the hotel suites.

5. How many telephone lines， TV channels does a standard guestroom have?

6. How many accessible rooms does the hotel have and what are they?

7. What are the features of an accessible room?

8. What are the benefits for staying on the club floor?

9. Describe a few special features（besides furniture）of a standard room?

（三）Hotel Outlets Information

1. How many F&B outlets in the hotel? List the name and type of cuisine.

2. What are the operation hours of those F&B outlets?

3. When and where do we serve afternoon tea? What is the price?

4. How much is the lunch buffet？

5. List the different entertainment for afternoon tea?

6. What is the operation hour of room service?

7. How many function rooms do we have? List the name both in English and Chinese.

8. What is the operation hour of health club? List 4 services they offer.

9. What is the operation hour of business center? List 4 services they offer.

（四）Hotel standards

1. What is M.O.D?

2. What is the phone number for the M.O.D.？

3. Please describe your complete uniform.

4. If you are unable to be at work due to illness， what are you required taking in order to inform the hotel and your fellow coworkers?

5. How would you assist a guest who needs to purchase stamps for a letter?

6. How would you assist a guest who requires a mobile phone?

7. How would you assist a guest who needs transportation arrangement?

8. What is our pet policy?

9. Who do you contact if something in any part of our hotel is faulty or broken?

10. Who may speak to the Media in our hotel?

11. List the extension number of Front Desk, Concierge, Club, Housekeeping, Room service, Transportation, Business center, Health club.

（五）Emergency Information

1. What number do you call in an Emergency?

2. What actions（step by step）do you take when you see fire?

3. What hospitals or clinics are located nearby that we may send a guest to?

（六）Concierge Information

1. What are some of the Shanghai's major tourist attractions?

2. Name some popular bars in Shanghai.

3. Which golf courses do we normally recommend?

4. What is our policy on babysitting service and what is the cost?

5. What resources do you have to look up information about what's happening in Shanghai?

（七）Rate Information

1. What is the rack rate for major room types?

2. What are the benefits of our membership?

3. How much is the extra bed charge?

4. How much is extra breakfast charge?

5. How many cars do we have in our hotel?

三、通过以下客人的提问尝试组织情景对话。

1. What kind of restaurants do you have in your hotel?

2. What will be the earliest time for me to have breakfast?

3. Do you have afternoon tea in your hotel?

4. Do you have a health/sports club in your hotel?

5. Where is the gift shop? Can you tell me what they are?

6. Can I have my suit to be pressed within next hour?

7. Do I pay for the parking, as I am your hotel guest?

8. What will you recommend me to go for sightseeing? What are the places that you think I should go?

9. What does your club have up there?

10. Where can I get a map?

项目二
预　订

学习目标

知识目标：

1. 了解用于记录酒店预订的软件系统。
2. 了解价格种类和范围。
3. 了解临时、确认和保证预订的状态。
4. 了解有关押金的政策和在预订时接收押金的程序。
5. 了解酒店内使用的与预订相关的所有文件。
6. 了解团队的操作流程。

技能目标：

1. 能够亲自以及通过电话、电子邮件、传真或信函进行个人预订。
2. 能够通过电话、电子邮件、传真或信函进行团体预订。
3. 能够根据客房情况接收机会预订，能够根据酒店政策商定价格和付款。
4. 能够根据酒店政策申请并收取押金。
5. 能够根据酒店的政策和程序分配房间。
6. 能够处理团队的预订、入住和离店要求。
7. 能够记录额外服务或销售的请求，以确保交付和适当收费。
8. 能够掌握酒店管理信息系统的相关操作。

任务一　了解预订

案例导入

预订房型出错

一天下午 6 点前，一位自称史密斯的客人十分生气地找到大堂经理。原来，这位客人三天前给酒店客房预订部打过电话，要求预订一间高层向阳的双床间，当时预订部人员按客人要求为其办理了预订手续，但当客人到店办理入住手续时，接待人员却告诉他向阳的双床间已经全部出租了，问客人是否可以更换一间别的房间。客人当即表示：既然在三天前做了预订，就不应该出现此类情况，因此，客人进行了投诉。值班经理很快查明原因。原来，当日上午一位未办理预订手续的客人也提出要高层向阳的房间，接待人员见史密斯先生未到店，以为他不会来了，便将此客房安排给了另一位客人。

［评析］

客人的订房需求已被酒店接受，而且酒店以口头或书面形式予以确定，即使没有付定金，酒店依然应当在规定时间内为客人保存客房。此时应该：

1. 态度诚恳地向客人道歉并说明情况，请求史密斯先生的原谅。

2. 立即给客人安排住处。

由于客人的要求我们没能满足，是我们的失误。我们应当尽可能满足客人的需求，如果不能全部满足，至少也要部分满足。没有了高层向阳双床间，可以看看高层向阳豪华间有是否有空房，我们可以按双床间的价格给予史密斯先生入住豪华间的优惠，等到第二天如果有符合预订条件的空房时再安排行李员协助客人换房。

（资料来源：https：//wenku.baidu.com/view/0edad6a66629647d27284b73f242336c1eb930ac.html。）

相关知识

一、关于预订

我们从酒店的对客流程开始研究酒店接待员的工作。第一个职能就是处理预订，当然，这只是一个连续流程的第一部分。该流程贯穿于客人从入住登记（包括抵达和入住登记）到客人住店，直至最后结账离店（包括客人账单的准备和结算过程）。

客房预订（Room Reservation）是指客人或代理机构为住店客人在抵店前与酒店客房预订部门所达成的订约。积极有效地开展预订业务，既能满足客人的订房要求，又可以促进酒店客房的销售。从客人的角度来看，抵达酒店时就要有准备好的客房，而且这间客房不是一般的客房，而是最能满足客人在预订时提出的要求的客房。这是提前预订的最大成果。对酒店经理和业主来说，则希望能在运作订房的过程中最大限度地提高客房出租率和增加客房收入。

酒店的正常运转离不开方便、快捷的预订系统和程序，预订系统必须能够准确、快捷、高效地回应客人的订房要求。通过预订服务受理并确认客人住宿要求，记录、储存预订资料，实时控制预订，进而完成客人抵店前的有关准备工作。因而酒店使用一系列方法来处理提前预订，但是无论采用何种方法，系统必须能够满足以下目标：能够记录所有预订的书面记录；允许接待员及时识别不同的客人，以便采取适当的行动；能够即时访问任何日期的客房可用数据，从而允许预订人员毫不延迟地接受或拒绝请求；制作每日客人抵店清单；使管理层能够最大限度地提高入住率和客房收入。

二、订房的方式与种类

（一）订房的方式

随着现代信息技术的发展，可供客人预订酒店客房的渠道和手段越来越多，通常可以采取直接和间接两种方式。直接订房指客人直接和酒店或酒店所在的集团联系订房，主要有直接到店、网络订房、电话、传真、电子邮件等方式。其中网络订房则包括集团电话呼叫中心（Call Center）、集团的中央订房网络（Central Reservation System，CRS）或酒店自有网络。

间接订房则指客人通过第三方中介来订房（通常房间的价格中含有支付给第三方的佣金），主要通过旅行社、全球预订分销系统[①]、专门的酒店订房代理商、会议和展览组织机构等订房。

（二）订房的种类

1. 保证类预订

所谓保证类预订是向客人保证酒店将预留房间直至客人计划抵店当天的某个时间为止。这个时间可能是规定的离店时间，也可能是酒店新一天的起始时间（前厅审计完成之时），还可能是酒店管理公司自行决定的时间。客人方面，要保证支付预订客房的房租，即使最后没使用也同样需要支付，除非根据酒店取消程序做了预订取消安排。但是若订了房的客人没取消预订或者没抵店入住，酒店也可以收取客

① 目前世界上有四大全球分销系统，分别是 Amadeus，Galileo，Sabre，Worldspan。

人预先支付的房租。这样保证类预订就确保了酒店的营业收入。保证类预订可分成下列几种：预付款、信用卡、旅行社、公司保证类预订、收费凭证等。

2. 非保证类预订

非保证类预订是指酒店同意为来客保留客房至某个规定的时间（通常是下午4:00~6:00）。这类预订不能保证酒店可以因住客未抵店又未取消而收取费用。如果客人在规定时间前未能到达，酒店可以把预留房出租，就是说把预留房纳入可租房之列。如果事后客人到了酒店，酒店可根据可租房情况予以安排。

那些客满或接近客满的酒店，或预计住客人数已达到目标的酒店，都只接受保证类预订。预订程序的有效性和准确性是至关重要的，尤其是在客满或接近客满的时候，这时的政策是尽量减少未抵店的订房客人数量，以最大可能地增加客房收入，而同时对酒店管理层最为重要的一点是要了解当地关于保证类预订和非保证类预订的法律规定。

三、预订流程

客房预订是推销客房产品的重要手段之一。其客房预订业务的程序包含以下几点。

（一）受理预订

在接到客人的订房要求时，前厅接待员应热情问候来电者。一句热情的问候是对话的良好开始。同时应能熟练操作酒店管理系统，若有空房，则能及时、准确地把客人信息输入电脑，注明客人姓名、抵离店日期及时间、房间类型、价格、结算方式、餐食标准种类、特别要求等内容。例如，以 Opera PMS 为例，直接按快捷键 F5, 按提示操作，进入如图 2-1 所示的预订界面。

团队客人主要由销售部负责联系，但是大多数团队客人真正的订房还是通过电话、中心预订网或者团队预订邮件与预订部联系来完成。对于未有协议价的散客来说，则主要由预订处负责销售客房服务和设施。预订员要有效识别客人的需求、记录和处理订房细节，以及提供适应该需求的酒店产品，来确保订房的准确。在整个过程中，预订员必须迅速、准确及令人愉快地回应客人的要求，把搜索房价、报价、写方案、存档及处理其他诸如文书类的工作时间降到最短。同时，他们要决定销售什么客房、采用什么价格，努力以最高的价格售出最多的客房。因此，预订部通常被认为是销售部的延伸。

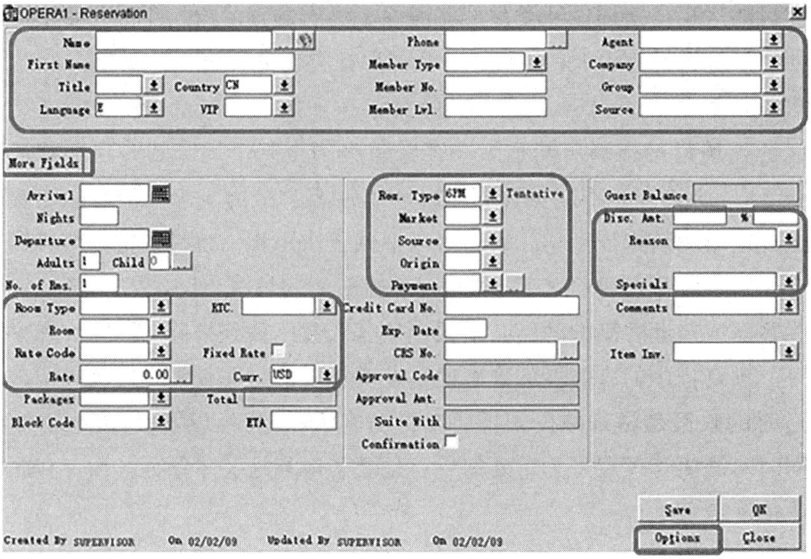

图 2-1　Opera PMS 预订界面

（二）接受或婉拒预订

酒店要在酒店管理信息系统中先输入客人的信息，确认客人的合法身份，即排除“黑名单”中的客人。之后再根据客人的需求与本酒店客房使用情况，根据订房要求寻找适合的房源、房价，确定能否接受客人的预订。倘若不能满足，则应婉言拒绝客人，但不能就此终止服务，而应主动提出可供客人参考或选择的建议，如建议客人改变抵达日期、房间类型等。也可以在征得客人同意后将其列入“等候名单（Waiting list）”。一旦有了空房，立即通知客人，最后要向客人表示感谢。这样做不但可以促进客房销售，同时可以在客人心目中树立酒店良好的形象和信誉。婉拒预订时，最好为客人签发一封致歉信。

知识链接

黑名单

黑名单是酒店不愿意接受的客人的记录，可以以书面的形式保存，也可以作为一套活页条目保存。黑名单的制作有两个基本要求：很容易查询，但不能让客人知道。黑名单上的客人一般有两种：一种是罪犯，即被警察通缉的人；另一种是麻烦的客人（Trouble-maker））。前一种很清楚，后一种有以下几种表现。

第一，他们可能之前在你的酒店住过，然后就“逃走了”（Skipper，即不付账就离店了）。你可能会认为这样的人不会回来。但是有可能他会用不同的名字再次回来入住，尤其是当他认为你的安全系统太差，第二次你也不会发现他。或者，他可能在另一家酒店尝试过同样的伎俩。酒店间通常会交换有关可疑人物的信息，许多黑名单是与其他机构联合编制的。

第二，他们可能在住店期间表现出令人讨厌的一面，如酗酒、辱骂或争吵，从而干扰了其他客人，或者是损坏了酒店的设施设备。

第三，可能酒店会怀疑他们偷了酒店或其他客人的东西。自信的骗子和偷盗者会发现昂贵的酒店是快乐的狩猎场。虽然很多时候可能无法证明任何事情，但确实有义务保护你的其他客户。

第四，他们可能来自一家偿付能力有疑问的公司。一些公司在支付账单方面是出了名的慢，因此酒店觉得不值得为此费尽心思去收取账单，因而拒绝这些公司的客人入住。这似乎对个人不公平，但实际上这是被列入黑名单很常见的原因之一。

当你意识到潜在客人的名字在黑名单上时，你能说些什么呢？通常你可能会回答：“对不起，我们已经客满了。”巧合的是，你在第二天晚上、第二周甚至第二年都客满了。这样的来电者很快就能得到信息。所以在表达“我们不希望你来住宿”时要小心，因为店主有责任接受任何真正的旅行者，并且在给出理由时要更加谨慎（毕竟，怀疑和证明是不一样的）。

在实践中，近年来黑名单更多的是理论上的，而不是实际中的。现在很多酒店都没有参考任何形式的黑名单。然而，各种安全问题也变得越来越突出：“我们真的想要接待这位客人吗？”随着计算机的发展，使得查询黑名单越来越容易，客人正式预订之前查询是否被列入黑名单，很有可能成为预订流程中的一部分。

最后一点，名单不只是我们希望拒绝的客人的名单，它还可以用来“标记”贵宾或任何你认为可能需要特殊待遇的人。

（三）确认预订

酒店接受了客人的预订后，应尽快给客人发出预订确认书或预订确认短信 / 邮件。确认信息中应复述客人的订房要求，申明酒店对客人订房变更及取消预订的有关规定，并向确认类预订的客人申明到店的时间，向保证类预订客人申明收取押金及取消预订的有关规定。

知识链接

关于客人住店的特殊要求 / 建议：

- 特殊需求、需要；
- 残障人士房；
- 婴儿床、高脚椅、折叠床；
- 香槟、巧克力、新鲜的水果篮；
- 鲜花；
- 面向大海、花园、景观的房间；
- 连通房（两间房中有一道门，通常适用于家庭）、相邻房；
- 房间远离电梯；
- 床垫下放一张床板——适合脊背有病的客人；
- 额外的衣架；
- 玻璃花瓶；
- 变压器（220~240 伏，外国客人需要）；
- 熨斗和熨衣板；
- 付款方式；
- 不同消费群体信息，如特殊团体、VIP 等；
- 产品或服务应提供的具体时间；
- 其他的服务细节；

预订员要把酒店的有关规定告知客人，并清楚、准确地记录所有的特殊需求。

（四）预订的变更、取消

预订的变更是客人在抵达之前临时改变预计的日期、人数、房间种类、房间数量、房间价格、预期抵离店时间、期限、姓名、交通工具、付费方式等。若是电话更改预订，除要记录变更的内容外，还应弄清来电人的姓名、电话号码或地址、单位名称等，以便联系。预订变更后，前厅要及时在系统中做好修改。如果赶上交班，要跟同事做好交接。若预订客人要求变更或取消预订，预订人员应按酒店有关规定及时办理相应的手续，手续办理过程应规范、认真、仔细，严防出现差错影响客房的销售。

由于各种缘故，客人可能在抵店之前取消订房。收到取消订房的要求时，不能在电话里表露出不愉快。即使客人取消，前台也要让对方感受到：今后无论何时光临酒店，仍会受到欢迎。正确处理取消订房，对于提升客户忠诚度有重要意义。

（五）客人抵店前的准备

按计划实施预订客人抵店前的准备工作，是前厅服务过程中非常重要的工作。

一是要核对预订。为了提高预订的准确性和酒店的开房率，在客人到店前，要提前与客人进行多次核对，问清客人是否能够如期抵店、住宿人数、时间和要求等是否有变化，核对工作要进行三次，通常在客人抵店前一个月、抵店前一周、抵店前一天进行。

二是要预报客情。应按规定的预报、预测周期及时段，将有关预订信息以客情预测表的形式传送至各有关部门，以便提前做好接待准备。编制客房销售预测表等报表，做好向酒店中的其他部门提供有关客房出租率的数据。预订部提供给酒店其他部门的客房出租率的数据对这些部门的工作所产生的影响很大。预订部的预测将团队和散客数据结合在一起，编制出客房销售预测表。该表包括客房入住率的历史水平、季节因素、会议等重大活动、重大节假日、截至当日的预订量、对“应到未到”（No-shows）客人数量的估计、对取消预订数量的估计、经济环境分析。这个对未来需求的预测指明了应该怎样利用资源以及相关的对客工作安排，也有助于各个部门确定对各种物品需维持多少库存。关于预测的任何重大变化，一旦数据已经被证实了，预订部必须尽快将这一变化告知所有的部门。

任务二　散客电话预订

案例导入

客人要讨个说法

一天下午，某酒店商务中心收到上海某大公司常客陆先生发来的传真投诉，传真中讲述了他前几天在该酒店的遭遇，要向酒店讨个说法。

一个星期以前，陆先生打电话到酒店预订两天后的一个大床房，当时酒店预订员告诉陆先生两天后的大床间都已订满，陆先生无奈只好订了一个双床房。两天后，当陆先生来到酒店在前厅办理入住登记手续时，听到旁边一位无预订的顾客却被接待员安排了大床房，陆先生十分疑惑与不满，心想可能是有其他原因吧，也就没说什么。住在酒店的三天中，从无一人询问他是否需要换到大床房。陆先生认为，这本来是一件小事，但作为酒店的长期合作宾客受此待遇，心中感到十分不满，他还是希望酒店给个合理的解释，并要考虑以后是否还会入住。

大堂副理看完传真，立刻找到当班预订员小陈和接待员小许查询原因。经查实，在陆先生打电话订房是酒店确实没有大床房了，所以预订员小陈才在征得陆先生的同意后，给他安排了一个双床房。当陆先生入住时，接待员小许根据预订单将预留好的房间分配给了陆先生。事有凑巧，此时另一接待员小腾恰好将一间刚刚结账的大床房分配给了正在前厅询问有没有大床房的张先生。因此，在陆先生看来，觉得酒店厚此薄彼，令人难以接受。

事情了解清楚后，大堂副理精心拟写了一份热情诚恳的信件传真给陆先生，向客人道歉。并在解释原因的同时，表示酒店的接待工作仍有待完善，非常感谢陆先生中肯的意见。酒店在最近的装修中会适当增加大床房，恳请陆先生的再次下榻。

一个月之后，陆先生又光临该酒店，入住了新改建的舒适的大床房，他十分满意。

[评析]

本案例中的常客陆先生在预订时酒店没有大床房，酒店应该把他提出的未能够满足的要求记录在客人预订单上。这样当陆先生到来时，酒店接待员根据客人预订要求，再查询一下房间状态，就不会发生当有大床房时，而未能及时告知陆先生换房，反倒是没预订的张先生被安排了大床房的情况。陆先生不满的情绪是完全可以理解的。

另外，对于常客，客人的这些常见需求应该被记录在客人的客史中。这样就不至于出现以上案例中的投诉了。

（资料来源：https：//www.doc88.com/p-2197084840673.html? r=1。）

相关知识

网络订房作为一种散客用房的销售途径，所起的作用正在不断增加，但电话预订对任何酒店而言也仍然是散客用房销售的重要途径之一。正是由于这个原因，预订员说话的声音必须悦耳动听，而且他们的言辞也必须具有说服力。预订员必须能够在与别人交流的同时使用酒店管理信息系统。只有当预订员把与客人的交流和对电脑系统的使用天衣无缝地结合在一起时，一个高质量的预订电话接听才会产生。

一、散客电话预订的流程

对电话预订的一个好的建议是：说话必须清楚、有礼貌，向客人传递准确信息，与客人交流时要面带微笑，并且要把微笑通过你的声音传递给客人，通常客人会通过你接听电话的方式和声音来决定是否入住该酒店。具体流程如表 2-1 所示。

表 2-1　散客电话预订的流程

程序	标准	注意事项
接听电话	铃响三声内接听。若电话响过三声或三声以上，接听后应首先向客人致歉。	—

续表

程序	标准	注意事项
问候客人	语调应诚恳热情，客人使用何种语言，尽可能用客人使用的语言回答。	早上好 / 下午好 / 晚上好，××× 酒店，请问有什么可以帮助您？
聆听客人的订房要求	确认客人抵达日期，查看客房预订情况。	询问客人预订日期时，要同时根据电脑所显示的当天房间预订状态予以确认预订。
询问客人姓名	询问客人姓名，并复述确认，确认客人是否是协议单位或者有会员卡。	询问客人的姓名时，中文要确认是哪一个字，避免出现同音字；英文要确认准确的拼法。
推销客房	询问细节，主动介绍房间类型及设施，采用适当报价方式。	—
询问付款方式	确认客人的付款方式。	询问客人的付款方式时，若由公司或旅行社承担费用的，应要求客人在抵达前电传书面信函作为担保；以合约公司名义订房的，如该公司与酒店并无信贷关系，需将公司信函呈财务部审批方为有效。
询问客人抵达方式	询问客人抵达时间、航班及车次等，并说明客房保留时间。	询问客人抵达时间时，如客人并没有确切抵达时间，应向客人说明酒店只能保留房间至入住当天下午的6点，如客人需要保留房间至下午6点后，请客人提供信用卡号码以做担保预订。
询问特殊要求	询问客人有无接机、客房布置等特殊要求。	询问客人是否有特殊要求时，应详尽记录客人要求的内容，如客人的要求酒店确实不能代办，应用礼貌的语言婉拒或指引客人用另外的方式解决。
复述订房内容	抵离店日期、客人姓名、公司名称；房间种类、数量、房价、付款方式、抵达时间、特殊要求、代理人（订房者）资料等。	—
完成预订	对客人的订房表示感谢，记录存档。如果一时难以准确答复，应尽快查实，请对方留下电话号码，及时告知。	—

二、散客电话预订的问答技巧

合理的预订电话管理要让预订员知道在电话中该说些什么。为确保高质量地接听电话，大多数预订员必须遵循一些基本的规则。预订员使用某些特定的词语以及向客人提出某些特定的问题，有助于确保客人成功地完成电话预订，同时又限制了通话时间。从理论上来说，预订员特殊的工作习惯和说话的语调可以决定电话预订是以成功还是以失败结束。在不同的酒店中，不同的预订员实际使用的词语也可能不一样。允许预订员在接听预订电话的过程中展现他们不同的个性也是很重要的。然而，仍然有一些基本的限定性问题是每一位预订员都必须问到的，有一些“能说和不能说（do’s and don’ts）”的规则是所有的预订员都必须记住的。

向客人提出一些限定性问题的目的是确保预订员能够清楚地了解客人的需求。预订员需要向客人提出这些合理的问题以便尽可能地向前台和前厅的其他岗位提供更多的信息。如果相关的数据足够准确，客人入住登记的过程将会更加顺利地进行。合理的限定性问题也限制了通话时间，因为预订员可以很快地获得所需要的信息而避免因为那些不着边际的问题而浪费时间。这些基本的限定性问题包括以下这些。

（一）“您是来参加某项团队活动或会议的吗？”

提出这个问题的目的是保证客人获得合理的房价并确保该团队对其做出的预订进行确认。如果团队预订没有得到团队的确认，这将会影响到酒店对未来的预测。团队用房工作表必须准确反映出团队成员的抵达情况。

（二）“您的团体有多少人？”

这个问题提醒预订员根据当前的客房出租率向预订者报价。用于双人房、三人房和四人房的合理房价标示可使报价更为准确。

（三）“您是我们酒店经常住店计划的成员吗？”

这个问题可以提醒预订者在本店住宿还可以获得其他益处。

（四）“您曾经光顾过本店吗？”

大多数的酒店电子计算机管理系统中都存有以往客人的资料。这一信息被称作“客史”，如果对其进行合理的管理，这些客史就可以向酒店展示这些客人的偏好和习惯。客人的历史数据信息如果管理得好的话，可以提醒酒店该客人的偏好。通过提出这个问题，预订员能够确定该客人喜欢哪种类型的客房，或事先知道该客人将要求酒店提供儿童床以及还有什么其他特殊要求。

（五）“您预计什么时候抵达本酒店？”

这个问题是代表前厅的其他部门提出来的。前台可为那些比其他客人更早抵达的客人安排首间待售房。行李服务台需要知道抵达时间以便合理地配备工作人员。

（六）“您喜欢使用哪种信用卡？”

该问题的提出有两个目的：第一，使得每一个预订都能成为保证类预订——这是酒店更愿意接受的预订类型，因为这种预订得到了客人的确认。预订员在提出这个问题之后应该告知客人本酒店保证类预订的相关政策。第二，客人在预订过程中提供信用卡能使他更快完成入住登记手续，因为入住时客人无须再向前台提供其信用卡，而酒店也仅仅需要将客人的消费记在其所提供的信用卡账户上即可。

（七）“请让我再次核对一下您的信息。”

尽管实际上这句话本身并不是限定性问题，但它使得预订员能够回顾并证实他提出的每一个问题的准确性。这句话也通过强化本次预订在客人脑海中的印象来结束预订过程。

随着工作时间的推移，大多数预订员都建立了自己独一无二的提出这些限定性问题的方法。个人风格有助于保持在这种电话预订过程中多一点人性化而少几分僵硬性。在整个电话预订过程中，预订员可能会发现他们是在回答问题而不是提出问题。这就是为什么酒店会花费那么多时间对预订员进行培训并且教育他们了解酒店自身的设施设备。在此，员工的个性和工作风格再一次提高了客人对住店体验的满意程度。然而，有一些语句是预订员应该避免使用的。表 2-2 中列出了一些他们“不能说和应该说”的话。

表 2-2　预订员不能说和应该说的话

不能说的话	应该说的话
我不知道。	我很乐意帮您查证一下。
我们已经超额销售了。	我们的销售已达到供应能力的上限。
我不能批准给您看特大号床的房间。	我很乐意帮您申请一张特大号床。
这个计算机系统是新的，我对它不太了解。	我的计算机现在死机了，请稍候。
我们还有许多客房可供销售。	我们正在做到全额出租，但我确信有您需要的房间。
再见！	感谢您打电话到 ××× 酒店。

其他的“单凭经验的方法”还包括如何避免预订过程中出现的沉默。死气沉沉将导致客人产生迷惑和犹豫。预订员应该尽可能地使对话做到最愉快。唯一允许沉默的时候是在预订员向客人开价之后。一旦预订员开出了房价，客人可能需要时间来考虑。没有经验的预订员可能会以为这种沉默是客人无法接受这个房价的表现，于是立即报出一个更低的房价，这种情况应该避免。预订员可以使用的另一种操作方式——向预订者问候时主动报出自己的姓名——一开始就与客人建立一种和睦的关系，可以使得后面的预订工作能够更加容易地进行。

电话预订者很快就适应了预先设定好谈话内容的销售方式。谈话的语调加上预订员与客人个性化的接触，使得他能够按客人的需求采取最恰当的方法。定制化销售最好的方式是从提出一些开放式问题开始。开放式问题就是那些不能仅用一个字来回答的问题。例如，“是什么促使您光临本店的？”这就是一个开放式问题，它可以让预订员注意到客人的目的是什么。客人可能是来参加一个会议或寻找一个浪漫的结婚周年纪念日。在这种情况下，向客人提供合理的团队房价或“蜜月”组合价格将是很合适的。这些限定性问题的提出有助于预订员一开始就发现客人需要的是什么，减少预订员与客人的通话时间，提高其成功转化率。

向预订者简要地复述一下谈话内容是预订员永远都不应该跳过的一步。确认客人姓名的正确拼写、重述一下客人抵店和离店的日期及具体时间、重复一遍客房类型和房价、确认保证方式，这些工作可以避免在日后向客人提供服务的过程中出现客户服务问题。预订者可能一开始说要预订住宿两晚，但在复述时间时，他可能会发现自己出了差错。写错客人的姓名也是一种常见的问题。这种情况可能会出现在某个客满的夜晚，由于酒店没有为客人的预订保留房间，所以必须帮助客人到其他酒店寻找住宿，而问题的产生仅仅是由于预订员写错了客人的姓名。

毫无疑问，电话预订过程中最重要的时刻是在电话快结束之时，这是客人必须做出决策的时刻。预订员必须不断地寻求业务。有很多时候，客人已经准备做出决策，但预订员不是没有向客人请求做出预订，就是没有向客人提供其他的选择或更低的房价，从而错失一次销售机会。客人的沉默并不总是表示他们不愿预订客房。预订员必须给予客人一定的时间让其消化提供给他们的信息，然后再请求他们做出预订。当客人提出疑问时，聪明的预订员会提供一些很有用的回答。当客人提出：“你们的客房有按摩浴缸吗？”预订员可以这样回答：“没有，但遗憾的是据我所知，我们这儿没有哪一家酒店提供了这种浴缸。然而我们酒店在淋浴间旁边提供了热水浴桶。”这种回答方式不仅给了客人在该酒店住宿的一个理由，尽管是在没有按摩浴缸的情况下，而且也给了客人不到竞争者酒店预订客房的理由。散客用房销售主管应该在对预订员进行培训的期间采用角色扮演的方式模拟这些场景，使预订员意识到来自客人的各种不同类型的问题是让他们熟悉这些问题最好的方式。解决客人的问题实际上保证了预订员拥有一个很高的成功转化率。

知识链接

关于酒店有关规定

如果没有明确的抵达时间或航班时间，酒店只能将房间保留到入住当天18:00。通常，如果到了18:00客人仍未到达，酒店在用房紧张的情况下，则可将保留的客房出租给未预订而直接抵店的客人。

如果客人要求一定要为他保留房间，并超过当天的18:00才能抵达，应礼貌地请客人付定金，酒店应为这种付了定金的客人保留房间直到次日的退房时间为止。

任务三　团队

案例导入

早上7:00左右，值班经理接到前厅接待员小汪打来的电话，请他立即到前台处理一个团队的结账问题。经理立即来到大堂，只见大堂里站满了客人，地陪、领队正在和前厅接待员争论着什么。他赶紧过去，先请领队将客人送到停在大门口的旅游车上去，然后向地陪和前厅接待员了解情况。原来事情是这样的……

该团是酒店与假日旅行社合作的一个系列团之一，原定在酒店住两晚，付款方式为离店时现付。在该团到达的前一天，酒店财务部收到假日旅行社一张汇票，注明是1990SBNSAZ的房费，但金额只有一天的房费。财务员立即在电脑上做了已收到该团汇票的记录，并在DETAIL（详细情况）栏内详细说明了只收到一天房费的情况。而前厅接待员看到收到汇票的记录，以为该团的付款方式由现付转为预付了，并没有打开“DETAIL”栏，只在团体订房单上做了修改，更没有明确预付款的金额，而只是与旅行社确认了另一天的付款方式。

早上团队离店结账时，前厅接待员才发现旅行社只预付了一天的房费，因此，要求地陪现付另一天的房费。而地陪则坚持两天房费都是由旅行社汇票预付的，同时责怪酒店事先没有看清楚预付款金额。现在，客人都等在车上，当天的行程都是安排好的，时间很紧张，希望酒店早点放行。接待员按照该团队订房单上指明的付款方式收款会出现少收一天房费的情况，又因为是星期天，无法与旅行社确认，因此不敢擅自放行，只好请值班经理来处理这件事了。

值班经理该如何处理这件事呢？

［评析］

1. 既然旅行团时间紧张、不能拖延，酒店可借此机会坚决要求团队领队现付房费后才予以放行。如此利用旅行团的时间紧张，强行要求离店前付清房费，酒店自然收足了钱，没有了后顾之忧，但肯定会引起地陪、领队以及客人的不满，尤其是在客人现金紧张的情况下，今后也就失去了与该旅行社继续合作的可能性。因此，这办法不妥。

2. 请领队、地陪马上与旅行社联系，确认汇票金额，同时请旅行社立即发传真过来保证付清余款后，才同意放行。这样处理看似谨慎，酒店相对来讲更有保障，但前提是地陪必须联系旅行社，同时还要有旅行社财务部的配合，否则又将出现双方僵持的局面。同时，在时间上会引起客人的投诉及领队的不满，也不利于今后的合作。因此，这个办法也不好。

3. 同意给客人放行，但要求该团领队，地陪在团队房费账单上签字承认消费，并请他们协助酒店结清余款。立即给客人放行首先保障了客人的利益，酒店与旅行社是有长远合作关系的，此时此刻，更不应该为难旅行社的地陪及领队，应与他们搞好关系，并争取他们的协助，相信在地陪、领队签字认可消费及主动协助的情况下，余款是可以收到的。因此，这个办法可行。

4. 请地陪、领队在账单上签字后，立即给客人放行，将此团所欠余款计入系列团下一团的团款，并在次日与旅行社取得联系并确认。基于酒店与旅行社有良好长远的合作，此次合作的又是系列团，这样处理既保持了双方友好的合作关系，又便于操作。因此，这是在实际操作中常用的一个办法。

5. 请领队、地陪在账单上签字后给予放行。次日再请双方财务部核对确认汇票金额及付款方式。先解决当务之急，再由双方财务部门最后解决此事。有原始凭证处理起来会相对简单一些。因此也不失为一个良策。

酒店前厅接待员在团体客人订房单上应注明是“预付”“现付”“挂账”或“其他”方式，而且要注明预付方式与预付款项、现付时间（到店时现付或离店时现付）、挂账协议书的编号等。同时要有意识地培养自己的分析判断问题、处理问题的能力，在按酒店规章制度办事的同时，又要根据实际情况有所应变。

（资料来源：https：//wenku.baidu.com/view/536179e4b8f67c1cfad6b892.html.）

相关知识

一、团队接待注意事项

（一）提前预订程序

团体预订本质上比个人预订更复杂，因为还有许多其他因素需要考虑，包括以下几点。

1. 付款安排

套餐价格只需以通常的方式转移到团队组织者的分类账户，但可能需要为各个团队成员开立单独的“额外”账户，以便他们可以赊购饮料、使用洗衣房和可能的客房服务。如果不提供此类信贷，则需要以不冒犯客人的方式向客人和其他酒店部门说明情况。

2. 其他行政安排

团队通常被引导到一个单独的区域办理登记手续，这样做：一是为了保持团队的完整性；二是为了避免在接待处排长队。他们也可能会有某种欢迎派对，或是一种特殊的“客人礼遇套餐”。协议上应该注明这些详细信息，并阐明酒店和团体组织者之间的职责。

3. 关于导游等的安排

团队通常由领队或旅游组织者陪同，通常还有司机陪同。这类工作人员通常免费或以较低的价格住宿。这些安排需要在协议中详细说明。

由于所有这些原因，团体预订表可能比个人预订表更复杂。团队更加强调实际到达和离开时间。了解这些信息很重要，这样酒店才能做好准备。它还要求提供可能在当地接待该团体的任何代理人的姓名（这是一种很常见的做法），以及任何船只、航班或其他运输方式的详细信息（建议酒店给当地机场打电话，确认飞机确实准时）。最后，商定所有膳食的详细信息，以便向餐饮部门提供建议。例如，在 Opera PMS 系统中，团队预订界面需要填写一些信息，具体如图 2-2 所示。

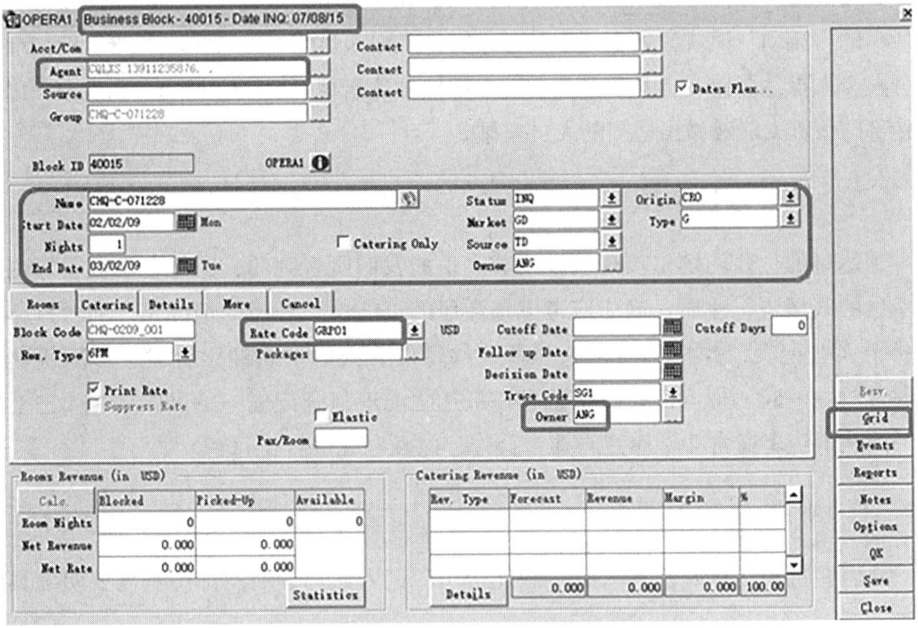

图 2-2　Opera PMS 团队（Block）界面

正如我们所看到的，团体预订通常比个人预订提前很多。两年左右的“时间范围”并不罕见。然后，团体组织者出售团体旅游的名额，这意味着实际的床位早在实际占用之前就已经预订好了。这反过来意味着可能需要在最后一刻对房间安排进行调整。例如，团队组织者可能会发现他们售出的双床房数量略高于预期，而大床房数量略低于预期。

酒店自然希望在抵达日期之前尽可能早地确定每种房型的数量。例如，他们需要知道该团队是否会需要更多的双床房，或者是否能够在最后一刻将一些大床房出售给高收益客户。因此，酒店会提前几天向团体组织者索要详细的房间清单。

房间列表应给出小组成员的姓名、要分配的房间类型和其他相关信息，如想要或愿意入住的人以及想要相邻房间的人的详细信息。如果信息中包括国籍和护照号码就会很有帮助，因为能方便酒店预先准备客人入住登记表。

然而，团体组织者可能会遇到延迟取消的情况，或者直到最后一分钟仍在出售名额，因此可能很难提供最终的房间列表。这是酒店和团体组织者之间常见的冲突根源。酒店应该了解后者的问题，但它的工作仍然是不断催促团队组织者尽快发送住宿名单。

酒店的其他部门需要预订部门提前提供任何团队抵达的详细信息，以便他们安排。客房部必须确保团队抵达时所有房间都已准备就绪，这一要求不同于连续几位客人所需的“流动”模式。大堂行李员必须安排工作人员快速转移大量行李。即使前台不分发个人抵达名单，也几乎必然会分发团体抵达名单，这通常提前一周发出，以便其他部门负责人能够做出适当的人员安排。

（二）团队入住事项

到达时的主要问题是接待设施超载。正如我们所看到的，团体通常被引导到一个单独的区域进行注册，酒店应考虑预注册的可能性。理想的情况是，前台打印出一份个人登记表，并将其与预先准备好的每位客人的“欢迎”套餐、房间钥匙或钥匙卡放在一起。也可以让团队游客在抵达之前填写登记表——可以是在大巴上填写。团队组织者通常非常愿意与前台合作，以顺利完成登记过程。

（三）团队住店事项

酒店要特别注意团队客人的“额外费用”记入账户，所有部门都需要明确具体条款。

（四）团队离店事项

旅游组织者希望团队保持在一起，所以单独的等候区是个好主意。酒店需要确保团队归还所有钥匙，并支付所有额外费用。在这一过程中，酒店非常愿意与团队组织者合作，因为他们将帮忙联系那些未结账就离店的客人。

二、商务会议的安排事项

商务会议也是团队的一种，通常提前很长时间安排，在酒店的业务中也同样重要。因此，与处理团队的程序非常相似。

主要区别在于酒店必须提供更多的设施，一般需要会议室和额外的讨论室，以及留出用于会议登记、新闻发布会和任何相关社交活动的区域。会议预订需要考虑的要点如下。

（一）住宿要求

这些不仅包括预期代表人数和所需客房类型，还包括会议室本身。

（二）设备

现代会议演讲通常使用复杂的视听辅助设备，酒店应该能够提供麦克风、幻灯机、电影和投影仪、演讲台等，以及铅笔、记事本等办公物品。会议通常还需要复印设施或计算机网络，以及电话和传真设施。所有这些都需要与主办方讨论并达成一致。

（三）食品和饮料要求

通常在会议过程中会安排茶歇和咖啡方便客人休息。这些安排必须与客户达成一致，并与餐饮部进行协商。

（四）VIP 安排

许多会议会邀请杰出的客座演讲者致辞。这些会议可能需要在机场或火车站举行，酒店和会议组织者应尽一切可能提供礼遇。

（五）标志等

有必要张贴这些标志，以便与会者能够找到。但是，它们不应该太大或太多，因为这可能会惹恼其他客人。

（六）合作伙伴的计划

代表们通常会带着他们的妻子、丈夫或孩子，并且可能会为他们安排参观、远足和其他活动。这也需要事先计划，酒店应在责任范围（以及适当的费用范围）内内事先解决。

值得牢记的一点是，与团队旅游成员不同，会议代表很可能有不同的到达和离开日期。一些人只会来 1~2 天，而其他人可能会借此机会在会后逗留更长时间，以便更好地了解该地区。这可能是酒店的一个业务来源，但也带来了一些问题，主要问题是针对额外天数应提供何种条款？不言而喻，代表们期望这些与会议费率相同，但这很可能会导致高收益业务被取代，这需要根据我们所说的产量管理来考虑。

三、酒店接待团队客人程序

接待团体订房或集体旅行的客人时，因为客人和行李都很多，所以客人往往坐巴士或机场巴士等抵达，这就对入住登记业务提出了高效率的要求。入住登记方法也和普通客人不同。各酒店都有各自不同的处理方法。但总之要提供给团队客人快速有效的入住体验，要使客人的满意度达到最大化。在每个班次开始时，应指定一名团队主管或资深前台接待作为当日团队的负责人。

（一）抵店前（Prior to arrival）

（1）打印团队概要（包括团队付费方式和特殊要求等）。

（2）在房态允许的情况下，团队房间应提前 1 天由控房员或夜班前台员工分配好：

- 在 Opera 系统中给团队分房，包括团队主账房；
- 房间分配必须符合组织者或团队合同约定要求的房间类型；
- 根据团队的房间数，尝试将其尽量分配在 2~3 楼；
- 在 Opera 系统中将所有房间输入 DNM（No Not Move，切勿移动）。

（3）确保预订部做好所有转账的设置（包括早餐和房价）。

（4）准备房间名单。

（5）准备房间。

（6）将所有团队信息一起摆放至团队文件夹中，其中包括：团队概要、团队房间名单和房卡等；并在团队文件夹上标明团队名称及主账房号。

（7）联系团队领队确认预抵时间并记录在团队概要上，并提醒其提前收集客人证件和准备分房表。

（8）根据团队的预抵时间与客房部进行沟通，并查询团队房间状态。

（二）入住（Check in）

（1）在团队抵店时，应确定团队名称以及房间数，并取出正确的团队文件夹。

（2）复印客人证件、护照及分房表。

（3）在 Opera 系统中，再次检查团队房号及房间状态。

（4）在 Opera 系统中为团队办理入住。

（5）将房卡及团队名单交给团队领队。

（6）告知团队领队房间是吸烟房还是非吸烟房，或任何其他已安排的特定请求（如电梯附近的低楼层房、毗邻的房间等）。必须向导游传达酒店的禁烟政策，包括违规的罚款规定。

（7）要求团队领队向团员强调说明团队入住要求，并确保所有团员已完全理解这些要求（如客房小酒吧、关闭长途电话、要求押金等）。

（8）与团队领队确认团队是否需要增加额外的早 / 晚餐或加床，告知相应的价格并在团队概要上进行记录。根据团队概要要求收取押金或付账；如有客人独立付费部分，确保收取足够的押金。

（9）确认叫醒、早餐和离店时间，并留下领队联系方式。

（10）在 Opera 系统中更新团队预订及客人资料。

（11）打印“房数与房价团队报表”（Group INH by Room No. with Rate），再次确认总房数及房价是否与团队概要一致。

（12）整理所有团队相关的文档放入团队文件夹。

（13）如果团队需要增加或取消房间，必须联系预订部及相关销售经理。

（三）住店期间（During stay）

（1）与团队领队确认每天的叫醒和早餐时间。

（2）每日需要让团队领队确认入住房间数量，并在团队报表 Group INH by Room No.（必须确保不显示房价）上签字确认。

（3）所有杂费消费必须由团队领队或有签单权限的团员进行确认和签名，将所有签名确认后的杂费单放入团队文件夹。

（4）对于入住超过一晚的团队，夜班前厅接待员每天夜审后，需要检查主账房中的房费及杂费，以确保所有杂费都有相应的已签名杂费单在团队文件夹中。若有任何杂费单遗失，前厅接待员需报告给值班经理。检查后，由夜班值班经理签字确认。

（四）退房（Check out）

（1）客房部检查小冰箱酒水的使用。

（2）为团队客人准备账单（若有客人独立付账）。

（3）根据团队概要描述与领队结账。

（4）将主账房和所有团队房间进行退房，账单需附上团队活动表、团队概要、团队名单及所有团队文档。需要注意是，所有延迟退房或延住要求都需要得到前厅部经理和销售总监的允许。

实战演练

3~5 位同学组成一个小组。以小组为单位，结合所在学校的酒店管理信息系统（如 Opera PMS），分角色扮演，完成以下场景或自命题的模拟演练，并拍成视频（具体工作流程和评价标准可参考本书附录 A）。

场景一：客人刘强先生，北京人，预订了一间高级大床房，住一晚，使用门市价。入住当天，乘坐国航 CA1521 航班从北京至上海，要求接机。

场景二：客人 Angle Lee 小姐来自美国加利福尼亚州，某公司职员（该公司与酒店有协议价），到中国出差，现预订一间高级大床房，连住 5 晚，所有费用由公司支付。客人有过敏性鼻炎，对花粉过敏。

场景三：酒店承接一董事会议。

会议名称：上海前滩公司董事会议，10 人，其中女性 5 人、男性 5 人

房间：10 间行政客房

抵离日期：按系统日期入店，住 1 晚

付款方式：公司现金结账

会议公司联系人：张一，13×××××××××

项目三
入 住

学习目标

知识目标：

1. 了解酒店的入住登记程序。
2. 熟悉办理入住的酒店管理信息系统。
3. 熟悉客人历史的功能与更新。
4. 熟悉常见的客人要求，如叫醒电话、报纸、早餐、客房服务。
5. 了解处理客人行李、物品和停车的程序。

技能目标：

1. 能够根据酒店的政策和程序登记入住客人。
2. 能够保存与客人有关的所有必要文件和信息。
3. 能够向客人发放房间钥匙。
4. 能够提供分配房间的指示和有关酒店服务和设施的信息。
5. 能够请求并接受有关附加服务和销售的指示。
6. 能够建议将客人的行李转移到客房，并能根据酒店的政策组织转移。
7. 能够掌握相关的酒店管理信息系统操作。

任务一　了解入住

案例导入

机器人来了，酒店人去哪?

自从服务机器人出现之日起，就有从业者拉响了警笛：机器人来了，许多酒店员工要失业了！最近，当阿里、京东等企业各自显露了自己的未来酒店的雄心之后，此等恐慌与日俱增，不少酒店人似乎一下子觉得自己的职业远景布满乌云。

然而，在笔者看来，机器人及与之相关的人工智能的到来，不但不是酒店人的危机，反而应该是扭转行业困局的一个契机。因为，当机器替代了简单而基础的工作岗位，或许会有更多的员工可以从枯燥乏味的重复性工作中解放出来，投身于更多的、满足个性化需求的工作之中。以此为契机，当员工从事的工作具备更广阔的价值创造空间时，酒店行业员工工资低、酒店工作岗位吸引力差的窘境或许也可以得到缓解。酒店员工或许会有更多的机会去从事更深层次的服务，从而成为真正创造客人体验的“服务艺术家”。

机器人员工的使用原则

未来，酒店是什么样子？笔者觉得可以这样思考，把服务分为两类，一类是高关系服务，一类是低关系服务。

高关系服务是那些需要靠人际互动来创造体验的服务部分。反之，只需要以特定重复性的流程来实现服务体验的服务部分就是低关系服务。比如，前厅根据客人的需求向客人提供礼宾服务，应属于高关系服务范畴，而办理入住或许可以被划归为低关系服务。又比如，酒吧中调酒师与客人聊天，为客人选择今晚喝哪种鸡尾酒是高关系服务，而调酒本身就可能是低关系服务。再比如，客房内欢迎礼遇的创意、接待员体察客人需求后做的个性化服务，这些是高关系服务；而客房标准卫生清洁和整理就是低关系服务。

笔者认为，在未来的酒店中，高关系服务要让人来做，低关系服务可由机器来做。如此，高的会更高，低的会更低，而不是高低不分。高关系要想变得更高，员工必须接受深度培训，必须接受新的测评标准，用多元化人际能力来创造价值。低关系变得更低，就是通过机器服务，去除人的因素，从而降低成本，保证酒店基础标准。

从某种意义上来说，现在很多酒店所面临的困境就是服务关系中“高（关系）低（关系）不分”，也就是我们既要求员工保质、保量、保时间地去完成高负荷的重复性体力劳动，又想让员工创造性地塑造人际互动体验，结果经常是哪个方面都没有很好地实现。然而，如果机器人得以大量应用，把人从枯燥乏味的工作中解放出来，人的价值就可能被更好地体现。未来，酒店的体验也会变得更温暖。

（资料来源：中国旅游报 .2019 年 2 月 14 日，A2 版。）

相关知识

前厅所有的功能、活动和区域的设置都是为了对客服务和销售。对许多客人而言，前厅就代表了酒店。前厅几乎向每一位客人提供服务。客人住店期间所发生的交易记录显示了酒店经营活动的流程。前厅的许多功能都能在前台完成。前台设在大堂显眼的区域，是客人入住登记、问讯、投诉、结账离店的地方。前厅工作的有效性有赖于它的设计和布局。前台的设计和布局应使每位员工很方便地使用设备、表格以及完成工作所必需的用品。一个酒店管理系统所包含的软件模块能对酒店前后的各种活动起到支持作用。另外，许多由客人操作的和非客人操作的系统也能与酒店电脑系统链接。

一、前台的主要工作

前台的主要任务之一是帮助客人办理入住登记手续。不论酒店的规模和档次如何，客人要入住酒店，都必须首先办理入住登记手续。客人信息输入电脑后，电脑会生成一张入住登记单（Registration Card）。这张入住登记单上记录着客人的一些基本信息及此次预订的信息，如房型、房价、抵离日期、付款方式、抵达时间等。客人一定要在入住登记单上确认签字。这标志着酒店与客人之间正式合法经济关系的确立，也明确了酒店与客人之间的责任和义务、权利与利益。在为客人办理入住手续的过程中，要注意以下几点。

（一）确认客人的身份，确保遵守国家有关法律

我国有关法律明确规定，在我国的外国人及国内流动人员，在宾馆、饭店、招待所临时住宿时，根据《旅馆业治安管理办法》《中华人民共和国治安管理处罚法》与《中华人民共和国反恐怖主义法》的规定，接待方必须查验旅客的身份证件，按规定的项目如实登记，便于管控入住者信息，打击和预防流窜犯罪，堵截被通缉的嫌疑人。若不按规定登记旅客姓名、身份证件种类和号码的，或者明知住宿的旅客将危险物品带入旅馆且不予制止的，处以 200 元以上 500 元以下罚款。对身份不明或者拒绝身份查验的旅客，不得提供服务。

拓展阅读

身份证

2004年年初，一名中年男子入住浙江省某酒店，在登记时前厅接待员小郭发现此中年男子所持身份证与本人不符，她马上报告酒店领导，经酒店领导同意，立即向所在地的派出所报案，民警迅速赶到酒店，将此中年男子带回所里询问。中年男子称，他本人姓张，黑龙江人，身份证是捡来的，因为自己的身份证丢了，所以就用捡到的身份证登记住店。

从张某偶尔流露出的闪烁不定的眼神中，民警判断张某没有说实话。随后，民警对其携带的物品进行检查，发现了两部手机，其中一部手机没有电话卡，另一部手机没电。经调查，发现其中一部手机的机主为青岛某公司职员刘先生。刘先生称，前两天他到浙江出差与人共住一酒店房间，结果早上醒来时发现自己的手机和钱都不见了，同屋的客人也没影了，于是向当地警方报了案。派出所民警迅速与当地警方联系，证实了刘先生的说法。

在事实面前，张某不得不承认了自己的犯罪事实。原来，张某是一名流窜多省作案的惯偷，专门选择交通方便、易于脱身的车站码头附近的酒店，然后用他人身份证登记，半夜趁同屋的客人熟睡之际，将其钱物席卷一空。

（资料来源：饭店安全管理案例汇编——开元国际酒店管理公司人力资源部。）

（二）为客人提供满意的服务

办理入住登记手续时，前厅接待员通过回答客人的各种问题，可以让客人了解到本酒店的各种客房类型和相应的房价，并可以推荐一些有特色的房间和有优惠房价的房间，客人就可以根据自身不同的情况，选择自己满意的房间和房价。所以，通过办理入住登记手续不仅推销了客房，而且满足了客人对房间和房价的要求。这些个人资料对于做好酒店的服务与管理至关重要。一份客史档案是酒店关于客人个人习惯和财务资讯的记录，为前厅增强了满足客人特定需求的能力、提高了预测客房出租率的能力和为客人正确结账的能力，会对酒店的市场和销售发挥了重要作用。

（三）掌握客人的结账方式

掌握住客结账付款方式及赊账授权有利于保证客房销售收入。通过客人填写的临时住宿登记表，酒店就可以掌握客人的付款方式，从而保证客房的销售收入、保护酒店的利益。掌握付款方式就可以确定客人在住店期间的信用标准，同时也可以提高客人办理离店结账手续的服务效率。

（四）销售酒店的其他服务与设施

许多客人在入住酒店前并不十分了解该酒店的服务项目与设施设备情况，这就影响了他们的购买行为。接待员在为客人办理入住登记手续时，可以在推销客房的基础上，抓住时机积极向客人介绍酒店提供的各种服务项目与设施设备，以迎合客人的需求、方便客人的选择，从而为酒店带来更多的经济效益和社会效益。但要注意，销售时必须考虑客人的实际情况，以免让客人产生厌烦情绪。

二、客人抵店前的前台准备工作

为了使客人抵达前台后能迅速、有效、准确地入住客房。前厅部每天都会在酒店管理信息系统中调取客人的抵店报告，前台应知道每天预期为多少客人办理入住登记手续。由于酒店能提前知晓每位客人所做的预订，所以前台应该能够管理好可供出租的客房。对前台来说，为每位客人安排一间合适的客房使该客房能与客人的偏好相吻合是一件非常重要的工作。

把客人对客房的偏好与可供出租的客房相匹配的过程称为排房（Blocking）。排房是将特定客房预留给特定客人的过程。预留客房以满足即将抵店客人的客房偏好，对于客人满意度的提升起到了很大的作用。分配客房是一件非常重要的工作，而且是很难做的工作。每天安排这些客房的工作可能落在一位被称为“排房员（Rooms Controller）”的资深前厅接待员身上。排房员会查看抵店报告并将其与酒店客房存量相比较。排房员必须考虑到客人的客房偏好和预订抵达时间。客人的要求各种各样，如在客房中放置婴儿床或折叠床、指定要住一年前住过的客房、希望住在能欣赏城市夜景的高层客房；还有经常光顾的客人，只在预约时说一句话：“我常住的那一套”，这种情况也不少见。酒店也应该事先把这些特殊的服务安排好。排房同样也适用于散客和团体客人。

酒店客房分配是不可能提早完成的。一方面，总有 3% 的客房有当天取消的可能性，再加上可能遇上飞机停航，团体客人突然来不了的情况；或下榻中的客人突然改变计划的因素也得随时考虑和安排。另一方面，费劲分配好的房间，到了办理客人到达手续时仍会有突然的变化。例如，代理预订的客人没有把住宿者的要求与希望充分传达给酒店。客人到了酒店，前厅接待员才发现客人年龄偏大、腿脚不便，考虑到行走距离应分配到离电梯近的房间。更改客房分配，是相当焦心的任务，但是无论做起来多么繁杂，都要把客人的方便放在第一位，尊重客人的要求，按客人的要求更改客房。

未预期到的客人提前抵达或者错误地为客人安排了客房可能使排房员有必要改变已做好的排房计划。这个被称为“排房变更”的过程可能会引发一些问题。排房员必须确保为维护某个即将抵店的客人的利益而对排房所做的变动不会损害到另一个即将抵店的客人的利益。正是出于这个原因，排房员必须与前台、客房部和预订部密切合作。

知识链接

排房小技巧

负责分配房间的员工必须了解和掌握酒店的优缺点、位置、房租标准以及对当日和每日订房情况做到心中有数，在分配房间时要根据不同渠道、客人要求、酒店实际情况给予妥当安排。

1. 分房前应认真审核订房单的要求。有些客人不要角落房，或是要求无烟房。举个例子，像携程来的订单，在线上订单详情页会显示特别要求，接收订单时要记得将该栏信息录入 PMS 系统。

2. 考虑离店 / 抵达时间。分房时要考虑到原住客人的离店时间和当天到达客人的抵达时间，尽量把早走客人的房间分给先到的客人。

3. 优先分配 OTA 散客、VIP 客人和政府单位接待的团体。对重要客人，要安排较好及窗外景色优美的房间，安排时注意私密、安全、卫生及服务等方面的要求。

根据客人特点，房间分配方式可参考如下：

（1）团体客人：应尽量将同一团体的客人安排在同一层楼并按相同的标准安排，如相同窗外风景的房间，并尽量集中。

（2）旅行社散客：要求会较高，一般要安排品质楼层较好的房间。

（3）老年、残障客人：尽量安排安静不靠马路、离电梯口相对近的低楼层房间。

（4）情侣或夫妇：安排大床房间，使他们感到酒店服务周到、亲切。

（资料来源：https：//mp.weixin.qq.com/s/DEX_PgeQDlM0h59RIdByWQ.）

三、前台的设计

前台又称为“总服务台”，是酒店开始接待客人的地方，是酒店与客人的交流窗口。通过前台人员接待服务会给客人留下第一印象，因此，作为酒店的“门面”，前台无疑被酒店特别看重。

（一）前台

前台位于酒店大堂的显要位置，客人进入酒店时就能一眼看到，而且通过这里能看到电梯厅和行李存放处的方位，同时让前台人员能看到从大门进出的客人，并且能兼顾到大堂区域的活动，以及从电梯厅进出的客人。

前台提供三项服务功能——接待处、收银处、礼宾部。前台前方应有充足的空间（一般不小于4米净宽）能同时接待办租入住登记和退房结账的客人，并设休息座让客人等候休息。为残障人士提供的柜台高度不应超过86厘米，膝下净空68.5厘米，以符合残障人士规范要求。服务台与背墙面应有不小于1.5米的工作空间。

前台是给客人展示的工作台，从工作单元的布局、台面的造型、材料的选用、人体工学的应用、灯光设计以及艺术氛围的创造都为了给客人良好的感受。而且前厅接待员的形象、服饰、发型、举止以及第一句问候语，都会打动客人的心。很多酒店都推行坐式服务方式，在客人从容地登记办好入住手续后，因受到酒店的尊贵接待而心满意足。而办理离店手续处，往往是站立式，客人都希望尽快办好结算手续结束旅程。当然随着时代的发展，现在很多酒店已经简化退房服务，让客人感受到更加快捷的服务体验。

（二）前台服务台

应根据酒店规模来确定其服务台数量。一般来说，总客房数的前150间客房设

2 个服务台，而后每增加 100 间客房增设一个服务台。每个服务台可以接待抵店客人住宿登记，也可以作为收银处办理退房结账，还可以为客人提供外币兑换、发放宣传品、留言与咨询等服务。

前台柜台由文件信息台、文件台和终端台三种组合形成，台面高 86~90 厘米、宽 60 厘米。终端台要安装电脑、电话和带锁的现金抽屉，文件信息台要配备扫描仪、打印机、信息格和文件抽屉。不同规模的酒店配置有一定的差异性。

有些酒店前台一改传统柜台的做法，采用桌式、岛式、船式或卫星式布局。拉斯维加斯有座酒店大堂是个大花园，前台被鲜花所簇拥，给到访客人带来喜悦的心情。喜达屋酒店国际集团要求所有酒店的客人服务台均采用独立式“Pod”单元。进入酒店就有门房 Pod 用于礼宾接待服务；前台并不要求连续柜台设计，一般每 200 间客房就设一个双站，一是客人办理入住登记的 Pod，二是离店结账的 Pod；同时为贵客人安排有线 Pod，还有一个移动式（装有小轮）的 Pod，方便团体入住登记；行李 Pod 就设在大门附近，方便客人使用和寄存。Pod 的概念实质上是推崇亲近、便利、更直接地服务。

（三）前台装修

前台必须选用高档、耐久的石材、玻璃、硬木等材料，要易于维护清理，而柜台正面踢脚板（槽）应退缩 8 厘米以上。

（四）前台办公区

前台办公区布置在前台后方，有四项基本功能。第一，供前台人员办公、存取资料、有扫描、复印、传真和电脑等设备支持；第二，供销售部人员接待、订房、宴会预订与会务接洽，并附设洽谈室 1~2 间，每间面积在 15 平方米左右，或稍小些。第三，用作收银室，接收前台人员和餐饮前台办公室人员的现金和收据，现金应放在安全区域内，分会计室与出纳室，两室之间设 60 厘米深的传递窗，以方便传递现金和保管箱。第四，总机接线室，负责酒店内外电话接通，并和电话总机房相联系。

酒店的行政办公包括室总经理办公室、市场营销部、会计部、行政部和会议室等，由于面积较大，一般另设他处，并提供专门的通道或楼梯，以便与前台办公密切联系。

大堂区域，是酒店的门面，无论是硬件设施，还是软件服务，都直接反映酒店的档次和水平，前期的布局、设计非常重要。设计过程中，细节考虑得越周全，后期给运营产生的缺憾和短板就会越少，需要集合运营方和设计师之合力才能演绎出更加精彩的大堂设计和布局作品。

任务二　入住接待流程

案例导入

不说“不”的服务

不只限于服务业，不管从事哪种商务活动，从一开始，就不应该答应对方自己做不到的事儿。例如，明知酒店今天客满，已经没有空客房还继续接受新的预订，或者跟客人约好给他一个不可能实行的优惠价格。这样的酒店人，是不合格的。由于仅仅一次的空头承诺而失去的信用，永远也不可挽回。但是，从我们的嘴里，不能轻易地说出“做不到”这句话来。在有一些行业里，通过直接向对方明确表达“No”的意思，也许可以使事情向好的方向发展，但在服务业里情况却很不同，“NO”会中断我们和客人之间的对话，会在客人和我们之间立起一堵墙。

例如，客人打电话来预订房间，“今天晚上想住酒店的套房。”可是当天，酒店的套房已经客满，这时，如果我们直截了当地回答：“本酒店套房已满”，就等于向客人表示了“No”。在这里，要是把话改为“对不起，虽然今天本酒店套房已满，但如果您愿意的话，本酒店有别的好房间可以为您预订下来。”最起码，这个回答没有中断和客人的通话。

大家知道，推销员经常使用“Yes，but”法这一话术，就是在表示理解对方意见的同时，阐述自己的意见的应酬术。我们可以改成“No，but”法来借用，也就是说，在拒绝客人要求的同时，却将会话接续下去，给客人提供一个代替案。单纯的“No”会切断后半段的会话，而使用“No，but”法，可以将会话持续下去，带给客人的印象一定是很不同的。

随机应变地提出代替答案，并不简单。能立即应对客人的各种复杂的要求，还要靠经验。但是，比起经验更重要的是为客人着想的工作精神，我们应当时常研究“可以为客人做点什么”“可以为客人提供什么样的服务”等课题。

（资料来源：东京帝国饭店营业企划室，孙琳．帝国饭店服务秘诀［M］．北京：中国旅游出版社，2000。）

相关知识

一、有预订的散客的入住接待程序

酒店应尽可能快地找到预订，为客人提供快捷的服务。清楚地与客人确认各种信息以免引起客人误会，并向客人显示真诚的服务。客人是十分重要的人物，我们必须尊重他们，以建立永久的良好关系。在为客人办理入住手续时候我们应该做到以下几点。

（一）欢迎客人

客人到达时应面带微笑、主动问候，这可以进一步增加客人的满意度。这可以通过执行“15×5 规则”来完成。这个规则包含两部分内容：一是有研究表明客人对整个住店过程的感知在很大程度上形成于客人抵店后的 15 分钟内；二是前厅接待员必须在与客人相距至少 15 步远的距离时和客人保持眼睛接触并微笑。接待员在距离客人至少 15 步远的距离就开始和客人交流会给客人留下良好的印象，这可以使客人感到酒店对自己的到来是欢迎的。5 步远时微笑，点头并问候客人：“您好，欢迎光临 ××× 酒店，先生 / 女士，请问我有什么可以帮助您？”如果客人向你走来时你正在忙，则应面带微笑告诉客人你将稍候接待他们，或将他们转介给你的同事，不可让客人等待超过 10 秒而不做任何形式的接待。

（二）目视客人并面带微笑地获取客人的姓名

询问客人是否已有客房预订。如果客人有预订，礼貌地询问客人的姓名，“先生 / 女士，请问您贵姓？”办理登记入住手续时，至少要提及客人的姓氏两次。

（三）在电脑中查找预订

立即在电脑中找到预订。如果无法找到，可以用其他途径，如用客人公司或旅行社的名称进行查询，说："×× 先生 / 女士，我可以知道您的公司名称或您用来订房的公司名称吗？（Mr./Ms. ××××，may I have your travel agency/company name or may I know the travel agency/company you made your booking with?)"搜寻预订的方式包括核对客人姓名的正确拼写、调换客人的姓名、公司名称 / 旅行社名称、会员号、电话号码、调整抵店日期（提前 / 退后）。若仍然无法查询到客人的预订，请与客人再次核对预订渠道，并向客人解释酒店将按照门市价 / 会员价 / 公司价立即进行重新预订，然后迅速为客人办理入住手续。

（四）获得客人证件并扫描登记，向客人确认实际入住人数

礼貌地询问并取得客人的证件，并进行扫描登记，"我可以用一下您的护照和名片吗？谢谢。(May I have your ID/passport for registration? Thank you.)"。

（五）保持微笑和真诚的眼神接触，礼貌地确认房态种类

根据预订确认房态种类，"×× 先生 / 女士，您订的是一个双床房，入住两晚（Mr./Ms ××，your reservation is for a double room. Is it for two night)？"询问客人的客房喜好，如偏好高楼层或低楼层，偏好靠近或远离电梯等；并将其记录在 Opera 系统的客史文档中，以便客人下次光临时满足其要求。根据客人的喜好和特殊要求，安排房间。

安排房间时，要根据客人信息，根据客人要求与酒店当时可供房情况，选择合适的客房。如果事先没有为客人预留客房，前厅接待员就必须为客人寻找一间符合预订概要中各项要求的待售空房。如果在这个时间点上酒店没有合适的客房可供出租，那么应该让客人做出如下的选择：等待他们事先选择的客房达到待售的空房状态，或接受另一间可供出租的客房。正如前面提及的，应该尽量减少将客人置于"等待"状态的情况发生。只有在客房处于未清扫的空房状态时，酒店才能将客人置于等待状态。让客人等待另一位客人办理完退房手续并等待酒店员工把该客房清理完毕，这对等待的客人来说是极其残酷的。等待状态持续的时间绝不能超过 1 小时，否则客人的满意度将会极大降低。

（六）确认客人是否是会员

确定客人是否属于酒店客人忠诚计划的会员和 / 或客人是否参加了其他促销性质的搭售计划（如航空公司的飞行常客计划、汽车租赁公司的积点计划或信用卡公司的促销计划）。

（七）根据客人的个人需求尝试推销给客人更高级别的房型

办理入住登记手续时，前厅接待员通过回答客人的各种问题，可以发现不同类型入住客人的需求。例如，商务客人要求有使用行政楼层的待遇，带儿童出行的家庭客人要使用大面积的套房等，可以让客人了解到本酒店的各种客房类型和相应的房价，并可推荐一些有特色的房间和有优惠房价的房间，客人就可以根据自身不同的情况，选择自己满意的房间和房价。所以，通过办理入住登记手续不仅推销了客房，而且满足了客人对房间和房价的要求。

（八）与客人在打印出来的登记卡上确认预订信息

在登记卡上将预订信息清晰地标记出来，包括入住房型、离店日期、房价（写下总价），以及早餐、套餐信息等。与客人确认标记出来的预订信息，若客人有任何疑问需要向其清晰解释；在确认所有信息准确无误后，需要让客人签字并留下电话号码和邮箱地址。用双手给客人提供笔，说："请在此签字。"若已有客人的邮箱地址记录，只需与客人再次核对即可；尽可能在入住时要客人名片，除非电脑中资料很全。

（九）确认押金付款方式

酒店从事的是招待客人的业务。和其他业主一样，酒店业主投身该行业也是为了赚取收益。因为酒店销售的产品是客房，所以房费的收取对该行业的成功而言至关重要。收房费的责任落在了前厅接待员身上。酒店在客人入住登记的过程中确认客人的付款方式实际上就是为了给自己将来收取房费做好准备。因而在办理入住手续时，前厅接待员应要求客人为其住宿提供担保。告知客人押金总额，若客人有任何疑问，应向客人解释押金的组成。在客人同意支付押金后，询问客人押金支付的方式。若有任何特殊情况，需要向经理进行汇报，由经理来进行处理。根据预订情况询问客人怎样支付押金时可以说："×× 先生 / 女士，请问您的押金付账方式（Mr./Ms. ××，how would you like to pay deposit）?"

1. 付款担保方式——信用卡（Credit Card）

在客人的信用卡中收取全额押金预授权。必须将预先授权的金额告知客人，并告知预授权将被冻结约 5~7 天的时间。对于长期入住（入住 7 晚或以上）的客人，预授权金额应相当于 7 晚住宿费加上每天额外收费的总额。每周必须彻底结清账户，在完成每周结算之后，必须进行新的授权。在可能的情况下，建议在整个住宿期间，全额预付所有住宿费用，对额外的服务实行累计付款。此外，如果客人入住 7 天或以上，在 Opera 电脑系统中设置一个“Trace”为 6 天（从入住日期开始计算），以供每周账单结算和采用新的预授权，必须在预订中输入新的授权号。在信用卡机上，选中“预授权”、刷卡，然后输入预授权的金额。如果信用卡拒付所需金额，在办理入住手续之前，立即获取其他的付款方式。为确认所有详细信息，前厅接待员必须圈注“预授权”和“金额”。确认后，客人在预授权商户存根上签字并将其附在登记卡上。然后接待员向客人发放持卡人存根，以供客人留存。在客人离开前台之前，前台接待应在客人预订中更新信用卡信息。最重要的是输入信用卡号、授权号和金额（根据信用卡商户存根）。在客人住宿期间，前台接待审查内部账户，如果客人已经超出预授权的金额，则将再次收取客人预授权。

2. 付款担保方式——现金（Cash）

可以以现金支付全额押金。在押金单上标记出现金押金总额，让客人在现金押金单确认并签名，前厅接待员再次检查后亦签名，并将此押金单作为凭证发放给客人。结账时，将退还未使用的资金。向客人收回原押金单，打印出退款单并标记出退款金额。客人检查无误后在退款单上签字，前厅接待员收回退款单并将未使用的现金退还给客人。

3. 付款担保方式——借记卡（Debit Card）

借记卡仅可做支付实际房费的扣款之用，不可进行预授权操作以担保杂费。若客人无信用卡可进行押金担保，可建议客人使用借记卡支付入住期间全额房费，并支付现金作为杂费押金。

4. 付款担保方式——公司担保（Company Guarantee）

所有公司担保的预订，必须由负责该公司的相关销售或预订部出示相应的书面证明（如邮件、该公司的证明文件、在 Opera 电脑系统中“comment”项的付费方式等）。明确公司支付范围：公司仅支付客人在住店期间的所有消费，则在办理入住时，客人无须支付任何押金，仅需在退房前结算所有消费；公司支付客人在住店期间的所有房费，则在办理入住时，客人需自行支付杂费押金。客人做出表示，说明他 / 她所属公司将支付住宿费用，这是无效的；需要麻烦客人支付全额押金并再次联系公司方进行确认，前厅接待员则需要向相关销售人员进行确认。入住时向客人清晰解释：若退房前已收到该公司的相关付费证明，将会取消 / 退还其押金；反之，将会在其押金中扣取所有消费。

（十）办理入住

立即在电脑中办理入住，询问客人所需要的钥匙数量，然后准备出相应数量的钥匙。

（十一）确认离店时间

确认客人离店时间，并更新入 Opera 系统中。根据客人离店日的入住率，可根据酒店规定为会员客人安排延迟退房。向客人介绍豪华轿车租用服务，或询问客人是否需要出租车预订服务。

（十二）递交房卡或钥匙

双手将房卡递给客人，并解释如下内容：客人房间所在楼层的序号；房间方位和乘用的电梯；出于安全原因，不可在前台大声说出客人的房号，在钥匙包上标明房号，并为他们指明到达房间的路线。

（十三）提供行李服务

询问客人是否需要行李服务，并通知行李员。如果客人有提前寄存的行李，在客人的抵店行李牌上写下房号，并交给行李员，可以用以下句子告知客人："××先生 / 女士，我的同事行李员 ×× 会尽快将行李送至您的房间。（Mr./Ms. ××，my colleague ×× from Concierge will deliver your luggage to your room as soon as possible.）"

（十四）向客人介绍酒店设施设备

向客人介绍早餐服务、餐厅信息、康体中心服务、停车场信息和其他酒店设施和服务。如果客人享受套餐价，说明套餐内容。客人住店，不仅仅是为了满足其休息的生理需要，往往还有其他方面的需求。另外，许多客人在初次入住酒店前并不十分了解该酒店的服务项目与设施设备情况，这就影响了他们的购买行为。接待员在为客人办理入住登记手续时，可以在推销客房的基础上，抓住时机积极向客介绍酒店提供的各种服务项目与设施设备，以迎合客人的心理需求、方便客人的选择，从而为酒店带来较高的经济效益和社会效益。

但要注意，推荐时，必须根据客人的实际情况介绍设施，遵守适度的原则，以免客人产生厌烦情绪。一般来说，对待商务旅行的客人，介绍时要短而快，大部分商务客人已习惯于旅行住店，用不着一一解释酒店的各种设施。相反，对待休闲观光旅行的客人，应尽量配合客人烘托出愉快轻松的气氛，解说不能太拘于程序，话题要欢快。例如，可以问问客人从哪儿来，准备下榻几天，转了哪些地方，还可以主动告诉客人在下榻期酒店附近将开幕的一些观赏活动的情况。中老年夫妇旅客或是团体旅客中的女性客人常常主动问这问那，出于酒店职员的本分不可得意忘形地完全融入话题中去，但要向客人显示我们也正跟他一起共感着这一瞬间高扬的气氛，这种亲切的态度是很有益的。还有，从海外来的客人当中，有的人因长时间坐飞机，十分疲倦，这种时候，不要多搭话，只抓住要领说明重点即可，这样，客人反而会称心。

（十五）询问是否需要其他帮助

询问客人是否需要其他帮助。“×× 先生 / 女士，您还需要其他帮助吗？（Mr./Ms. ××，is there anything else I can assist you?）”

（十六）护送客人并完成登记

尽量将客人带领至电梯内，“×× 先生 / 女士，请让我为您指引电梯的位置，希望您入住愉快。如有任何需要，欢迎随时拨打一站式服务中心。我是 ××，很乐意为您服务。”若有其他客人在排队等待办理入住，请通知 GRO/ 礼宾员协助将客人引领至电梯内，“×× 先生 / 女士，我的同事 ×× 将为您指引电梯的位置。我相信您会在我们酒店住得非常愉快。如有任何需要，欢迎随时拨打一站式服务中心。我是 ××，很乐意为您服务。”

（十七）更新客人档案和公安系统（Public Security Bureau）

在 Opera 电脑系统中更新客人的档案资料、付费方式、查看房价及早餐等套餐信息和各种喜好。将客人证件资料准确录入公安系统。更新客人的其他要求，如叫醒服务、保密入住服务等。

（十八）签字

完成以上程序后应在登记卡上签字，说明已经进行更新。

二、没有预订直接上门的散客（Walk-in）的入住接待程序

为没有预订直接上门的散客办理入住的流程中，大部分与有预订的客人类似。

在以下阐述中，就不再赘述了。但为这些客人办理入住手续时候我们应该注意以下一些问题。

欢迎客人。目视客人并面带微笑获得客人的姓名。询问客人是否已有客房预订。如果客人表示没有预订，礼貌地询问客人的姓名，“先生 / 女士，请问您全名是？”然后立即在电脑中寻找到预订，以再次确定客人为无预订，以避免应到未到（No show）的情况发生。确认客人是否有入住记录，“××先生 / 女士，您以前是否入住过我们酒店？”

确认房态和房价。向客人确认入住期间和退房日期。检查客人要求住店期间，酒店客房的供应情况（包括未来的客房可用性），和当下可出售的干净客房；告知客人房型和房价（房费、杂费及总价格），包括房间设施和套餐待遇。尝试从中高档房型（行政楼层客房）开始给客人推荐，并根据客人的需求寻找增销的机会。例如，商务客人会使用行政酒廊，与儿童出行的家庭客人会使用大面积套房等。

在客人同意入住后，获得客人证件并扫描登记，向客人确认实际入住人数。礼貌地询问并取得客人的证件，并进行扫描登记，“我可以用一下您的护照和名片吗？谢谢（May I have your ID/passport for registration，thank you）。”在 Opera 电脑系统中使用“Walk-in”功能进行房间预订。保持微笑和真诚的眼神接触，礼貌地确认房态种类。与客人在打印出来的登记卡上确认预订信息。立即在 Opera 系统中办理入住。询问客人所需要的钥匙数量，然后做出相应数量的电子房卡。

确认押金付款方式。该步骤除了可以参考之前为有预订客人办理入住的流程，还可以与客人谈话以建立良好的关系：“××先生 / 女士，您的旅行还顺利吗？这是您第一次来这里吗？有没有在附近逛一逛呢？”

确认离店时间。双手将房卡递给客人，并解释相关内容。提供行李服务。向客人介绍酒店设施设备。询问客人是否需要其他帮助。护送客人并完成登记。更新客人档案和公安系统。在登记卡上签字，说明已经进行更新。

拓展阅读

To register a walk-in guest who has to pay an advance deposit（1）.

Receptionist：What can I do for you，madam?

Guest：I want a room for one day from March 8.

Receptionist：Please wait a moment. I have to check if there is a room available. We can provide you with a deluxe room.

Guest：Yes.

Receptionist：Thank you. May I see your passport? As a hotel policy，we require one day's room charge as a deposit for guests without reservation.

Guest：How much does it cost per day?

Receptionist：It's \$500 per day include 5% Government tax and 10% service charge.

Guest：Do you accept travelers cheques?

Receptionist：Yes，madam. That's no problem. Miss Rob，here is your receipt. I hope you'll enjoy your stay with us.

Guest：Where can I find a hair–dresser?

Receptionist：Go down the escalator and turn sharp right. Keep bearing right along the corridor，and you'll see it on your left a few yards along.

Guest：Thank you.

Receptionist：This is your room key，Miss Rob. Your room number is 1702. How much luggage do you have? I see– two suitcases and a make–up case（5）. Tony，would you please help Miss Rob?

Bellman：Miss Rob，this way please. Excuse me，may I pass?（to guests blocking the way）（6）. Thank you.

注释：

（1）这一个案例又提出了很多礼貌用语。能把它们找出来吗？ This lesson repeats many courtesy phrases. Can you spot them?

夫人，不要紧。	That's no problem，madam.
先生，不必要，多谢！	That won't be necessary，thank you.
可否帮忙苏小姐？	would you please help Miss Rob?

（2）学习有关指示方向的话。Learn how to give directions.

"Go straight ahead."

"Turn left/right at the first corner."

"Go up the escalator."

"Go down to the lobby."

"Sorry, I'm not sure. If you'll wait a minute, I'll be glad to find out for you."

（3）时常尽可能推销。Always "sell up" when possible. "We have a deluxe room, sir." "先生，我们有一间豪华客房。"

（4）技巧地查点客人的行李——让客人知道你愿意为他效劳。Check the baggage of a walk-in guest tactfully-make sure you want to help carry it.

两个手提箱及一个化妆箱——Tony 请替苏小姐拿着。Two suitcases and a make-up case. Tony, please help Miss Rob.

（5）常向客人解释清楚，免得发生误会。例如，"先生，按照酒店规定，敬请先生付定金。" Always explain to guests to avoid misunderstanding. As a hotel policy, we require a deposit, sir.

（6）如果客人挡住去路，应该说："对不起，可否让我走过去？或先生，敬请让路。" If guests block your way, say: "excuse me, may I pass (come through)? Or could you please make way, sir?"

三、为 VIP 客人办理入住手续

若客人是十分重要的人物，我们必须重视他们，以建立永久的良好关系。酒店一般会对一些重要客人（Very Important Person，VIP）进行分类，分类的标准会略有不同，但大致如表 3-1 所示。

表 3-1　VIP 客人分类

VIP 等级	房型	客人身份
VIP1	行政房	行政房客人
VIP2	初级套房	会议组织者、特殊庆祝（生日、纪念日、蜜月）、投诉客人（小）、集团或其他酒店总经理及管理层
VIP3	中高级套房	记者、投诉客人、大公司管理者、高级别总经理及管理层、集团副总裁和高级副总裁
VIP4	高级套房	重要新闻机构的记者、业主、集团首席营销官、区域首席运营官等
VIP5	总统套房	国家元首、皇族、高官

一般酒店会针对 VIP3 及以上的客人专门做一些特殊的接待工作。

（一）到店前一天

宾客关系主任提前一日（入住日前一天）致电 / 发送邮件给 VIP 客人进行问候和确认：预订房型及入住日期；预计到店时间；特殊要求等；表达对 VIP 客人预抵的期待。宾客关系主任将 VIP 客人的照片、资料、特殊要求及已知喜好传达给相关部门，以便准备工作的进行。

（二）预抵当天到店前

宾客关系主任需做如下准备工作：准备并打印欢迎卡，并让总经理签名。根据 VIP 客人的喜好和特殊要求，提前安排房间。将房号告知客房部和送餐部，客房部可根据客人特殊要求进行布置，送餐部则根据 VIP 客人等级准备迎宾礼品。打印登记卡，制作房卡（3 张房卡），并以精致的摆放方式准备好 VIP 欢迎夹（包括登记卡、2 张房卡和卡套、欢迎卡、酒店标记的笔、酒店简介及推广信息）。检查客房，并确保迎宾礼品已被精致地摆放在房间内。

（三）抵达

宾客关系主任在 VIP 客人的预抵时间前，携带欢迎夹、扫描笔及移动 POS 机，站在大门前等待 VIP 客人到达。目视客人并面带微笑地对 VIP 客人表达热情地迎接，并称呼其名字以表达认知“早上好，× × 先生 / 女士，欢迎光临 × × 酒店（Good morning，Mr./Ms. × ×，welcome to × × hotel）。”引领 VIP 客人直接前往客房。同时，宾客关系主任应当进行自我介绍，并与客人谈话以建立良好的关系，说：“× × 先生 / 女士，您的旅行还顺利吗？这是您第一次来 × × 地吗（Mr./Ms. × ×，how is your trip? Is this your first time to × ×）?”

（四）客房内办理入住

邀请客人坐下并稍作休息。使用专用托盘来承托欢迎饮品及毛巾，“这是我们特别为您准备的欢迎饮品和冷 / 热毛巾，以表示我们对您的热忱欢迎（We would like to present you with welcome drink and cold/warm towel to welcome you）。”

获得 VIP 证件并扫描登记：向客人确认实际入住人数；礼貌地询问并取得客人的证件，并使用扫描笔进行扫描登记，“我可以用一下您的护照和名片吗，谢谢（May I have your ID/passport for registration，thank you）。”

与 VIP 客人在打印出来的登记卡上确认预订信息：在登记卡上将预订信息清晰地标记出来，包括入住房型、离店日期、房价（写下总价），以及早餐 / 套餐信息。与 VIP 客人确认标记出来的预订信息，若 VIP 客人有任何疑问需要向其清晰解释；在确认所有信息准确无误后，需让 VIP 客人签字并留下电话号码和邮箱地址。用双手给 VIP 客人提供笔，说："请在此签字。（May I have your signature here?）"

根据预订情况询问 VIP 客人怎样支付押金。"×× 先生，请问您的押金付账方式是什么？（Mr./Ms. ××，how would you like to pay deposit?）"（若为 VIP 免除押金入住可跳过）。

确认离店时间：根据 VIP 客人的要求及离店日的入住率，可为客人安排延迟退房至最晚下午 5 点。向 VIP 客人介绍豪华轿车租用服务，或询问是否需要出租车预订服务。VIP 客人可享受免费机场接送，根据其行程来进行相应的安排。询问客人是否需要预订离店当日的行李服务，并记录下预计收取行李的时间。双手将房卡递给 VIP 客人，并告知：房间所在楼层的序号；房间方位和乘用的电梯。

（五）会员信息确认或荐入

若是白金卡 VIP，需进行会员认知，"×× 先生 / 女士，感谢您作为白金卡会员对我们集团的支持，希望您喜欢我们提前为您准备的欢迎水果、本地甜点。（Mr./Ms. I recognize that you are our Platinum Member，thank you for your loyalty to our group. We hope you like the welcome fruit，local pantries and sweets we prepared for you.）"

若在 Opera 系统的预订界面上，未显示 VIP 是会员，则需主动询问其是否已成为酒店集团会员。如果 VIP 已是会员，记录下其会员号码，查询相应的会员信息，并进行会员认知，"×× 先生 / 女士，感谢您作为会员经典 / 银卡 / 金卡 / 白金卡会员对我们集团的支持。（Mr./Ms. ××，I recognize that you are our Classic /Silver / Gold /Platinum Member，thank you for your loyalty to our group.）"

如果 VIP 不是酒店会员，请向其介绍会员项目及其待遇，尽最大可能将其荐入为会员。"酒店会员是我们的客户忠诚奖励计划，您可以免费加入并累积分数兑换免费住宿，及金卡、白金卡的免费升级客房的优惠，您可以在本集团多个国家的任意一家酒店边住宿，来达到升级成为金卡和白金卡会员。您现在就可以加入并马上开始积分。（Hotel Membership is our customer loyalty program. It is free to join and allows you to earn points for free stay and to receive in-hotel benefits such as complimentary room upgrades with us and any of the 2700 hotels in several countries that participate in the program if you become to gold and diamond member. I can enroll you now so that you can start earning benefits.)”

（六）向 VIP 客人提及客房迎宾礼品

“希望您喜欢我们为您准备的欢迎水果、本地甜点。”（We prepare the welcome fruit，local pantries and sweets for you. We hope you like it.）

（七）向 VIP 客人介绍酒店 / 客房设施设备及行政酒廊待遇（若 VIP 客人可享受行政酒廊）

介绍房间设施设备。向客人介绍早餐服务、餐厅信息、康体中心服务、停车场信息和其他酒店设施和服务。向客人简单介绍酒店酒廊区域划分、设施设备、营业时间、特殊礼遇、将至的特殊活动、特色的餐点及每月推广等。如果客人享受套餐价，说明套餐内容。

（八）询问客人是否需要其他帮助

“×× 先生 / 女士，您还需要其他帮助吗？”并预祝客人入住愉快，“希望您入住愉快。如有任何需要，欢迎随时拨打服务中心。我是 ××，很乐意为您服务。”

（九）立即在电脑中办理入住，并更新客人档案和公安系统

在 Opera 电脑系统中，更新 VIP 客人的档案资料、付费方式、查看房价及早餐等套餐信息和各种喜好。将 VIP 客人的证件资料准确录入公安系统。更新 VIP 客人的其他要求，如叫醒服务、保密入住服务等。在登记卡上签字，说明已经进行更新。

任务三　入住的特殊场景

● 案例导入

晚到未能入住的客人

5 月 15 日 23:55，IBM 公司预订客人钟先生到前台要求办理入住手续，因客房已满，酒店未能安排客人入住。客人对此非常不满，并称他的飞机晚

上 21:00 才从上海飞往广州，故到店时间肯定已过 23:00，而且他是酒店的常客，未有预订不到的不良记录，对于晚到而不为他保留房间，钟先生表示失望，并表示回到公司会做出投诉。值班大堂经理向当值接待员了解情况，据当值接待员讲，客人订单确认的最晚到达时间为晚上 23:00，在最后到达时间过后，客人仍未到店，而当晚亦有相当多的未预订客人要求入住而未能满足，直至 23:53，在客人的一再要求下，且在当晚 23:00—23:53 屡次联系钟先生未果的情况下，才决定将剩余的一间客房出售给该客人。

问题：1. 如何平息此投诉？

2. 今后如何防止类似事件发生？

[评析]

在经营管理的过程中，经常会碰到利益冲突的情况。在此案例中，客人是 IBM 公司的员工，他事先有非保证性预订，但由于他到店时间比房间预留时间晚了近 1 小时，在此期间，屡次有客人要求入住，但考虑到钟先生未有预订未到的记录，接待员一直为其保存房间，直到近 1 小时后，才将房间出售给强烈要求入住的客人。对于这种情况我们一定要慎重处理，稍有不慎，可能会影响与 IBM 公司的合作关系。处理过程如下。

1. 诚恳向客人抱歉，并向客人解释清楚整件事情的经过。

2. 站在客人角度，理解客人，并积极为客人寻找解决方法，尽量在酒店内想方法安排客人入住。如果酒店内实在安排不了，征得客人同意后，就近安排同星级的酒店。

3. 再次向客人致歉，并提出今后防止此类事件发生的措施。如让客人留下能方便联系的通信方式，及时与客人沟通。

4. 做好客人的档案记录，以便能为客人提供更优质的服务。

（资料来源：https：//wenku.baidu.com/view/0edad6a66629647d27284b73f242336c1eb930ac.html。）

相关知识

处理前台特殊困难局面是前厅接待员工作的一部分，就像接受预订或提交账单一样。事实上，许多酒店经营者会认为这是更重要的部分。这不需要前台程序的专门知识，但需要识别潜在尴尬情况的能力，以及采取适当行动的技能和信心。不同文化的口语和书面语差异很大，但手势语言的变化方式大致相同。例如，在中东和远东的很多地区，用左手给别人东西被认为是极端地冒犯，当你把登记卡或房间钥匙交给来自这些地区的访客时，要注意这一点。

（一）遇到预约未处理的情况

对于未办理保证类预订的客人，如果是由于航班延误、交通、身体患病等客观因素或无法抗拒的原因而延迟入住时，接待员应根据排房、预留房及待租房具体情况，热情地接待这类客人，并对客人入住酒店表示感谢，而不能以“预订已被取消”“现在无房”等言语简单、生硬地回绝。由于酒店自身原因未能满足已办理预订客人的要求时，接待员应首先向客人致歉，先安排客人在大堂或咖啡厅休息，采取积极措施，或由大堂副理亲自进行妥善处理。

拓展阅读

现在是星期四晚上五点半，你一个人在前台当班。你们有三种房间：单人房、双床房和豪华套房。预订表显示，酒店今晚的入住率约为60%。门开了，你抬起头，看到了右图所示的客人。他自信地大步走向前台。

你：晚上好，先生。我能帮助你吗？（Good evening, sir. Can I help you?）

Martin：是的，我叫马丁。我预订了今晚的房间。（Yes，my name is Martin. I have a reservation for tonight.）

你查看了你的入住预订名单，但没有找到这个名字。此时，你沮丧地想起，你的同事特蕾西（她负责处理提前预订）最近因为个人问题，在处理提前预订时犯了一系列错误。

你：您是否有确认书？（May I have a letter of confirmation?）

Martin：不好意思，我的秘书几天前才预订的。我离开的时候它还没到。（No，I'm sorry. My secretary only made the booking a couple of days ago. And it hadn't arrived by the time I left.）

你现在做什么？你可能会这样说："我很抱歉。马丁先生，但似乎有点混乱，我找不到您的预订。不过没问题。您想要什么样的房间，住多久？"（I'm very sorry. Mr Martin，but there seems to have been a bit of a mix-up and I can't find your booking. There's no problem though. What kind of room did you want，and for how long?）

这并不坏，但它告诉了客人了两件事：首先，你把他的预订弄错了，这意味着工作效率有一定程度的低下。其次，你们酒店还远远未住满。

你怎么能不让他产生这些想法呢？

好吧，再看一次插图，试着猜出以下问题的答案：

1. 马丁先生想要什么样的房间？（我们认为你会得出结论，他想要单人房。因为他似乎是一个人，没有人陪伴，他看起来更像一个单身前来的商人，而不是一位有妻子和孩子在车里等着的家庭出游的客人。）

2. 他可能会待多久？（我们认为是一晚上。因为他没有带太多行李，而且通常周四抵达的公司散客一般都只会待一个晚上。）

现在，根据这些猜测，尝试以下方法：

你：请稍等，马丁先生。（Just one moment，Mr Martin.）（向下看一眼，最后再看一眼丢失的预订。这给了你时间冷静下来。）

你：您定了一间单人房，是吗？（It was a single room，wasn't it?）（以略微上升的音符结束你的句子，一半陈述，一半提问。）

马丁（以为你只是在反复检查。对你的效率印象深刻）：是的（Yes）。

你：住一个晚上？（For one night?）（相同的声调变化。）

马丁：是的。（Yes.）

你（现在很自信）：马丁先生，入住209房间……（Mr Martin? That'll be Room 209...，etc.）

现在，这可能也会出错，但即使是这样，你的境况也不会比你一开始就告诉马丁先生你们没找到他的预订更糟。换句话说，一个熟练的接待员往往可以通过社交技巧来掩盖不可避免的一两个错误。

还有一个问题你可能需要回答，那就是："马丁先生同意付多少钱？"假设你的折扣权限是 \$60，但商务折扣是 \$54。在这种情况下，你会很想继续下去。"价格是 \$54，是吗，马丁先生（The rate was \$54，wasn't it，Mr Martin）?"然而，正如我们将看到的，销售的基本原则之一是"高卖"，所以最好从 60 美元开始。如果你的客人抗议说他是以折扣价预订的，那么很容易道歉并降价。

让我们回到最初的对话，从行为学的角度更详细地了解一下你做了什么。

马丁先生进来时，你抬头看了他一眼，迅速做出了评估。根据他的衣着、配饰和举止，确定他可能会住店。你给了他一个愉快的微笑，并礼貌地和他打招呼，从而使他放松下来，并帮助建立了一种顺畅的互动模式。

但接下来开始出错，因为你发现酒店没有正确地处理他的预订。然而，你没有表现出任何恐慌或困惑的外在迹象。你低下头，表面上是为了仔细检查你的记录，但实际上是为了给自己时间整理一下想法。然后你采取了主动。你做了一些聪明的猜测，然后选择一种可以解释为问题或陈述的表述。你说话的方式强化了这种模糊性。如果你是对的，马丁先生不会注意到任何不寻常的事情，如果你是错的，那么，你给自己留下了回旋的空间（快速道歉和纠正）。结果是：一位满意的客人和可能的重复预订。

请注意，本案例中的"解决方案"分为两部分。第一个是社交技能，它使你能够将自己行为的各种因素结合成一种有效的人际互动模式。第二个是我们可以称为"技术"的专业知识，包括你对酒店客房和价格结构的熟悉程度、目前的预订情况和正常入住模式、单身商务客人的习惯和期望等。

客人到达、登记、邀请他们完成登记、分配房间的过程很快就会自动进行，让你可以把注意力集中在他们身上。这有助于你添加友好问候的重要成分。

但是时不时会出现问题。其中一些涉及"技术方面"，另一些则不涉及，但它们都需要微妙而敏感的处理方式。大多数问题产生的原因是：客户想要的东西出于某种原因你不能让他们拥有。也许是有人想要一种你知道正好被订满的房间，或者是一对夫妇想要客房接待员在不方便的时候清扫完房间，或者是一位客人觉得他房间里的噪声比其他客人愿意接受的要大。在所有这些情况下，问题都是一样的：你能找到一个客人和酒店都能接受的解决方案吗？如果不能的话。你能设法说服客人以最小的麻烦和干扰接受另一种选择吗？

记住，你所能支配的只是行为的各种要素：你所说的，你怎么说，以及你说话时在别人面前的样子。它有助于：

1. 如果你已经找到了可能的“技术”答案（你能容纳这个“机会”客人吗？你能把那个人搬到另一个房间吗？）。

2. 如果你也预料到了对方的反应可能是什么（如果他们不按自己的方式行事，他们真的会抱怨吗？）。

显然，你应该尽可能多地熟悉酒店运营的方方面面，然而，许多接待问题实际上涉及很少或根本没有技术知识。

（二）遇到不良客人

越是高级的酒店，不约而来的散客就越少，但不可能一个也没有，有些业务繁忙的商人会突然乘车而至。对陌生、人品不明的散客，在不失礼貌的情况下，要暗中请老职员判断，或根据自己的经验来判断是否提供客房让其住宿。下面是五种判断不良客人的方法。

第一，整体判断。从穿着打扮、皮箱质量、领带、手表等大体可估计出来。

第二，是否属于警方通缉的人物？因为可能使用假名字，所以要根据客人身高、体型、发型以及其他特征进行判断。

第三，同一地区内的酒店可以通过电话迅速通知对方有关的情况，根据其他酒店的报告，就可随时留意此类不良客人。

第四，那种极端圆滑、能说会道的人往往也必须警惕。另外，还要注意携带物品与服装不相称的客人。年轻女子中也不乏骗人之徒。美剧《虚拟安娜》就讲述了一个伪名媛在奢华酒店，先付定金迷惑酒店职员，然后大肆挥霍后逃之夭夭的故事。类似这样的例子数不胜数，不管是不是预先订房的客人，作为接待员都要有防患于未然的警惕性。

第五，请求预付定金。对所有住店客人，在办理入住手续时，都要支付定金，可以和客人说：“按照酒店政策，我们对任何人都要求先付定金，所以……”

拓展阅读

酒店出现“通缉犯”

一天下午，酒店安全部办公室突然被急促的电话铃声打破了平静。前台小王在输入一位新到客人的资料时，电脑网络提示该客人为网上通缉犯，使小王非常紧张，作为有着多年服务经验的她，马上告诉自己要冷静。小王面带微笑地为该客人办好了入住手续，等客人乘电梯上楼层之际，连忙通过电话向安全部王经理进行了汇报；王经理知道情况后立即赶往前台查看，并向小王了解该客人的情况。客人是本市区政府请来洽谈合作项目的重要客人，假如弄错了得罪了客人，问题会更棘手，还会影响到客人对这里的印象。王经理做出先不要将该客人的信息在网络上传的决定。王经理首先向政府接待人员侧面了解客人的情况，因为接待人员也只是知道些简单情况，具体内容也不清楚。接着将此事进展向酒店高层做了汇报，安排酒店消控中心做好24小时密切关注和记录，同时带着客人的相关资料了去辖区派出所进行详细调查。

到了辖区派出所，当他将问题汇报以后，引起警方的高度重视，整个调查过程紧张地展开。他们马上进行网上协查，但却并没有查到该客人的姓名；难道是系统弄错了吗？忽然一位警官说酒店的系统和公安协查不是一个网络，可能该客人与罪犯同名，要不就是已经被抓住，或刑满释放了。为彻底弄清该客人情况，派出所打电话去客人所在辖区派出所查询，后被告知该人已经刑满释放了，可是通缉记录还没有删除，信息传来，大家都松了口气。由于考虑周详、措施得当，避免了因系统问题而与客人发生冲突，给以后的安全工作又增加了宝贵经验。

［评析］

本例中的前台接待人员的安全警觉性很高，非常沉着；安全部的王经理工作经验丰富，能较为全面地分析处理问题，既要维护好酒店秩序稳定，又时刻警惕着异常情况，严把酒店安全关。现在集团酒店前台服务管理系统完全网络化，出现上述类似情况我们该如何灵活处理，本案例做出了很好回答。

（资料来源：饭店安全管理案例汇编——开元国际酒店管理公司人力资源部。）

接待员在遇到有不良记录的客人光顾酒店时，凭以往经验或客史档案，要认真、机智、灵活地予以处理。例如，对于信用程度低的客人，通过确立信用关系、仔细核验、压印信用卡、收取预付款等方式，确保酒店利益不受损害，并及时汇报；对于公安局通缉的不良客人、形迹可疑并可能对酒店造成危害的客人，最好以客满为理由回绝，即使此时一旁有客人在办理住宿手续。这一方面是酒店一贯的做法，另一方面也是照顾对方面子最有效的方法。要不失礼仪地回绝，让其断念。

知识链接

特殊场景Special situations

1. 遇到醉汉要求住店

Receptionist：Good evening. May I help you，sir?

Drunkard：Good morning! Lady，I want an room，the most luxurious room in your hotel. Uh–h...

Receptionist：I'm sorry，sir. Our hotel rooms are all booked at this moment. We have no vacancy.

Drunkard：Oh... but I've got money，honey. Uh...see. I've got money here. Uh–h....

Receptionist：I'm afraid our hotel is fully booked. This is the busy season，sir.

Drunkard：All right. If you can't give me a room，I will go to another hotel. Uh–h...

2. 遇到客人要带宠物住店 .

Fifi：Have you got my suite?

Receptionist：What is the name，madam?

Fifi：Don't you recognize me? I'm Fifi.

Receptionist：(looking quickly through the arrival list for a "Miss Fifi..." and spots it)

I'm sorry. It's Miss Vella，isn't it? We've got the Pagoda suite ready for you，madam. Now，if you'll just sign here. We've pre–registered you，madam.

Johnny，Miss Vella’s bags，please.

Fifi：I’ll take amparito myself.

Receptionist：Regretfully，madam，we cannot allow dogs upstairs.

Fifi：But she’s always with me，she’ll cry and pine away without me.

Receptionist：It’ is a hotel policy，madam. We do have a small kennel area in our backyard. Tommy，take Miss Vella’s dog，please.

Fifi：(to the page) Tommy，here’s $10. There’s more of that if you look after her well. She only eats white chicken，meat，remember. Bye，love.

［评析］：

要经常保持冷静及大方。若未能确定，可以请教上司，但永不要和客人争执或发怒。

例如在案例 2 中，

“What is the name，madam?”“女士，请问贵姓？”

“I’m sorry. It’s Miss Vella, isn’t it?”“对不起，请问是 Vella 女士，是吗？”

“Now if you’ll just sign here，madam.”“我们已事前为你登记好了！”

“We’ve pre-registered you.”(shows she is a V.I.P. and helps soothe her pique at not being recognized.)“我们已经事前为您登记好了！”(这样表示你了解她的重要性，是受尊重的人物，而减轻她的不快。)

（三）重复售房

有时由于工作的疏忽，接待处已将客房卖出，但未能及时更改房态，导致该房间被重售；或由于未能与客房部及时沟通信息，而不能掌握客房的实际状态，以致重复卖房。这样会给服务工作带来不利的影响，也会使新到的客人和原来的客人感到不悦，酒店应特别重视这类问题。

行李员引领新入住的客人进房前，应先敲门，如果发现卖重房，要向双方客人致歉，然后请新入住客人在楼层稍候，用电话报告前台。前台经过核实，确属卖重房后，应立即找出一间相近楼层同类型的客房，签发新的房卡与钥匙，并更改房态，同时安排另一行李员送上楼层，收回原来的房卡与钥匙。最后要注意提醒前台做好建账工作。

拓展阅读

重复排房

某日，国内一家大型团队入住酒店。到前台办理团队入住手续后，客人陆续进入了客房。团队中的一位客人陈先生是第一次到徐州，想要出去逛逛，于是未进自己房间，将自己的行李在朋友的房间一放，便兴冲冲地与朋友一道外出了。由于团队房间数量很多，客房人员反馈该房无行李，前台在登记时就漏了这间房，误以为该房未用。此时恰好一位外宾到店，前台就随机将该房间排给了这位外宾。凌晨4点，当陈先生和朋友回店，打开房间门后，陈先生与正在熟睡中的外宾相互大吃一惊，双双向酒店提出投诉。

［评析］

从这件事情中我们不难发现安全问题的重要性。其实上面的问题完全是可以避免的。比如前台认真做好团队分房登记核对，通过房卡系统和会议负责人来确认我们实际用房数量，当发现房内无行李时，更应全面重视和确认，擅自处理，看似灵活，其实却违反了操作规定，为酒店声誉带来极其不好的负面影响；如果能够及时妥善处理，并做好协调工作，就不会出现使得两位客人同时投诉的局面。假如客人的隐私被发现，酒店可能还要承担更为严重的经济或者法律责任。教训惨痛，发人深思。

（资料来源：饭店安全管理案例汇编——开元国际酒店管理公司人力资源部。）

（四）特殊要求的处理

接待员对于客人在入住时提出的“不接听电话”“不接待来访客人”“房号保密”等特殊要求，应予以高度重视，立即在计算机中做特殊标示并通知总机、客房部、保安部等部门和岗位，不应草率行事，引起客人投诉。

（五）客人暂时不能进房的处理

在接到客房部关于客房打扫、检查完毕的通知前，接待员不能将客房安排给抵店的客人，因为客人对客房的第一印象是十分重要的。出现这种情况时，接待员可为客人提供寄存行李服务或请客人在大堂稍候，同时与客房部联系，请他们加派人手赶快打扫。只有等客房打扫、检查完毕后，才可以让客人进房间。

（六）酒店提供的客房类型、价格与客人的要求不符

接待员在接待订房客人时，应复述其订房要求，以获得客人确认，避免客人误解。房卡上填写的房价应与订房资料一致，并向客人口头报价。如果无法向订房客人提供所确认的房间，则应向客人提供一间价格高于原客房的房间，按原先商定的价格出售，并向客人说明情况，请客人谅解。

（七）客人等候办理入住手续的时间过久

繁忙时刻，客人等候办理入住手续的时间过久容易引起抱怨。事实上，客人抵店办理入住登记的程序并不像写在纸上的那样一成不变。在客人抵店的繁忙时刻，会有许多客人急切地等候办理入住登记手续，在办理过程中，他们会提出很多问题与要求，大厅内有可能会出现忙乱的现象，前厅接待员必须保持镇静，不要慌乱。为避免客人等候过久的现象出现，在工作中要努力做到：客人抵店前，接待员应熟悉订房资料，检查各项准备工作。根据客情，合理安排人手，客流高峰到来时，保证有足够的接待人员。繁忙时刻保持镇静，不要打算在同一时间内完成好几件事。保持正确、整洁的记录，因为接待工作的有效性要依靠这些记录。

四、处理特殊场景的注意事项

我们已经看到，前台员工不仅需要能够高效地处理查询、预订和付款等业务，还需要使用他们的社交技能，使客人感到他们的需求得到了满足。他们必须能够“实时”与客人打交道，而且通常没有任何预先准备，必须独立完成。

对于酒店行业中任何一个岗位的从业人员来说，都要掌握一个关键技巧——知道如何提出问题和回答问题。你每天都面临方方面面的问题，客人们希望你能快速、自信且专业地解答或处理他们的需求。每当与客人沟通时，你都要做到以下几点。

（一）认真倾听

重视客人是提供优质服务的重点之一。这听起来或许很简单，但当忙碌的时候却很容易忘记。我们需要充分重视我们的客人，真正倾听他们的问题或要求，才有机会做到提供的服务超越客人期望。有时问题是直接的，而且只有一个答案——要么知道，要么不知道。这些问题比较容易处理。然而，有些问题或要求会复杂得多，我们必须读懂它们的深层含义才能处理好。在处理这些问题或要求时，刚刚已经学过的几段倾听技巧就变得至关重要了。客人经常寻求帮助和引导，但他们“真正”的问题或许并没有说出来。

（二）保持诚实

不要对客人说谎，永远不要。但这也并不意味着需要告诉他们全部的真相。从事服务业的人必须要学会折中的技巧——诚实但不要提供太多细节。这非常难把握，但保持诚实是最好的策略。

（三）表现出关心

无论如何回答，我们都应该让客人感到我们在努力满足他们的需求。我们应该重视客人的问题，哪怕我们有时认为这个问题有些莫名其妙。通过专业的肢体语言、目光交流、对客人真诚的关心，让客人感受到我们真心地在意他们。

社交技能在前台工作中起着重要作用。服务就是满足客人的心理需求，让他们感到受欢迎。社交技能是这一过程的重要组成部分，接待员可能会用它们来安抚易怒的客人，或者让一位紧张的人感到受欢迎。当然，社交技能也可以用于销售。

在酒店行业工作意味着和人打交道，因此我们最好喜欢和人打交道！但有时候真正去关心客人的需求是很难做到的。如果有一天心情很糟，我们需要如何让自己保持热情待人的状态呢？请注意：深呼吸；对别人保持耐心；试着从对方的角度看事情；把目光放长远一些。

实战演练

3~5 位同学组成一个小组。以小组为单位，结合所在校的酒店管理信息系统（如 Opera PMS），分角色扮演，完成以下场景或自命题的入住模拟演练，并拍成视频（具体工作流程和评价标准可参考本书附录 A）。

场景一：给预订的客人刘强先生办理入住，安排一个高级大床间，一晚；客人使用现金作为支付方式。

场景二：给预订的客人 Angle Lee 小姐办理入住，所有费用由公司支付。

场景三：给一位你喜欢的歌星和他的朋友办理入住登记。

项目四

住　店

学习目标

知识目标：

1. 了解客人住店期间的服务场景。
2. 了解当地的文化、历史和旅游信息。
3. 了解公共交通、当地的菜肴、当地通信设施。
4. 了解突发事件的处理。

技能目标：

1. 能够通过讲故事、经验和指导促进当地、地区和国家的发展。
2. 能够代表客人解决客人路线问询并推荐特色餐饮和景点。
3. 能够了解客人的需求并进行当地旅游线路的设计与安排。
4. 知道如何通过互联网快速获取新信息并进行研究。
5. 能够为客人提供接送机服务，安排交通工具等。
6. 能够收集客人体验的反馈。
7. 能够处理客人住店期间的需求。
8. 能够妥善处理酒店突发事件。

任务一　住店期间的常见服务场景

案例导入

不能泄露住客的房号

一天晚上9点多钟，两位操着北方口音的客人来到某酒店前台，询问香港客人梁先生是否住在酒店，并说有急事要马上见到他。前厅接待员小黄看着两位神色严肃的客人立即进行查询，然后对客人说：“是有一位香港来的客人梁先生住在酒店，请问先生您贵姓？”其中一位矮个子的客人说：“我姓方，他姓常，是从哈尔滨过来找梁先生的。”小黄立即拨通了梁先生的房间电话，但很长时间没人应答。

小黄放下电话有礼貌地对客人说：“对不起，先生，梁先生现在不在房间，请问二位先生是等梁先生回来呢，还是给梁先生留言呢？”方先生立刻说道：“小姐，我们有很重要的事情必须见到梁先生，请您告诉我们，他住在哪间房，行吗？”“对不起，先生，您的要求我们不能满足。为了保证住客的安全，在没有征得住客同意的情况下，不便将其房号告诉他人，这是酒店的规定，请原谅。”小黄解释说。同时，她再次建议二位客人在前台给梁先生留言，或随时与酒店前台保持联系，以便梁先生回来后及时与之取得联系。两位客人听后表示理解，并将留言交给小黄后离开了酒店。

［**评析**］

来访客人在前台查询住店客人的房间号，是前台接待人员经常会遇到的事情。在帮助客人查询时，接待员有责任、有义务为住店客人做好保密工作。

1. 本案例中接待员小黄能够严格按照酒店的规定做好访客的接待和解释工作，不但给访客留下酒店管理严格的印象，而且会让住店客人感到安全。

2. 在接待过程中，小黄始终做到坚持原则、面带微笑、耐心解释，并提出留言等合理化建议，使来访的客人备感亲切，赢得了客人的理解和支持。

（资料来源：https：//mp.weixin.qq.com/s/-3tRjbnC6tajsKHlmzCYiQ。）

相关知识

前台对客人的责任并没有在为客人办理完入住登记并分配房间后结束。在客人住店期间，酒店还需要对客人提供多种服务，以满足客人需要，并及时更新客人的账单。这些服务不涉及任何特别复杂的程序，但它们仍然是前台工作中非常重要的一部分。这些住店服务主要有换房、更换房卡钥匙、叫醒等。同时由于前台接待工作的多变性、复杂性和不确定性等特点，接待员在实际工作中可能遇到各种各样的问题，需要进行妥善处理。

一、换房

客人在入住酒店后，可能对房间的楼层高低、房间大小、陈设布置等不满意，提出换房要求。或者因为客房设施损坏等原因需要给客人调换房间。换房的目的是根据客人的需求和喜好向客人提供最优质的住宿和服务。

（一）接到换房要求

前台收到客人的换房要求后，要确认换房的原因。当发现客人提出的问题无法解决后，前厅接待员应按照客人的要求安排另一个房间，同时也要确保同样的问题不会在另一位客人身上再次发生。调换房间有时是按客人的要求进行的，有时则是酒店方面要求的。调换房间通常有以下几种情况。第一，正在使用的房间在价格、大小、种类、噪声、舒适程度以及所处的楼层、位置、房号、朝向等方面不理想。第二，客房设备设施损坏或出现故障，维修需要时间较长。第三，住客续住，影响到指定预订该房客人的入住。第四，客人在住宿过程中，人数发生变化。第五，其他接待任务。

由于酒店方面原因需要客人换房，接待员必须向客人解释清楚，求得客人的谅解与合作。

（二）分配一个新房间

在酒店管理信息系中，例如在 Opera PMS 内使用 F3 功能键寻找可选择的房间，为客人准备好相同类型的房间，并确保新房间达到客人的期望。在换房前可以向客人展示该房间，以确保客人对新房间感到满意。

（三）礼貌地与客人确认换房时间

一旦客人已准备好换房，前厅接待员应在酒店管理信息系统中进行换房，并准备好新房间的房卡。

（四）进行换房

除非客人要求，在客人不在场时，不得移动客人的物品。通知行李员带着新的房间钥匙帮客人换房，随后将旧的房门钥匙还给前台。如果客人要外出不在房间，要求我们换房。征得客人同意，并签订《换房授权书》，则服务经理和礼宾部员工共同给客人进行换房。新的房间钥匙保存在前台等待客人领取。如果需要移动行李且无法联络客人，在移动前，必须通知前厅部经理以上的管理层；在移动时，管理层的代表必须在场。

（五）通知相关部门

相关部门包括值班经理、宾客服务中心、客房部、洗衣房和送餐部。内容包括新旧房号、客人姓名、换房原因、前台员工姓名。还应记录相关部门员工姓名。

（六）落实

换房成功后，前厅接待员 / 值班经理立即给客人打电话以询问客人的满意度，确保新房间符合客人的喜好；同时，更改 PSB 公安系统和酒店管理信息系统的房间号。在登记卡上取消旧房号并写上新的房间号码，根据新房号放入登记卡盒中。

（七）其他注意事项

一旦客人安顿好，前厅接待员 / 值班经理应在酒店管理信息系统中更新客人的个人资料，说明换房请求的原因和先前的房号；确保客人在之后预订时，为其安排符合其喜好的房间。

如果换房是出于维护原因，应根据缺陷的类型告知客房部或工程部门。原来的房间放置“暂停服务”牌，以避免将其售予另一位客人，直到问题得到解决。若换房的要求造成客人任何投诉，值班经理需要在交班简会上通报此客人换房信息。

若客人要求非当天换房，前厅接待员应当在查询换房当天客房空余情况后，告知客人换房的预计时间；且在酒店管理信息系统中保留换房当天的记录。

二、更改离店日期

由于种种原因，客人在住宿期间可能更改离店日期，尽管这样会在一定程度上给酒店的服务、接待与管理工作带来不便，但酒店还是应该尽量满足客人的要求，使客人获得最大的满足。

（一）客人提前离店

如果客人要求提前结账离店，接待员应通知预订处更改有关预订记录，并通知客房部尽快清扫房间，同时要更改房态。一般酒店的结账时间为中午 12:00。有的酒店也根据具体情况，允许客人适当推迟退房时间，但时间亦不会太长。如果时间较长，则可能视情况收取房费。也可能经过一定的审批程序，不再加收房费。

（二）客人延期住宿

接到客人续住要求后，要问清客人姓名、房号、续住时间，然后与预订处联系，核实订房情况，确定是否能够满足客人的续住要求。如果可以，接待员要填写“推迟离店通知单”，通知客房部、预订处、收银处等相关部门，并在电脑信息系统上更改资料。

三、信息服务

接待员最重要的职责之一是提供有关酒店和地点的信息。为了做好这项工作，酒店接待员应该了解酒店本身的一切，包括可能引起客人兴趣的任何特殊功能的细节。同时还要知道如何找到必要的信息，如当地的黄页、地图、指南、手册或交通时间表。这些信息可以作为客人信息的一部分，放在大堂。否则一位忙碌的企业高管不太可能对一家雇用无法告诉他通过出租车到达当地机场可能需要多长时间的接待员的酒店产生很高的评价。管理层应该能够预测这些问题，并培训新员工回答这些问题。

拓展阅读

收集大街小巷的情报也是工作的一部分

在前台工作，经常会有客人提出的各种各样的问题，包括酒店服务、娱乐集会、交通、天气状况等方面的内容，还有关于酒店所在区域方面的信息。

咨询台里预备着分类好的各种信息册子，但就是这样做还是可能遇到回答不了的问题，特别是赶不上大街小巷的情报变换之速度。在东京，每天都有新店开张；每天都有魅力十足的新设施入场。掌握所有的信息可以说是不可能的。可是，在前台，就有客人会问那些新店或设施的情况。国外的客人经常要求帮忙找到可以吃上他们本国菜或本土特色菜肴的餐厅。

为了跟上这些变化，帝国酒店的前厅部员工一有时间就会仔仔细细地“轧马路”，各种旅游小册子上没有提到过的小马路、小胡同也要捋一遍。这样留意，就会最先掌握哪里悄没声地开了个新店、哪里因修筑工事暂时关了门，哪里有招国外客人喜欢的地方等。

（资料来源：东京帝国饭店营业企划室，孙琳．帝国饭店服务秘诀［M］．北京：中国旅游出版社，2000。）

这些信息服务包括以下几种。第一，预订机票、其他酒店的客房、出租车、餐厅的席位等。第二，购买剧院、体育赛事和附近吸引物的门票，同时要为客人安排旅游线路，寻找翻译，雇用临时保姆并且提供其他的服务。第三，熟悉酒店和当地的情况，以便向客人提供问询服务，如标有详细街区名称的中英文地图、驾驶指南、宣传册、电话号码簿、商业指南、省市政府的地理位置、不同风味的餐厅名称和地址、酒店车辆情况、各类医院及医科诊所、景点及古迹、购物场所、宗教场所、娱乐场所，以及其他酒店的信息等。

客人常见的问题还有：值得推荐的当地餐馆、出租车公司、附近购物中心、药房和加油站、附近的宗教场所、附近的银行或自动取款机、本地剧院、体育场或售票处、大学、图书馆、博物馆或其他当地名胜景点、国家和政府办公大楼、国会大厦或法院或市政府办公楼、酒店的有关政策（如离店退房时间、有关宠物的规定）、有关店内娱乐设施或附近娱乐设施的介绍。这些信息都可以输入到酒店管理信息系统中。例如，在 Opera 系统中，使用 Shift+ F7 快捷键就可打开酒店电话号码簿（Phone Book）。在 Opera PMS 系统的电话本（Phone Book）中，不仅可以输入电话号码，还可以在“备注（Remarks）”中输入景点的地址、介绍等。

课堂练习

1. About sightseeing

Read the talk between the guest and the staff and name three things the guest needs.

（1）____________________

（2）____________________

（3）____________________

TALKING TO THE GUEST：

Staff：Good morning，sir. Anything I can do for you?

Guest：Yes. My wife and I are going to Beijing tomorrow. This is our first visit，would you please recommend some places worth visiting?

Staff：Ok. There are a lot of scenic spots and historic places in Beijing since it has been the capital of the country for hundreds of years. I think the Palace Museum is a must. It's just by Tian An Men Square. Emperors in Ming and Qing Dynasties once lived there. The Summer Palace，the Temple of Heaven，the Ming Tombs are points of interest，too.

Guest：And also the Wall.

Staff：Yes. People say it's one of the seven wonders of the world.

Guest：Do you think I can see them all in one day?

Staff：Oh，no. You need at least seven days.

Guest：How can we go to Beijing?

Staff：You can go either by Hotel Taxi or train or bus.

Guest：Can I book our tickets at the Hotel?

Staff：Sure. The travel Agency is just behind you.

Guest：Yes，I see. That's great，by the way…

Staff：Can I assist you further?

Guest：How can I find a babysitter? My son is only three years old. We don't want to take him with us.

Staff：That's easy. I call the Housekeeping Department right away.They can arrange everything for you.

Guest：Thank you ever so much indeed.

Staff：You're most welcome. I hope you enjoy your stay here and have a nice time in Beijing.

Guest：Sure，we will.

2. 客人询问日期

Listen to the conversation between the staff and the guest and then answer the following question.

What day is today?

What is the date today?

How long does it take for a letter to reach America?

What is the time difference between Beijing and New York?

Guest: Excuse me. What day is today?

Staff: Today is Tuesday.

Guest: It's October the 27th, isn't it?

Staff: Yes, it is.

Guest: How long does it take for a letter to get to America?

Staff: About a week.

Guest: So if I send a letter today, my brother will get it on November 2nd. That is next Tuesday, isn't?

Staff: No, it will be November 1st in America. Because planes have to fly over the International Date.

Guest: You're right. How silly I am.

3. 客人询问具体时间Time

Read the talk between the guest and the staff and then decide whether the statements are right or wrong.

It's 2:35 in the afternoon	Yes/No.
The guest wants to make a call to Poland	Yes/No
The special night rates start from 9:00 pm	Yes/No
The time difference is 3 hours	Yes/No.

Guest: Excuse me. What time is it now?

Staff: It's 2:25 by my watch.

Guest: Is it the correct time?

Staff: Yes, I think so..

Guest: You use Beijing Time here, don't you?

Staff: Yes, we do.

Guest: Do you know what time it is now in Holland?

Staff: I guest it is about half past eight in the morning. There is a time difference of 6 hours.

Guest: I see. I want to call back home. It seems I'd better make the call in the evening.

Staff: I think so if nothing is urgent, because there are special rates at night after 9:00.

Guest: Do you mean cheaper?

Staff: Yes.

Guest: That's great. Thank you.

Staff: My pleasure.

四、客人留言处理

若住店客人有留言，酒店必须向客人传达。大多数电话都有一个由总机控制的“信息灯”：它会一直闪烁，直到客人接听。计算机系统通常包含一个信息设施，它允许前台根据房间号码或客人姓名输入信息。客人的姓名和房间号会被“标记”，以便任何有权访问终端的人都能看到有消息等待，并在必要时发送。邮件在发送时会被注销，但会保留在来宾文件中，并注明邮件已发送。这些由电脑保存的信息会自动计时并注明日期。对于预期到访但尚未到访的客人，邮件的处理方式大致相同。提前预订文件或到达列表的标记方式与当前入住记录和到达时发送的消息的标记方式相同。给已经离开的客人的留言需要不同的处理。它们可以转发到注册卡上的地址。酒店应记录任何转发的邮件，以避免争议。

知识链接

At Information (Tao is on duty)

Tao: Information, Good morning. Tao speaking. May I help you?

Smith: Oh, I don't want any information. I want to leave a message for one of your guests.

Tao: That's right, sir. I will take your message.

Smith: I want to ask Mr. & Mrs. Johnson to dinner tonight, and can't find them in the room.

Tao: The initials please, sir.

Smith: Sorry.

Tao: May I have Mr. Johnson's initials, please, sir. I'm afraid we have two Johnson families registered.

Smith: Oh. P.K.

Tao: P.K. Johnson in Room 1606.

Smith: Yes, that's it. Can you tell them Smith, eh, that's J.R. called to ask them to dinner tonight.

Tao: Dinner tonight. Where will that be, sir?

Smith: Oh, stupid of me. In your "Gourmet" restaurant at 8:30.

Tao: "The Gourmet", the first floor, at 8:30p.m.

Smith: Oh, it's on the first floor, is it? Now, where can I conveniently meet my guests.

Tao: Would you like me to reserve a table for you in the cocktail lounge outside the restaurant.

Smith: What a splendid idea! I'll be there before 8:30.

Tao: May I read back the message to see that it is correct, please? Mr.J.R. Smith called at 10:30 a.m. to invite Mr. & Mrs. P.K. Johnson to dinner this evening at "The Gourmet" on the first floor of this hotel. Mr. Smith will be in the cocktail lounge outside the restaurant before 8:30p.m.

Smith: Right on.

Tao: Mr. Smith, may I have your telephone number to the Johnsons can call back, if necessary.

Smith: 5–1823910.

Tao: 5–1823910. Thank you for calling, sir.

Smith: You're sure they'll get the message?

Tao: I've switched on their message light (1), and this message form will be put with their key rack, sir. When they collect their key, they will receive the message.

Smith：Oh，good! Your name is Tao，you say. I'll commend（2）to your manager.

Tao：You're very kind. And again，thank you for calling，sir.

1. Taking down a message（记下留言时，我们要谨记）：

（1）Remember to take down every detail–names，initials，time and place. 写下每项细节、姓名、名字的书写、时间及地点等。

（2）Ask the caller to leave his/her telephone number. 请来电的人留下电话号码。

（3）Always repeat the message. 重述留言内容。

（4）Be helpful and make suggestions. 乐于助人，并给对方提供建议。

2. Some guidelines for good telephone conversations（良好的电话交谈的一些准则）：

（1）Try to visualize the person you are talking to 试着想象对方的形象。

（2）Be patient and attentive. 既要有耐性又够殷勤。

（3）Listen attentively and，if necessary，ask the caller to repeat. 留心听对方所说，如需要的话，要求对方重述。

（4）Always answer the phone promptly–after two or three rings. 电话来时，应尽快接听。

（5）Treat every call as important. 重视每一位来电话的人。

（6）Afterwards，hang up gently，don't hang down the phone abruptly. 之后，轻轻挂断，不要突然挂断电话。

任务二　住店期间的突发事件及处理流程

● 案例导入

客人人身伤害案

“五一”黄金周期间，某五星级酒店大堂内人流如织，进出酒店大门的客人络绎不绝，进口旋转门转个不停。这时大堂副理听到一声“哎呀”的惊呼。循声望去，原来是有个幼童的脚夹在了旋转门闭合处，此时旋转门已自动停止，但小孩因紧张导致脚踝处扭曲，一时无法脱身。她的母亲在一旁焦急地呼喊着。

大堂副理及礼宾员上前帮助，小心翼翼地将幼童的脚取出，小孩哭个不停，小腿处略有淤青，为了慎重起见，大堂副理当即派礼宾员陪同幼童父母前往附近医院。经过拍片、就诊，医生表示并未伤及腿骨，身体并无大碍。当天，大堂副理又前往客房，慰问幼童及其父母，并由酒店承担检查就诊费用。由于处理及时，这次意外事件得到妥善解决。

[评析]

此事件属于在酒店内发生的意外人身伤害事件，由于父母一时未照料好自己的孩子，而大堂副理及礼宾员又忙于处理大堂内其他事务而造成。前厅部应加强对旋转门运转情况的日常检测。大堂客人较多时，礼宾员及大堂副理尤其应注意旋转门的运转、使用情况。儿童普遍对自动旋转门具有好奇心，礼宾员应及时劝阻在旋转门内玩耍的儿童，避免出现意外事件。

（资料来源：饭店安全管理案例汇编——开元国际酒店管理公司人力资源部。）

相关知识

一、酒店常见突发事件及处理流程

酒店前厅中常见的突发事件有客人报失、突发火情、案情报警、爆炸及可疑爆炸物报警处理等。

（一）客人报失处理

客人报失的类型一般可分为两种：一是财物被盗；二是财物遗失或者疑似遗失。客人报失处理流程如下。

如有客人报失，相关人员要保持冷静，认真听取客人反映的情况，不做任何结论性的意见或说一些否定性语言，以免给日后处理带来麻烦和困难。根据客人提供的线索，分析是否确实被盗，并及时将情况报告给上级和保安部门。查清事情经过及损失程度，取得以下主要资料：客人的基本情况；失物外观及辨认特征；失主是否在房间接待过一些朋友或访客；失主有无怀疑何人及理由；失物价值及是否购买保险。

请客人自己再仔细回忆和查找一遍。如果仍未找到，征得客人同意后，在客人亲临现场的情况下、帮助客人再做一次详细查找。征询失主是否要求向公安局报案，并认真记录；最后让客人签字，或要求客人写一份详细的报失经过。

对有关酒店人员进行调查。如果被盗财物涉及某一接待人员，在未掌握确凿事实之前，管理人员不可妄下结论，也不可盲目相信客人的陈述，以免损伤接待人员的自尊心，要坚持内紧外松的原则，细心查找。做好有关材料的记录和存档工作，需要记录的内容主要有：失主的姓名、年龄、性别、国籍、职业、职务、来本地目的、抵离店日期和具体时间、离店去向等。丢失物品的时间，最后见到丢失物品的时间。丢失物品的地点、位置。丢失物品的名称、种类、型号、数量、特征、新旧程度、特殊标记、有无上保险等。丢失前是否有人来过房间，如亲朋探望、清扫房间、工程维修、洗送衣物等情况。失主有无怀疑的具体对象、怀疑的依据等。失主有何要求，如开具丢失证明或要求酒店赔偿等。最后，还要记录好处理结果。

（二）火情突发事故处理

无论任何时候、任何地点发生火情，酒店每一名员工都有责任报警，一旦楼层有客房发生火情，当班客房接待员必须保持冷静，迅速拨通酒店消防中心电话报警，并讲明着火位置及房号、燃烧物、火势、有无人员伤亡、报警者的姓名及工号等情况。及时呼叫周围同事协助救火。如果电视机或电线起火，应先切断该区域或该房间的电源，并搬离周围可燃物及贵重物品，然后到洗手间拿湿毛巾或湿被褥及时覆盖初起的火苗，取就近的灭火器材将火扑灭。如果火势过大无法扑救，应马上关闭门窗离房，呼叫周围同事，配合赶来的消防中心人员和保安人员切断楼层电源，迅速打开消火栓，拉出水管将水射向起火点，扑灭大火。如果火势继续扩大蔓延，不能控制，酒店最高火情指挥员决定要疏散客人时，客房接待员要逐个房间通知客人。客人离开房间后，客房接待员要组织客人有秩序地沿消防楼梯疏散到由值班经理和客房部经理指定的安全地点。

（三）案情报警处理

酒店员工在酒店内一旦发现发生了抢劫、绑架、凶杀、枪杀等重特大刑事案件，必须迅速报警。

酒店员工在发现案情时，不要惊慌失措，应沉着冷静，就近用电话向总机和监控室报警。报警时应将案发时间、地点、区域、楼层房号、人数及简要情况等报告清楚，并告知报警者的姓名、工号及所在部门。总机和监控室值班员应迅速准确地记录案情信息，并立即报告保卫部经理、客务经理和工程部值班人员。由保安部经理、房务经理和工程部值班人员立即组成调查、甄别、确认小组，然后立即赶赴现场查清相关问题。

（四）爆炸及可疑爆炸物报警处理

酒店员工在酒店内一旦发现爆炸物及可疑爆炸物，必须迅速报警。

发现者应立即通知总机和监控室，语言清晰地讲明发现可疑爆炸物或发生爆炸的时间、区域部位和详细情况，以及报警者的姓名、工号及所在部门。切记不可轻易触动可疑爆炸物，应尽可能保护和控制现场。

总机和监控室值班员接到报警后，应详细记录报警者的姓名及所在部门，发现可疑爆炸物或发生爆炸的时间、区域部位等情况，并立即呼叫下列人员赶赴现场，呼叫时要简明扼要地将发生的情况、时间、地点等讲清楚。

各部门人员到场后：总经理应立即组成临时指挥部，根据各部门汇报的情况，组织、指挥、协调各项工作，统一下达指令，采取有力措施进行抢救，布置有关部门做好善后工作。保安部按总经理指令立即向公安部门报警并迅速组织人员，布置以爆炸现场或可疑爆炸物为中心的警戒线，控制现场；待公安专业人员到达现场后，保安部应听从公安专业人员指挥，配合做好工作；随时将现场情况报告总经理。如有人员伤亡，应及时与急救中心联系，做好抢救伤员的准备工作。立即关闭现场附近由于爆炸可能引起恶性事故的电气设备，撤走现场附近可以移动的贵重物品，指派专人坚守消防泵房和配电房，按总经理指令随时应对紧急情况。

前厅部、客房部负责向客人解释发生的情况，做好安抚客人情绪的工作，需要时按指令组织、引导、疏散客人到安全区域。酒店义务消防队集结待命，按总经理指令转移现场附近的助燃物和贵重物品。

酒店全体人员发现可疑爆炸物或爆炸发生时，应该沉着冷静，及时报警，不要轻易接近和移动可疑爆炸物，听从指挥，服从安排，坚守岗位，配合专业人员排除险情。

二、突发事故中酒店员工的职责

酒店的首要安全责任是保护员工和客人的人身安全，以及他们的财产和酒店资产的安全，使酒店成为一个安全和健康的工作场所。作为员工，要全权负责并合理保卫酒店、客人和同事。尽管酒店雇用了保安职员，但每个人的积极参与将能最大化地加强安全效果。

（一）酒店每位员工要遵守并支持酒店的安保工作

（1）一个好的员工也是一个安全的员工。确定你已掌握了正确的方法、能安全地完成所有分派的工作。如果有任何问题，请询问你的经理。

（2）在没有足够的安全防护下，酒店不希望员工在任何情况下进行不必要的尝试或在危险条件下工作。

（3）向你的经理报告任何你观察到的不安全的情况或者行为。在酒店内任何区域，请行走，不要奔跑！在爬上或者梯子时要抓住扶手。

（4）胡闹和恶作剧行为是危险的，绝对不允许发生。

（5）无论你是否认为有人受伤，都要立刻将所有事故告知你的经理或者保安部。万一有人受伤，立刻寻求帮助。

（6）正确地提拿物品，保持背部平直，然后蹲下去拿所需提起的物品。在提起物品时不要扭曲你的身体。必要时移动你的脚。不要试图独自提起特别重的物品。请寻求帮助！

（7）防止滑倒和摔跤。注意在地板上溅出的东西或者丢失的物品。立刻将溅出的东西清洗干净，必要时记住要一直放置“地板潮湿”的标志。

（8）电线存在危险。不要让电线通过门厅、走廊或者其他行走道路。当从插座中移动插头时，要抓住插头，不要抓住电线。

（9）在任何有特别安全设备的地方，尽可能地使用它们，不要违规操作，不要说“就这一次”，这通常是事故发生的起因。

（10）立刻报告设备中的任何缺陷或隐患。

（11）请用双手推手推车或者流动服务车，并且目视前方。不要拉着手推车前进，特别是在进入电梯时。

（12）除非必要，离开时请不要让抽屉或房门开着。不要将工具丢在楼梯上，或者将设备丢在半途中无人看管。

（13）不要使用破损或者迟钝的工具或设备。

（14）不要试图去拿够不到的物品，请使用扶梯。

（15）不要站在椅子、搁板或者壁架上，特别是穿着高跟鞋时。

（二）酒店接待员必须牢记的酒店安全标准：

（1）不要为任何人打开酒店客房房门；如果客人丢失了钥匙，帮助客人打电话给保安部。

（2）在没有明确证实客人身份之前，不要交出酒店钥匙。

（3）不要丢失钥匙。在前台时，始终不应将客房钥匙放在桌子上。

（4）如果你发现一把钥匙，请交给保安部或者任何一位酒店保安员。

（5）不要向任何人谈论谁住在酒店，也不要透露他 / 她的姓名或者房间号码及相关信息。

（6）永远不要公布客人的姓名或者房间号码及相关信息。

（7）任何时候都不要让你的现金钱库无人看管，或者没有上锁就离开你的现金钱库。不要让任何人打开你的钱库！

（8）在下班之后，不要将你的酒店钥匙（工作钥匙）带回家。不要把你的钥匙借给其他员工。

（9）不要在公共视线下展示或清点现金。

（10）不要公布现在的或者以前的员工的任何信息。如果需要查找他们的姓名、地址或者电话号码，可以到人力资源部门去查找有关员工的资料。

（11）不要将个人贵重物品放在不安全的地方。

（三）紧急情况下的安全提示

1. 保护酒店财产

酒店的财产需要维护保养小心照管和仔细保护。在工作时要特别小心地使用酒店材料、设备和产品，这是每位员工的责任。防止破坏、偷窃和滥用酒店财产是酒店行为准则的一个重要部分。任何员工不遵守酒店的保护财产标准，将受到纪律处分。对于偷窃行为，将给予开除或治安刑事的诉讼。了解并遵守酒店的正确保护标准将确保每个人不断成功。

2. 报告工作事故

不管受伤程度如何，你有责任立刻向你的经理和保安部门报告工作事故。当受伤需要医疗帮助时，人力资源部将告诉你酒店指定的医院和保险程序，以便治疗。你的治疗将在指定医院或指定医务所进行，除非人力资源部门另行通知。

如果工伤引起时间损失，你必须告诉你的经理和人力资源部。你需要提供公司认可的医生书面证明，证明你不能工作。在回来工作之前，你必须向人力资源部提供工作之前的医生书面病假单。

请记住不报告事故会导致违反法律规定，受到纪律处分，并且会引起保险和利益索赔过程中的困难。

3. 紧急情况报告

如果你在酒店里遇到紧急情况，请立刻拨打酒店紧急情况电话号码（根据各酒店情况）或者总机号码，准备告诉工作人员：你的姓名、紧急情况类型、你的位置。

不要试图帮助客人进行急救，除非你受过正确的训练。如果可能的话，在不危害你自己的情况下停留在现场，保持镇静并且提供适宜的帮助。接线员将联系能处理情况的适当人员到达现场。

向总经理办公室询问关于任何紧急情况的疑虑。

4. 火警

酒店安装了先进的防火系统，保证员工和客人的安全。火警对员工和客人来说是永远存在的危险，酒店员工应该始终掌握当酒店发生火警事故时应该采取的措施。

（1）当你听到火警警报时应立即：关闭你身边所有的设备；与你身边所有的人撤离火灾区域；指定你部门中某个人带上本部门当天的考勤卡；最后离开的人必须关门；切勿使用电梯：按出口指示灯指示方向，镇定地从最近的消防梯撤离；一旦撤离出酒店、马上到集合地点——酒店正门外集合；切勿返回酒店，除非得到消防部门许可。

（2）遇到火灾时你应该遵循以下四个步骤：关闭所有通往火灾区域的门；按动最近处的火警报警按钮；向总机或火警控制中心报警，报告火灾的位置和性质以及你名字与位置，除非身处险境，否则切勿挂断电话直至被告知可以这么做；立即与客人和其他员工撤离并镇静地赶往集合地点。

5. 谨防火警

这些准则有助于防止潜在的火灾。

（1）遵守有关“禁止吸烟”区域的标准。

（2）将烟蒂扔在相应的容器内，不要扔进电梯的升降机井、洗衣槽或者废纸篓中。

（3）熄灭任何你看到的正在燃烧的烟头。

（4）不要让纸张、含油的碎布、脏的亚麻织物或者其他易燃材料堆积在一起。自燃、电火花或者不小心扔掉的火柴都会引起严重的火灾。

（5）避免将易燃物品（如纸、油等）靠近烘烤用具、火炉或者高瓦数的灯泡。

（6）确定装有易燃物品的容器一直是密封的。

（7）立刻向你的经理或者工程部报告电缆或者电线的松脱和磨损情况，以及电器的损坏或者缺陷。

（8）报告你看见的任何值得怀疑的人。

实战演练

3~5 位同学组成一个小组。以小组为单位，结合所在校的酒店管理信息系统（如 Opera PMS），分角色扮演，完成以下场景的模拟演练，并拍成视频（具体工作流程和评价标准可参考本书附录 A）。另外查找 2~3 个酒店业的突发事件并提出相应的解决方案。

参考场景：

场景一：当发现客人不懂使用我们的设备时怎么办？

场景二：在你当班时，有一位身着奇装异服、举止特殊的男士前来问讯，你该如何接待？

场景三：当客人提出的问题，你不清楚或难以回答时该怎么办？

场景四：深夜，客人来电话说隔壁的客人很吵，无法入睡，你应如何处理？

场景五：一位女客人来报，她晚上受到一些不明身份的电话骚扰，你该如何处理？

场景六：某星期日，你接到楼层接待员报告，有十几个团体客人在楼层走廊里做祷告，你应如何处理？

场景七：酒店的一位住店客人在酒店浴缸里滑倒导致受伤，你应如何处理？

场景八：当客人反映在客房失窃时，你该怎么办？

项目五
结账离店

学习目标

知识目标：

1. 了解退房时间。

2. 熟悉客人离店各种支付方式：现金、外币支票、旅行支票、借记卡和信用卡、公司账户。

3. 了解在准备客人账单和收到付款时对预付款进行核算的程序。

4. 了解如何解释退款。

5. 了解与退房和客人离开有关的文件。

6. 了解快速退房程序。

7. 了解延迟退房程序和政策。

技能目标：

1. 能够根据酒店的政策和程序给客人结账。

2. 能够管理快速退房和延迟退房。

3. 能够收取付款：现金、外币、支票、信用卡和借记卡、公司账户。

4. 能够拆分账单。

5. 能够处理酒店收到的预付款和应向客人支付的退款。

任务一　了解结账

案例导入

某三星级酒店与甲公司签订了给予其公司人员入住本店优惠价格的合同——双床房 150 元 / 夜。同时，也与乙公司签订了此类合同——双床房 200 元 / 夜。由于客户的不同，销售部对价格政策是绝对保密的。但事情也凑巧，甲和乙两家公司同一天在该店召开会议，甲、乙公司的负责人又是同学，于是相同的双床房不同的房价在两位老同学的闲聊中被透露出来。第二天，乙公司的负责人理直气壮地找到前厅接待员让她解释原因。

本案例前厅接待员应如何处理此事？

［评析］

1. 实话实说，酒店以效益为主，谁都希望自己的产品销售出一个好的价格，公司也是如此。讨价还价是很正常的事，签订合同是双方自愿的，不含有欺骗的成分，从而劝说乙公司接受这个事实。

此做法虽然没有错，但对酒店的工作却是无益的。这样做无疑得罪了一个长期客户，乙公司也许从此不会再入住本酒店，同时也会造成反面的宣传，影响了很多潜在的客户，故此方法不应提倡。

2. 接受乙公司的要求，按与甲公司同样的价格给予更改，并向客户道歉，婉转说明自己做销售的难处，以取得客户的谅解，或者推说甲公司是店方领导的朋友，所以给予了一个特殊价。如果客户有要求，也可以介绍给本部门的经理，让经理去定夺。

这样做客户可能会比较容易接受，不会再怪罪前厅接待员，前厅接待员给自己一个台阶下，但却给酒店造成损失、给领导制造了麻烦，最主要的是不利于酒店形象，让客户认为该酒店没有一个严密的操作规范和管理体制，对员工的素质要求也不高，遇到问题不会独当一面，只会“踢皮球”，所以此做法是绝对不可取的。

3. 告知价格确有差异，但这并不是欺骗，也不是故意给高价，给甲公司这样的低价是有前提的，因为甲公司每年的入住间数和消费水平达到了一定的量，而对乙公司却没有任何附带条件。如果乙公司能有甲公司同样的入住量和消费水平，酒店同样可以给予乙公司和甲公司一样的价格。这是酒店的销售政策，并不能因为个人感情的好坏而给予不同的价格。

这样做最能取得客户的谅解，也是最值得提倡的方法；既给了客户一个好的交代，让客户明白这是酒店的规定，又能给酒店带来更多的客户，创造更高的利润。

酒店前厅接待员要做好价格的保密工作，尽量不要让不同客户知道彼此的价格，同时在对客户了解酒店价格后可能存在的疑问，事先应准备几种解释办法。

（资料来源：https：//wenku.baidu.com/view/536179e4b8f67c1cfad6b892.html。）

相关知识

对客服务流程中的最后一个阶段是离店，这部分对客服务工作是为客人办理离店手续和建立客史档案，而最后一部分的客人账务管理工作是结账（使借贷双方的余额为零）。

在办理离店手续的过程中客人退出客房，收到一份准确的结账单，交还房间钥匙，离开酒店。客人一旦办理离店手续，前厅系统会自动更换可出租房状态。

在办理离店手续的过程中，前厅员工要摸清客人在店期间是否满意，并设法促使客人再次光顾（或选择同一连锁集团的酒店）。酒店了解到的客人信息越多，酒店就越能更好地了解客人的需要从而为客人提供好的服务，还能制定出相应的市场策略，提升经营业绩。再者，使客人带着对酒店的正面印象离开是十分重要的——这肯定会影响到酒店的口碑，而且还会促使他们决定是否会成为酒店的回头客。酒店管理系统要利用入住登记的记录自动生成一份客史档案。客史档案是客人住店资料的总汇。客史档案提供的资料使得酒店能更深入地理解它的客人群体，是酒店制定市场策略的坚固基础。酒店还能通过调查问卷的方式来获得对客人特性的了解。对住店客人特性和习惯广泛深入地进行了解能更好地理解他们的希望和需求。

结账是为了在客人离店前收回资金。根据客人各自的信用安排他们以现金、电子支付信用卡结账或在入住前就办好转账的安排。在客人离店前，客人账单上的数字必须得到确认，错误必须得到纠正。结账阶段会出现这样那样的问题，如等客人离店后才发现有些费用未能及时记入客人账单，这些费用叫作漏账。即使这些漏账最后收回了，但是酒店为此增加了成本支出，此外这类事会激怒客人，因为他向他老板报销的是一份不完整的账单。离店客人用挂账的办法结账，通常把账单转到后台系统由财务部处理。但是前台系统的责任是向财务部提供准确、完整的账单信息帮助财务部顺利完成资金回收的工作。

客人结账离店后，前厅部能够对客人住店期间的资料进行分析。系统生成的报告，可以用来回顾经营状况，找出问题所在，确定需要采取何种措施，以及业务发展的趋势。系统每天产生的报表主要提供的信息是反映现金和消费的记录以及前厅部经营统计数字。这些经营分析能帮助经理们在评估前厅运转的有效性基础上制定出部门工作标准和规范。

一、客账业务管理

前厅的客账管理水平能够体现酒店的服务水平和经营管理效率，甚至直接关系到酒店的经济效益和酒店经营业务状况。具体来说，酒店的客账业务管理主要包括客账记录、客人结账、夜间审核及营业报表编制三个方面。

（一）客账记录

客账记录是前厅收银处的一项日常业务工作。酒店前厅部应建立完备的客账记录管理制度，并规范员工的客账记录操作以避免员工在工作中出现差错及发生逃账漏账情况。客账记录还需要依靠酒店各业务部门的配合及财务部的审核监督。客账记录的方法和要求主要有以下两个方面。

1. 账户清楚

散客办理入住登记手续时，酒店就应为散客建立个人账户，为团体客人建立团体账户。该账户能登录该客人在酒店居住期内的房租及其他各项花费（已用现金结算的费用除外）。它是编制各类营业报表的来源之一，也是客人离店时结算的依据。

2. 记账迅速准确

客人在酒店停留时间短、费用项目多，目前酒店普遍采用电脑收银系统，只要接待员将账单输入收银机。前厅电脑就同时记下了客人当时的应付款项，计入客人账户。为防止跑账、漏账、错账等的发生，酒店必须保证客人住店期间的一切费用都能记账及时、准确，客人的姓名、房号、费用项目和金额、消费时间等都被记录得清楚明白、准确无误，从而保证客人结账离店时能对所有账目一目了然。

（二）客人结账

现代酒店一般采用“一次结账”的收款方式，工作效率得以大大提高。客人的结账方式一般有三种：一是现金或电子支付；二是用信用卡支付，这种支付方式比较方便，同时酒店的应收款项也可以得到保证；三是使用企业之间的记账单来支付酒店费用。无论以哪一种方式结账，接待员都应为客人提供规范、快速、热情和周到的服务。

（三）夜间审核及营业报表编制

许多酒店前厅接待员晚班时往往还要承担夜间审核和营业报表编制的工作。夜间审核工作是将从上个夜班核查以后所收到的账单及房租登录在客人账户上，并做好汇总和核查工作。营业日报表是全面反映酒店当日营业情况的业务报表，一般也是由前厅接待员负责编制，通常一式两份，其中一份送往酒店总经理办公室，另一份送交财务部门作为核对营业收入的依据。

二、客人会计和前台

对酒店所有的员工来说，理解客人会计背后的原则具有一定的重要性。在房务部中，处理客人账户的部门有前台、预订部和夜审计部。从处理频率来看，前台是处理客人账户频率最高的部门，因此理解客人会计对前台员工来讲是至关重要的。

前台员工在一天中的任何时候都可能需要处理现金。客人可能选择用现金或手机来支付他们的费用，即使他们在入住登记时向前台提交的是信用卡。大多数酒店允许客人兑现一定金额的个人支票。前台也必须处理这些个人支票兑现工作。前台员工必须能够像小商店中的出纳员一样处理这些交易，他们处理这些交易所用的钱称为单个员工的备用金。

备用金仅仅是指酒店分配给单个前台员工 / 经理用来处理日常交易的现金储备。总出纳对每笔备用金进行审计以确保前台员工按照正确的会计处理程序来处理交易并避免错误。总出纳是维持酒店内部现金供应的会计员工。除了前台外，餐饮营业点和辅助性服务收入中心也可能需要处理现金交易。总出纳必须确保这些部门手头有充足的备用金。在周末或假日出纳不上班的时候，前厅经理可以维持一个“储备”备用金以便在必要时补充单个员工的备用金。

在每个班次的员工上班之前，酒店必须清点一下每个员工个人备用金账户中的余额以确保其现金储备充足。在每个班次工作结束时，酒店可以实施“现金收回”，以使所有交易产生的收入与每个人备用金账户中的当前余额一致。前台员工将他们剩余的现金“交还”给总出纳。总出纳向那些支出款项超过接收款项（如由于支票兑现）的个人备用金账户补充足够的现金。这种“交还”可以被详细地记载在类似于如表 5-1 所示的文档里。

表 5-1　备用金交还表

员工姓名 ____________ 日期 ________________

面值	元	分
100 元		
50 元		

续表

面值	元	分
20元		
10元		
5元		
2元		
1元		
硬币（捆扎好的）		
1元		
50分		
25分		
10分		
5分		
1分		
硬币（零散的）		
1元		
50分		
25分		
10分		
5分		
1分		
外汇		
总计		

前厅经理的一项重要职责是核对前厅接待员的个人备用金。每个前厅接待员将从酒店电子计算机管理系统中生成一份报告，称为员工班次交接报告（Employee Shift Closing Report）。员工班次交接报告概述了前厅接待员记录在客人分类账中已完成的每笔交易。该报告上面注明了所有的客人登记和客人会计交易信息。酒店电子计算机管理系统为每位员工分配了一个身份识别号码以跟踪他所处理的交易。无论员工使用的是哪台电子计算机终端，其号码都不会改变。酒店电子计算机管理系统将在班次交接报告中根据员工身份识别号码准确地列出其处理的现金、支票、信用卡收据、费用过账和预付款。正如前面所讲，员工必须将其备用金提交给总出纳审计。员工应将其收到的超出规定备用金余额的钱（现金、支票、信用卡或电子支付票据）“交还”给总出纳以便存入银行。由于某些接待员一天中所收集的钱的数量很大，经理们应该帮助总出纳核对这种交还的账款数量。

当某一班次的所有接待人员都完成了各自的员工班次交接报告时，经理人员就可以处理整个班次的交接报告。这份报告将总结该班次的每个成员所完成的全部交易。虽然整个班次的交接报告没有员工班次交接报告重要，但有助于发现班次交接过程中出现的错误。当员工在酒店计算机管理系统不同的终端上完成交易，但没有将原来在此终端上处理交易的那名员工的身份识别码改变为自己的号码时，往往就会产生错误。

知识链接

备用金Cash Float

● 所有负责处理现金的员工必须在就职时签订一份《备用金责任书》。

● 当备用金金额变更时，应取消该协议单，并替换为更新后的协议。

● 每位接待员应有他们自己的现金抽屉。如果只有一个现金抽屉但接待员不止一人，则应仅指定一人作为负责现金抽屉的接待员。

● 在班次开始及结束时，均应在有见证人在场的情况下，清点备用金。在备用金存放位置，必须有备用金日志，记录下每次的计数总额和所存在的差异。

● 备用金必须始终保持标准金额：在班次结束前，任何现金的“超过/

不足”必须填写相应的投款单，并投入投款箱；在出现差异时，必须立即向值班经理报告并登录相关的备用金日志。

● 当无人值守时，应将现金抽屉上锁。

● 所有备用金差异必须在当班次解决，前台主管和值班经理需要在必要时提供帮助（如查看监控录像、联系相关客人等）。

● 在班次结束时，将备用现金锁在酒店保险箱中。不允许任何人将备用金带出酒店。

● 有关接待员应正式说明和解释备用金中的任何溢余/短缺。前台主管和值班经理必须跟进这些差异。

三、外汇兑换业务

酒店为方便中外宾客，经中国银行授权，根据国家外汇管理局公布的外汇牌价，可以代理外币兑换以及旅行支票和信用卡业务。前厅接待员应接受规定项目的专门技术、技能操作培训，增强识别假钞的能力和安全防范能力，维护国家尊严和利益。如果酒店提供外汇兑换业务，一般由设在前台的外币兑换处具体负责该项业务，必须在前厅区域张贴它所提供的汇率。前台员工必须在他们的备用金交还日志中注明当天的汇率，以便酒店向他们补充足够的美元。酒店所提供的汇率一般没有银行提供的汇率高，因为酒店向客人提供这项服务时附加了额外的费用。另外，随着酒店中自动取款机数量的激增，国际客人可以通过其他方式获得美元。外币兑换服务程序如下：

（1）了解客人需求，问清客人兑换外币币种，并请客人出示护照和房卡。

（2）认真清点并唱收客人需兑换的外币种类和金额。

（3）检验鉴别钞票的真伪，同时核准该币种是否属现行可兑换之列。

（4）填写兑换水单（见图5-1），将外币名称、金额、兑换率、应兑金额及客人姓名、房号等填写在相应栏目，换算精确、填写正确。

（5）请客人在水单上签名。

（6）检查复核，以确保兑换金额准确。

（7）核准无误后将现金和水单交给客人清点，礼貌地与客人道别。

<table>
<tr><td colspan="4">× × × HOTEL
Foreign Exchange Voucher 外币兑换水单
Guest Name：
客人姓名：</td></tr>
<tr><td colspan="2">Room No.
房号：</td><td colspan="2">Date：
日期：</td></tr>
<tr><td>Currency Type：
外币种类：</td><td>Amount：
金额：</td><td>Exchange Rate：
汇率：</td><td>RMB：
人民币：</td></tr>
<tr><td></td><td></td><td></td><td></td></tr>
<tr><td colspan="2">Guest's Signature：
客人签名：</td><td colspan="2">Total：
合计：</td></tr>
<tr><td colspan="4">Cashier's Signature：
接待员签名：</td></tr>
</table>

图 5-1　酒店外币兑换水单示例

● 知识链接

外币兑换时常用的语句

1. Currency Exchange：

客人有时会请你替他找些外币。例如："劳烦你替我将 ________ 兑换 ________."

"Would you please exchange__________for ________please?"

你可以做如下答复：

"The rates of exchange are on the board there，sir/madam." "先生 / 女士，请参考外汇兑换牌上的外币兑换价。"

"Our exchange from American dollars to Hong Kong dollars is ______." "美金兑换港币是 ____________。"

"I am sorry but we don't exchange Hong Kong dollars into Japanese. But you can give suggestions."（"对不起，我们不能将港元兑换成日元。但您可以给出建议。"）

"Today's rate of exchange for ________is __________dollars." "今天的兑

换率是……”

2. 以下都是在执行有关的职责时有用的惯用语：如绑定支票从而减少风险性时，就需要高超的技巧来应付客人去处理金额和日期的更改。

You might need to say：

“I am sorry to trouble you，sir/madam，but the figures and the words on the check do not correspond（agree）.”“先生/女士，很抱歉。支票上的金额和字面不符。”

“Excuse me，sir/madam，but could you please endorse this check where it has been crossed out?”“先生/女士，对不起，请您在涂改的地方加签。”

“I am sorry，sir/madam，but the date on the check is incorrect. It should be ______not ____________. Will you please correct and initial?”“先生/女士，对不起，支票上的日期不符，是×年×月×日，而不是……请于更正后加签。”

“Please could I see your passport or other identification，sir/madam?”“先生/女士，请出示您的护照或其他身份证明文件。”

Remember：记住，当客人根据你的请求而办妥一切手续时，你必须有礼貌地向他道谢。万勿一声不响地从他手中把这些文件签过来。

Always thank a guest who complies with your request e.g. signs a card or cheque，and then hands it to you. Don’t snatch it wordlessly.

拓展阅读

前台诈骗“迷惑计”

某五星级酒店前台来了一对外宾夫妇，前台有两位员工当班，这时那位男外宾对前台接待张小姐说，“小姐，你好，我需要换500美元外币。”前台小姐热情地答应并为其换钱，这时女外宾对一起当班的另一位前台接待王小姐说，“小姐，麻烦你过来一下，你给我介绍一下你们酒店好吗？”前台小姐立即到另一侧为客人介绍酒店。张小姐在取人民币的时候，外宾说，“小姐，请给我FQ开头的百元面值的人民币”，张小姐说，“不好意思，好像没有啊。”外宾说：“你把钱给我，我自己找好了”，张小姐便将4000元交到外宾手中……“算了，既然没有FQ开头的我就不换了，你把美元还我。”张小姐把美元还给客人，同时收回了人民币。外宾走后，小张清点备用金时发现少了1300元人民币。

[评析]

该事件属于外事诈骗事件，客人利用前台员工害怕与外宾交流，分散员工注意力，利用一定的手法进行诈骗。兑换外币的服务必须只对住店客人提供，且每日应有固定限额。一般此类诈骗多以两人出现，利用前台接待员英语的薄弱和胆怯心理，使接待员忙于注意外宾在说什么，而忽略了其他方面。当客人要求找带有特别号码的纸币时，接待员应立即引起警惕，最关键的是任何情况下都不得将人民币交与客人手中让其自行查找。

（资料来源：饭店安全管理案例汇编——开元国际酒店管理公司人力资源部。）

任务二　结账离店流程

案例导入

或许是酒店组织变革的一个突破口

当一名客人提出付款结账并出示长城卡埋单时，前厅接待员接过客人的卡一看，发现卡面编号上的最后一个数字像是被什么东西刮过，已模糊不清。前厅接待员向客人询问是怎么回事，客人解释说是前几天掉在地上，不小心踩了一下，捡起来看时，已经磨损。针对这种情况，前厅接待员完全可以说，“卡号已看不清，无法使用，请改用现金付款。”但从客人的神色中看出客人可能没有携带足够的现金，如果拒绝刷卡，客人虽然可以请他同来的朋友结账，但这会使客人感到尴尬，而这次消费也将会成为他一次很不愉快的经历。于是，这位前厅接待员帮客人仔细查询、辨别，还打电话到银行核对，终于查出了最后一位数字，顺利地为客人办好了所有刷卡的手续。客人脸上露出了赞许、满意的笑容。

[评析]

作为前厅接待员，首先应该想到的是“宾客至上”，必须树立起“消费者第一”的服务理念和服务意识。本案例中的这名普通的前厅接待员在工作中能急客人所急，认真、耐心地帮助客人处理好账务的问题，在为客人服务的过程中，向客人奉献的是一颗爱心、一种充满热情、亲切的感情，给人以“宾至如归”之感和美的享受，在赢得客人满意的同时，较好地维护了酒店和自己的形象。

（资料来源：https：//wenku.baidu.com/view/536179e4b8f67c1cfad6b892.html。）

相关知识

一般来说，结账离店手续没有入住登记手续那么烦琐。假定酒店已经在登记入住阶段收集了与客人相关的所有信息，那么结账离店手续应该能够顺利而快速地完成。结账离店阶段是能影响客人对本酒店满意度的最后一次机会。让客人带着一种对酒店持久而正面的印象结束在酒店的住宿，这对促使客人成为回头客具有极大的作用。客人对酒店形成的这种印象有助于建立前面提到的客人对酒店品牌的忠诚度。

由于数字技术的发展，客人可以通过以下三种方式结账离店：自己到前台结账；通过客人导向的电子计算机退房结账系统结账；或者通过自动退房结账系统结账。每一种方法都可以达到同样的结果，但各种方法又有其自身的独特性。我们在这部分主要讲讲自己到前台结账的流程。

为客人办理退房离店时，确保以友好的方式送别离店客人并确认客人在离开酒店前已经支付了所有的账单，这是在客人住宿期间创造魔力并留给客人积极、持久印象的最后机会。前厅接待员要使用恰当的步骤为客人办理退房，最好不能超过5分钟。

一、欢迎客人

当客人到前台办理结账离店手续时，酒店在客人登记入住时所采用的许多待客原则在此同样适用。当客人一走近前台，前厅接待员就应该微笑着向他表示问候。“您好，先生/女士，请问有什么可以帮到您？”

在与客人交谈的过程中，员工至少应该两次提到客人的姓名，同时再一次强化对客人满意的承诺。退房时间可能很忙，应根据“先到者先接受服务”的原则提供服务。但是当接待一位客人时，另一位客人正在等待，接待员要确保以眼神接触并招呼正在等待的客人。

二、客人确认退房

（1）需要客人返还房卡并告知房间号码。有些员工会在这个时候犯这样一个错误——将客人的姓名与房号联系起来，如问：“史密斯先生，您要退128号客房吗？”请记住，员工永远不要大声地说出客人的房号，因为客人可能还需要返还客房提取行李、接家人等。为了安全起见，最好不要暴露客人的客房号码。

（2）再次从电脑内检查房号和客人姓名，并和客人核对。

（3）和客人确认是否在专营店有消费或消费过小冰箱内的物品。如果有，按照客人所述消费物品收取费用然后检查是否有补收消费已经被抛入。

（4）询问客人是否已把房间保险箱的贵重物品取出。

三、打印账单然后拿给客人确认并签字

酒店员工应该将客人的消费账单让其本人检查一遍以确保该账单准确无误。除非客人指出了不符之处，否则员工不应该查看客人的账单。因为客人住店时所花的费用属于其个人隐私，如果有陌生人查看他们在酒店的消费情况，客人可能会感到不舒服。

四、取出客人的入住登记单和杂费单

酒店员工应从档案中取出客人的入住登记单和杂费单。

五、询问客人结账方式

员工应该询问客人是否仍然采用先前选择的付款方式。有些客人在入住登记时会先压上一张信用卡，以便他们能够在要求向他们的客房内添加一些酒店的产品和服务的申请书上签字。客人可以选择使用现金或个人支票方式支付部分或全部的账户余额。当然，如果选择支票付账的话，还需要经过核实支票的程序。

（一）用现金支付

收取正确金额的人民币用于结账；如果支付的是外币，首先要根据外币兑换程序转换成本地货币进行支付；以客人的账单为准收取准确的金额。

（二）用信用卡支付

请客人提供信用卡，检查信用卡上的名字必须和客人名字匹配（必须是持卡人）。若有一笔入住时收取的预授权，且足够覆盖实际消费，使用预授权完成。若客人使用另一张信用卡，而非入住时缴纳的押金（现金或信用卡预授权），直接进行消费操作，同时取消押金（退还未使用现金或取消预授权）让客人在信用卡预授权完成单上确认并签字。

（三）退还未使用的现金押金

收回现金押金收据，同时在酒店管理信息系统中进行退还押金操作，打印押金退款单；账目显示为“0”后，打印账单。让客人在现金退款单和账单上签字确认。确认现金退款单上的签字和押金单上的签字是一致的。在客人面前将现金使用验钞机点钞，并将现金交给客人。

（四）旅行社预订结算

打印杂费账单与客人进行核对，不可显示任何房价（保密）。任何旅行社支付的消费部分，以挂账方式在酒店管理信息系统中进行结算，并生成挂账单。杂费消费可从押金中扣取，若无杂费消费则需要取消押金。

（五）公司付费预订结算

打印账单与客人进行核对，并让客人确认和签字。任何公司支付的消费部分，以挂账方式在酒店管理信息系统中进行结算，并生成挂账单。杂费消费可从押金中扣取，若无杂费消费则需要取消押金。

六、整理收据

将有客人签名的账单、现金押金单、现金返还单、信用卡单、房券、账目为“0”的账单（表示结算完毕）和入住登记卡钉在一起，以便在班次结束时投账。

七、发票

询问客人是否需要发票，如果客人需要，请依据实际产生的金额发放。

八、整理退房信封

将正式发票、一份账单复印件（和信用卡预授权完成单）放到一个退房信封内。

九、反馈意见的收集

询问客人住宿是否愉快，确保报告或解决任何发现的问题；感谢客人提供反馈意见。前台员工应该向客人询问他对住店的感受。任何突出的服务问题都应该在这个时候得到解决。让客人带着没有解决的问题离店，往往会导致该客人再也不会光顾这家酒店。

拓展阅读

Talking to the guest

Staff：Good morning，Mr. Smith. How are you today?

Guest：Good morning，Jane. I’m fine，and you?

Staff：I’m fine too. Are you checking-out today?

Guest：Yes，I think so.

Staff：Did you enjoy your stay here?

Guest：Yes，I did.

Staff：I hope our service is to your satisfaction.

Guest：Sure. I'm very pleased with everything here.

Staff：Thank you. I wish you a nice trip home and look forward to seeing you again.

Guest：Thank you. I'll definitely come to the Sheraton next time I'm in Tianjin.

十、询问未来的预订计划

询问客人是否需要为近期到店进行计划，并做一个相应的预订。如果客人表示将来可能再次入住这家酒店，前台员工应该提议是否需要现在做出预订。这种积极主动的做法也有助于建立客人忠诚。

十一、与客人确认他的行李都已被妥善保管

如果客人需要的话，前台应立即把行李员召唤过来让他们为客人提供客房的引领服务。

十二、询问客人是否有进一步的要求

感谢客人选择了他们的酒店并表示希望客人将来能再次光顾下榻本酒店并祝愿客人一路顺利，“××先生/女士，非常感谢您入住本酒店，祝您旅途愉快。我们欢迎您再次光临本酒店”。

拓展阅读

Receptionist：Good morning，sir. What can I do for you?（Smiling）

Mr. Whitley：We're going to leave this afternoon. Will you please prepare my bill?

Receptionist：Certainly，sir. Can I have your name and room number，please?

Mr. Whitley：John Whitley，room number 1208.

Receptionist：Mr. Whitley，have you signed any chits in the last hour?

Mr. Whitley：Yes，we had our breakfast in the coffee shop.

Receptionist：Here is your bill，Mr. Whitley. Your total bill is...（pointing at the bill.）That's the total.

（Mr. Whitley frowns as he checks the bill.）

Mr. Whitley：Have you found a discrepancy in your bill，sir? Please，may I check the details with you?

Receptionist：Wow! What the hell is this for? $560 for a window panel?

（At this time，Mrs. Whitley，followed by two little boys，comes along.）

Mr. Whitley：You look cross. What are you arguing about?

Receptionist：Mr. Whitley，here's a copy of the miscellaneous debit voucher[①] that Mrs. Whitley signed yesterday to pay for a window panel in the coffee shop. Your child broke it.

Mrs. Whitley：Oh yes，dear. I thought it best not to tell you. David broke it yesterday afternoon while you were outside in the pool. Luckily，no one was hurt.

Mr. Whitley：I'm not complaining.（Looking at his wife），but you should look after him more closely. This is the highest bill I've ever had.

Mrs. Whitley：Things here are as expensive as they are at home.

Mr. Whitley：I'll have to use my credit card. We have used up all the travellers checks.

Receptionist：Credit cards are very welcome. Mr. Whitley，please sign here.

（Mr. Whitley then signs the bill.）

Receptionist：Thank you very much，Mr. & Mrs. Whitley. Good-bye. We hope you have a pleasant trip home.

［评析］

1. See to the guests first，other matters later. 以招呼客人为首务。

① 杂项入账单。

Whenever a guest comes to the desk, the Receptionist should stop whatever he is doing, stand and greet the guest; never say, "Yes?" but say:

"Good morning, sir/madam. Good day, sir/madam. Good afternoon, sir/madam. Good evening, sir/madam."

先要招呼客人，其他事情可以推后。当有客人来到前台时，接待员应立即停止工作，上前问候，但不可以说"什么事？"而应该说"早安/午安/晚安！"

(What ever is appropriate for the time of the day.) Then follow with: 以上的问候，视当时的时间而定。

2. If everyone is occupied, and you are unable to handle two guests at the same time, you should say: 若各同事都在忙，而你又不能同时处理多位客人的话，应该向在等候的客人说：

"A moment, please."“请稍候片刻，我将依次处理。”

"Please wait a moment. I must deal with guests in turn, sir."

Add:

"I will be with you as soon as possible."“我将尽快和您讲。”

3. If you cannot recognize the guest, and he has not yet identified himself, ask: 如果你认不出这位客人是谁，而他又未说明自己姓名时，应问：

"Can I have your name and room number, please?"“麻烦请将您的姓名及房号告诉我一下。”

4. Don't forget to ask: 不要忘记问客人：

"Did you take anything from the mini-bar this morning, sir/madam?"“先生/女士，今早你饮用过小冰箱内的饮品吗？”

"Did you have any bill in the restaurants today, sir/madam?"“先生/女士，请问您今日在餐厅内用过早饭吗？”

"Have you signed any chits in the last hour, sir/madam?"“先生/女士，请问在过去一小时内，签过单没有？”

"Are you checking out today?"“请问你是在今天退房吗？”

5. When all the necessary inquiries are made, then go on with the check-out procedures: 当获得了一切必需的资料后，便可继续以下结账的程序：

"Here is your bill, sir."“先生，这是你的账单。”

"Please wait a moment while I calculate (add up) your bill." "请稍候片刻，我立刻就把你的账单结算出来。"

"Your final bill has not reached our department yet, sir. Would you please wait a moment while I chase it up?" "先生，您刚签完的单据还没送到我们部门，请稍候片刻，我马上就为您追查。"

"I am afraid that the bill has not reached us yet. So I will have to check with the department concerned." "先生，恐怕您签过的账单还没送来，我需要先与有关部门联络，请稍候。"

N.B. Do not announce the total, especially if others are present. Just point to the figure. 不要大声向客人讲出账单的总数（尤其是有旁人在时），可用手在账单上指出总数。

任务三　退房的特殊场景

案例导入

这属于自动退房吗？

4月3日上午9:00，正值退房高峰期，和往常一样，某酒店前台正有序地为客人进行退房结账手续。这时有一位客人将房卡交至前台后未交代任何事情就匆匆离开了，而前台接待人员也没有来得及询问客人的具体情况。后经查实该客人是503房间的，他于3月30日入住，剩余的押金已经不足以支付4月3日的房费，但前台也没有留这位客人的联系电话，于是只好将其作为续住房处理。

4月4日上午，503房间的客人来结账，核对账单后便质问前台，明明4月3日上午已经退房，为什么还会有当天的房费？前台接待人员牵强的解释顿时使客人更加不满，坚决拒付4月3日当天的房费。房务部经理了解此事原委后，马上向客人道歉，并再三强调是酒店方工作的失职，以后一定改进，并免去客人4月3日的房费，还送上一份纪念品，希望客人再次光临酒店。客人的怒气渐渐平缓，承认自己也有不对之处，退房时没有明确告知前台接待人员，并表示若下次再来当地，一定再入住该酒店。

［评析］

1. 从整个事件来看，显然是前台接待人员的失职，对503房间应该进行自动退房处理。当客人将房卡交至前台时，应立即询问客人是续住还是退房，并留下电话号码；在无法联系到客人并押金不足时，应立即通知客房部查看房间中是否有客人遗留的物品并报上级领导，以便及时处理。然而前台接待人员没有丰富的工作经验，未采取任何措施，给客人带来了不必要的麻烦，并给酒店造成了一定的经济损失。

2. 部门经理及时出面，做出积极补救，化解了矛盾，最终为酒店挽回了客人。

3. 部门平时应该加强员工如何应对突发事件的培训，提高业务技能及随机应变的能力，使员工遇到任何状况，都能迅速做出反应，以免引起客人不必要的投诉。

（资料来源：https：//mp.weixin.qq.com/s/–3tRjbnC6tajsKHlmzCYiQ。）

相关知识

一、住客信贷的处理

住客信贷的处理是由财务部的信贷经理负责的，收银处的责任是协助信贷经理把好关，既不可得罪客人或使客人感到不便，又要保护酒店不遭受经济上的损失。收银处应与信贷部门保持密切的联系，如发现客账累计超过一定金额（如500元）时，应马上通知信贷部门采取适当措施，避免可能出现的“走单损失”。如有“走单”，要保存“走单者”名单，时刻提防这些人到酒店行骗。

二、客人的账单与期望不符

（一）在客人结算账单时要为他们解释清楚的问题

（1）“That charge is for drinks taken from the mini-bar，sir/madam.”“先生 / 女士，这是您小冰箱内饮品的账单。”

（2）“The charge coincides with your chit here，sir/madam.”“先生，这个金额和您所签的单是相符的。”

（3）“I am sorry，sir，there has been a mistake. Please wait a moment while I correct the bill.”“对不起，先生，这里有点错误。请稍候片刻，我更正一下。”

（二）客人对账单有投诉

客人可能会投诉账单上的一些数字与其记忆中的不符，因他们可能忘记了签过的单据，甚至要求你做更详尽的解释。你可进行如下询问。

（1）“Have you found a discrepancy in your bill，sir? Please let me check it for you.”“先生，您是否找到一些不符之处？让我带您查一查？”

（2）“Please，can I check the details for you?”“请让我替您核查一下该账单。”“Excuse me for a few moments，sir，while I check the details.”“先生，请等一等，让我代您查一查细账。”

（3）“I am sorry，sir，but there seems to have been a mistake. Would you please wait a moment while it is being rectified?”“先生，对不起，其中可能有错。请稍候片刻，我立即加以改正。”

（三）当客人利用信用卡、支票或现金付账时

结账时，客人可能用信用卡、个人支票或现金来付账。接待人员应以符合酒店的规定与原则为准，可以说：

（1）“We accept the following credit cards，sir/madam.”“先生 / 女士，我们接受以下几种信用卡……”

（2）“I am sorry but we are not allowed to accept personal checks.”“对不起，我们是不接受私人支票的。”

（3）“Please make the check payable to the hotel，not for cash.”“请将支票抬头写上本酒店的名字，请勿写上现金。”

（四）当要求客人签单时

“Please sign here，sir/madam.”“先生 / 女士，请在此签上您的名字。”

（五）为客人办妥结账手续时

（1）“Thank you very much，sir/madam. Goodbye. We hope you have a good flight.”“多谢您，先生 / 女士，希望您旅途愉快。再见！”

（2）“We hope you had an enjoyable/pleasant stay，sir/madam.”“希望您在本酒店停留愉快。”

拓展阅读

Receptionist：Good morning，madam，may I be of service?（Smiling）

Guest：I am Amy Evann，room No.1739. I am checking out today. Can I have my bill now?

Receptionist：Certainly，Miss Evans. Please wait a moment.

Receptionist turns away and after a minute，return with a bill.

Receptionist：Sorry to have kept you waiting. Miss Evans，did you take anything from the mini–bar or did you sign for any bills in the restaurants today?

Guest：No，I didn’t.

Receptionist：Miss Evans，here is your bill，the total is HK$2，180.

（The guest checks the bill carefully.）

Guest：What is that HK$45.50 for?

Receptionist：This is the charge for your min–bar consumption on May 15，Miss Evans.

Guest：But I didn’t take anything from the mini–bar during my stay here. I think you have added someone else’s drinks.

Receptionist：Just one moment，please，while I check with the Assistant Manager.

（Receptionist turns away to pick up the phone.）

Receptionist：（talking to the phone）Mr. Yip，this is Eva，the Receptionist，I have a guest here with a query. Miss Evans reckons that we have wrongly charged her for consuming drinks from the mini–bar. Could you come over to the cashier counter.

Receptionist：Sorry to keep you waiting，Miss Evans，the Assistant manager will be here in a minute.

Guest：It's all right.

（The Assistant Manager appears in front of the counter.）

Asst. Manager：Miss Evans，I am the Assistant Manager，John Yip. I hear that there is an error in your bill. Would you mind waiting a moment while we check it with the department concerned?

Guest：I don't mind waiting long as I get this straightened out.

（The Assistant Manager picks up the phone and dials.）

Asst. Manager：This is John Yip，the Assistant Manager. Please check Room 1739 for mini–bar charge on May 15th.（turning to the guest）Miss Evans，they are checking

right away.（turning back to the phone）Yes，speaking. Oh，I see，thank you.

（The Assistant Manager puts down the phone.）

Asst. Manager：I am sorry，Miss Evans，there has been a mistake. We'll correct the bill，Eva. Deduct HK $45.50 from Miss Evans' bill.

Receptionist：Yes，sir. Miss Evans. HK$2180 minus HK$45.50 is HK$2134.50.

Guest：Here you are.

Receptionist：Thank you very much. Please sign here. Miss Evans. Good bye. We hope you have a good flight.

三、客人办理离店手续后还想保留房间

有些客人喜欢结账后仍保留房间。在这种情况下可以对他们说："请稍后，以便我查询该房下午是否空置。"（"Please wait a moment while I check with the receptionist to see whether the room is available this afternoon."）"先生，您可将房间保留至下午五点，但恐怕我们要收半日房租，因为订房的客人非常多。"（"Sir，you may keep the room until five o'clock in the afternoon，but I am afraid we have to charge you a half day's room charge due to heavy bookings."）

拓展阅读

A guest wants to keep a room after check-out time.

Guest：I'm Edward Ram，Room 412. I'm checking-out today，but I'd like to keep my room till 5 p.m. You see，my plane doesn't leave till 7p.m.

Receptionist：I see. Please wait a moment while I check whether the room is available this afternoon.（A moment later）Sir，you may keep the room until five o'clock，but I'm afraid you have to pay a half day's charge，because of our high occupancy.

Guest：Well. I suppose I'll just have to pay. Now，I need to get my stuff out of the safety deposit box.

Receptionist：Please sign the control card first sir. Thank you. Now please come this way to open your safe deposit box，sir.

At 4:45，Edward Ram returns to the Front Desk.

Guest：OK. Let's have it.

Receptionist：Sorry，Mr. Ram.

Guest：My bill. I'm in a hurry. Let's have it.

Receptionist：One moment，please. Sorry for keeping you waiting，sir. Here you are.

While the guest is settling his bill，the receptionist notices that he was booked in for five days，but is leaving after only three.

Receptionist：I see you are leaving early，sir. I hope everything was satisfactory.

Guest：Oh，you think I'm leaving because I'm dissatisfied. No，no，on the contrary. Wonderful hotel. I've go to set off for Japan.

Receptionist：Thank you，Mr. Ram. We are glad your visit has been a pleasant one，sir.

Receptionist：Tony，please help Mr. Ram with his luggage. The limousine will be arriving at the front door in just a few minutes. Have a pleasant journey home，sir，and please come again soon.

Bellman：Mr. Ram，this way please.

四、催收客人未付的账单

对于催收客人未付的账单，需要更有技巧的处理方法。如果属酒店方面的错误，应给予道歉。同时为令客人感到方便，应接受他 / 她提出的支付方式，同时向客人保证，短期内将寄出正式的收据。

若客人已离开酒店，则可告知机场代表帮忙追回少收的款项。

拓展阅读

Upon Departure

A guest has checked out，leaving an outstanding（未付账目）bill. The airport representative has been instructed to look out for a Mr. J. Jacobson.

The car number was given to the airport representative.

The car with Mr. Jacobson finally arrives.

Receptionist：Good afternoon，sir. Are you Mr. Jacobson，formerly staying at the Elite Hotel，in Room 1212？

Mr. Jacobson：That's right. I am looking for the Panam counter.

Receptionist：Yes，sir. I am John Ho，the airport representative of the Elite，and I was expecting you. I will help you check in your luggage. I understand that you are leaving for Bangkok via PA002. I have just checked that the flight will be delayed for 20 minutes.

Mr. Jacobson：Oh，yeah? Thank you for letting me know. I will have time to do a little browsing around at the airport.

Receptionist：Mr. Jacobson，I must apologize on behalf of the hotel. There is an error on the total of your hotel bill. I have been informed by the Assistant Manager that due to a late chit coming in from the Room Service，there is HK$58.00 still outstanding. It is totally our fault，but we would appreciate your understanding.

Mr. Jacobson：Oh. Is that so. How much outstanding again?

Receptionist：It's HK $58.00 or US $11.60（Thinking the guests may not have any more local currency left.）

Mr. Jacobson：Well，here you go. Here's US $12.00. Just keep change. That's OK.

Receptionist：Thank you，Mr. Jacobson. Once again we apologize for the mistake made. Here is a temporary receipt. We will send a corrected statement to your home address. Mr. Jacobson，will you follow me please. I'll help you check in your bags.

Mr. Jacobson：Fine，let's go.

实战演练

3~5 位同学组成一个小组。以小组为单位，结合所在校的酒店管理信息系统（如 Opera PMS），分角色扮演，完成以下场景或自命题的结账离店模拟演练，并拍成视频（具体工作流程和评价标准可参考本书附录 A）。

场景一：给入住的客人刘强先生办理离店手续。住店期间，客人在房间小酒吧消费 168 元，餐厅用餐消费 598 元，请把这些费用录入客人账单，并完成结账离店手续。

场景二：给入住的客人 Angle Lee 小姐办理离店手续，客人所有费用由公司支付。客人查看账单后，发现其中一笔复印费有疑问，经核实，多收取了 10 元。请调整客人的账单，并为客人办理结账离店手续。

场景三：住店客人王怡、李而同住一间客房，午餐消费 300 元，客人要求餐饮费均摊。请你调整客人的客账。

项目六
沟通与客诉处理

学习目标

知识目标：

1. 了解与客人进行有效沟通的重要性。

2. 了解与酒店客人沟通的程序和指导。

3. 了解工作交接的流程和规范。

4. 了解工作交接的文件类型。

5. 了解酒店接待与其他部门之间的联系以及接待作为部门间沟通中心的作用。

6. 了解个人陈述的重要性。

7. 了解酒店接待区对创造第一印象的重要性。

技能目标：

1. 能够根据客人类型或情况，包括残障人士和沟通困难的客人，欢迎他们出席并与他们沟通。

2. 能够熟练地用中英文建立、整理工作日志。

3. 能够熟练地用中英文记录日志内容、交接工作事件。

4. 能够熟练地用英文描述班内工作发生事件的具体内容及重点。

5. 能够向客人提供旅游信息。

6. 能够与客人、同事和供应商保持良好的专业关系和沟通。

7. 能够准备回复各类电子邮件。

8. 能够注意并对肢体语言和手势等非语言交流做出适当的反应。

9. 能够有效运用倾听技巧。

10. 能够进行适当和专业的谈话

11. 能够在对话中表现出自信。

12. 能够与酒店其他部门进行有效及时的沟通。

13. 能够表现出机智的社交手段。

14. 能够响应特殊要求。

任务一　前厅部的工作沟通

● 案例导入

公休后早点儿上班收集酒店内情报

周休二日制，对个人来讲再好不过；可从工作的角度来看，就有一些不利的因素，所以，我们公休后新开班时一般争取早 30 分钟来，向同事收集许多情报。

酒店的营业时间是一年 365 天，天天 24 小时。酒店的职员当然有休息日，虽然不能像一般的公司一样，星期六、星期天休息，门童、行李员、前台接待人员都各自采用交接班制，一星期休息两天。

可是，仅仅两天，却会给酒店人带来一个比预想的要大得多的空白。因为酒店的每一日，几乎可以说，以每 30 分钟为单位在不断变化。连续休息两天后的新开班，会对酒店内发生的事物生疏起来。正式开始工作的 15 分钟之前，每个班组都有小小的碰头会，早上班的人向晚上班的人传达当天的工作要点，但光听碰头会还觉得不够的酒店人会自发地早一点儿上班，独自收集各种情报。比如，住宿预测状况如何？下榻着哪些客人？宴会、展会预订有没有变化？通过跟有关部门的同事了解，两天休息的空白会缩小，工作也会大幅度地充实起来。

（资料来源：东京帝国饭店营业企划室，孙琳．帝国饭店服务秘诀［M］．北京：中国旅游出版社，2000.）

相关知识

好的沟通是提供良好服务的关键。酒店的高效运营和对客服务整体质量的提高，都离不开前厅部内部的有效沟通和与其他部门的横向沟通协作。酒店是一个多部门、多功能，为社会提供综合性服务的企业，其对客服务是一个整体。各部门之间只有做到协调一致、和谐统一，才能实现酒店的总体目标。缺少任何一个环节或任何一个环节出现问题，都会影响到酒店对客服务工作的效率和服务的质量。

一、前厅部内部沟通的主要方式

酒店业务是从酒店开业那天一直延续到酒店关闭为止，一年 365 天，一天 24 小时，不能有任何中断。即使中间换班，但是存在的业务和真诚的服务必须照旧正常进行。因此，对于前厅接待员来说，每天上班第一件事情就是和前一班次交接工作，通过交接工作来确保信息畅通。

大多数酒店在前台后面设有一块区域作为员工和经理人员开会的场所，这些区域既可作为前厅待员讨论当天出现的一些问题的场所，也可以作为前厅接待员休息的场所。经理人员一般会在这些地方列出当天抵店和离店的客人人数以及一些其他的相关信息。如果酒店注意到了其他的一些问题（如即将出现坏的天气、竞争者酒店的客房已经住满了、本酒店已处于客满状态），将会在这个地方贴出一些通知，以便将这些信息告知所有的员工。管理人员还可以在这些地方与员工进行其他方式的沟通。通常，酒店在这些休息场所都装有某些类型的指示灯或蜂鸣器，如果前台工作突然变得很繁忙，前台的员工就可以按下一个按钮，以告知休息室里的其他员工前台需要帮助。

（一）班组会

班组会包括班前会和班后会，是一种面对面的最明朗、最直接的联系和交流的方法，是信息沟通传递的有效手段。前厅部上一班次人员需要与下一班次人员进行全面的工作交接。两个班次的人员必须就交接日志、意外事件日志上的问题以及未结算账单做好沟通，确保所有文件和记录均已全面交接。上一班次的人员必须确保已完成其工作。前厅部领班 / 主管做出合理的轮班计划，使其对于新发生的事情和跟进情况都非常了解，这十分重要。这样做是为了完全满足客人的期望，最好是超越客人的期望。

对于每一班次，前厅部经理将指派一名领班人员负责日常工作和客户服务。班组会交班的内容包含但不限于以下事项。

（1）需分享酒店当日经营的相关情况：客人预退房间数、预抵房间数、入住率等；当日抵店 VIP、常客、特殊客人的喜好及特殊要求；要求保密入住 / 请勿打扰的住店客人的情况；酒店餐厅的营业情况，包括各餐厅的营业时间、特色菜肴及人均消费标准、当日早餐、下午茶 / 欢乐时光的预期以及实际享用人数；宴会信息、轿车租用信息、客人特别需求、本地城市信息等。

（2）通报并讨论前厅部目标更新情况，包括客人满意度调查（Guest Satisfaction Survey，GSS）、升档销售数据和会员推荐数据。

（3）近段时间发生且仍需跟进的事件。

（4）检查团队的仪容标准、准时接班和产品知识，并检查所有工作站，以确保在班次开始前备足所需的文具。

（5）所有处理备用金的前台工作人员必须在开始接班时、在下班工作人员（或证人）的见证下计算备用金，以确保其结平至标准水平。两班工作人员正式记录计算结果，并签收备用金。

（6）前厅部领班检查前台日志、邮件 / 包裹检查、小组移动记录，并确保下班员工已完成所有任务。

除此之外，班前会也是极好地进行员工培训的机会。例如，丽思·卡尔顿（Ritz Carlton）酒店每天会利用班前会的几分钟学习全球丽思酒店中的优秀服务案例、酒店的可持续发展的理念、酒店安全生产的规定、集团全球新开酒店的特点、酒店公益活动的招募等。这种“润物细无声”的培训方式将酒店的工作标准、酒店文化日复一日、年复一年地刻在了每位员工的心里，形成酒店员工统一的价值观，也就自然而然地反映在员工的日常行为之中。

另外，会议的预案、所需材料、会议通知、会议记录及会后工作总结，都是酒店重要的工作信息，必须妥善保存。

（二）交接日志与记事本

交班日志与记事本，是酒店对客服务过程中各班组相互沟通、联系的纽带，主要用来记录本班组工作中发生的问题、尚未完成而需下一班组继续处理的事宜等。这样确保信息传递畅通、迅速、有效，便于下一班次同事获知重要信息及需要跟进的事宜，以便采取行动。

酒店各部门、各环节、各班组均须建立交班日志与记事本制度，要求将交班日志本放在指定位置。每个班次员工必须在当天日志下端签名，确保了解所有需要跟进的事宜。在完成跟进后，注明“已完成”，并写下所做的工作。

对前厅接待员来说，上班后的第一件事就是要熟读前台的工作记录本，记住自己昨天下班后前台内发生的所有事情和动态，仔细查看重要客人的办理要点（送花、总经理到场迎接等）、患病客人的状况、不良客人的通报、领导的安排、其他部门的通报等，并且要交接上一班次同事口头交接的工作。遇到重要事情，要在记录本上重复记录，以便明确工作由谁负责。一般都要写清某年某月某日某时。还要查看当天抵达的预约客人或者订房单，这样就可以知道预约客人是否抵达。最好养成记忆客人姓名、团体名称的好习惯，这样会逐渐变得记忆力过人。例如，客人一在前台出现，就可以确认道："欢迎光临！是夏威夷来的李先生吧，是一间单人房住三晚吧。"除了一些必填项之外，还要尽量多了解一些客人信息。这样若遇客人遗失物品时，通过电话号码就可以通知客人。总之，打听到客人的公司名称及职务名称，一定会派上用场。如果遇到除了姓名外什么也不想填写的客人时，就需要随机应变，比如有些酒店会给客人提供大堂吧免费的一杯咖啡或茶水，请客人提供名片。

课堂练习

某接待员的工作日志

填写时间	内容
15：00	与总经理一起检查上午的工作。预期今天晚上所有客房都能住满。
15：55	一位午班客房接待员因病请假回家了，要求有一名早班客房接待员能够留下来继续完成下午的工作。爱玛（Emma）愿意留下来一直工作到 18：00。
16：20	有 7 位延时退房者，还有 86 位客人预期应该抵店。不接受门市客。
17：15	仍然还有 4 间空房没有清扫。
18：00	还有两间空房没有清扫，但爱玛不能再留下来打扫了。
18：15	一位客人打电话来询问她的晚餐怎么还没有送到客房。我跑到厨房查看一下情况，发现他们正在烧烤牛排；他们答应将会免费向那位客人提供一份新鲜的晚餐。客人感到很高兴。大厨还向这位客人写了一封道歉信。
18：45	还有 15 位客人没有抵店，还有 12 间待售房。
19：00	史密斯先生到前台来更换信用卡，他已被告知信用卡被拒绝使用。
19：30	还有 5 位客人没有抵店，还有 2 间待售房。
19：35	我必须自己清扫爱玛没有清扫完的那两间空房。

续表

填写时间	内容
21：00	最后两间客房已经有人住进去了——我为自己能够提前将这两间客房清扫干净感到很高兴。还有一位客人没有抵店。
22：00	有人投诉305号客房过于喧闹。我和保安人员一道与该客房的客人进行了接触，发现他喝了太多酒，需要有人照顾。
22：05	需要发送班车到机场接一位客人——这不是一个什么好消息，因为我们没有客房可提供给这位客人住宿。
22：15	需要将最后一位客人安排到枫叶旅馆（Maple Leaf Inn）。他对此表示理解。打电话通知了在那里的雷切尔，我们为这位客人安排好了一切。客人明天早晨将返回本店。注意，这位客人返回酒店之后，应该将更高档次的客房提供给他。
23：00	与夜审计部经理一起审查了下午的活动记录。

回答以下问题：

1. 做一份记录，描述一下该晚酒店发生的事情。

2. 如果酒店没有清扫剩下的两间空房，将会发生什么事情？

3. 如果你是那位接待员，你会采取什么不同的行动？

4. 这本工作日志强调了酒店在客户服务和与客人进行接触方面发生的一些事情，为什么要记录这些事情？

［资料来源：艾哈迈德·伊兹密尔．现代饭店前厅的营运与管理（引进版）［M］．北京：高等教育出版社，2005。］

拓展阅读

钥匙的去向

一天下午，某酒店的一位客人匆匆忙忙来到前台，将房间的钥匙交给一名接待员，称半小时后回来结账。当时，该接待员正准备去吃午餐，考虑到客人要半小时后才能回来结账，而自己用餐时间不到半小时，就顺手将客人交来的钥匙放到了柜台里面，未向其他同事交接就去吃饭了。

大约一刻钟后，客人回到前台，询问另一名当值的接待员账单是否准备好，当值接待员称没有看到客人钥匙，客人听后非常生气，于是进行了投诉。

[评析]

准确的沟通是酒店的服务之魂，没有沟通就没有服务。本案例存在了三个方面的沟通问题。

第一，接待员对客人的理解有误。客人称半小时之后来结账，其实是客人希望他马上准备好账单，待会再来交钱，这中间客人可能有事情要办或是不愿意在前台等待，而不是接待员理解的半小时后再来办理退房手续。这时候接待员可以先与客人确认先查房可不可以，然后报查房 OK 后把账单准备好。

第二，沟通的方式问题。作为酒店接待人员，要注意客人口头承诺的随意性，比如客人说半小时后却只过了一刻钟就来了。所以，无论遇到什么情况，接待人员都要尽快做完自己手中的服务项目，而不要根据客人口头所说来安排自己的工作。脱岗时一定要将工作及时移交同事继续跟进，避免出现服务真空或盲点。

第三，随意说“不”的问题。在未弄清情况时，酒店接待人员随便对客人说“不”。要知道，把责任推给客人很容易引起他的不满和投诉。

（资料来源：https：//wenku.baidu.com/view/536179e4b8f67c1cfad6b892.html。）

（三）报表和报告

报表和报告，既是酒店内部各项工作衔接的手段，也是酒店内部沟通和传递信息的方法，使酒店的经营状况一目了然，反映酒店的经营水平。报表包括各种营业统计报表、营业情况分析报表、内部运作报表等；报告包括按组织机构管理层次逐级呈交的季度、月度工作报告。

（四）口头、书面通知、通告与备忘录

各类口头、书面通知、通告与备忘录是最简单也是最常用的沟通方法之一，它能通知有关事项、提供有关信息、提示当日工作要点，包括工作指示、接待通知

单、请示、汇报、建议、批示等。

（五）酒店管理信息系统

在信息技术飞速发展的今天，酒店管理信息系统早已成为酒店信息传递、沟通、协调的重要手段。酒店管理信息系统在信息统计的精确性、处理的高效性、传递的及时性、范围的全球性方面有着无与伦比的优势。前厅部日常工作中大量使用的计算机系统有客房预订系统、客房销售系统、客房查询系统、客房账务系统以及综合分析系统等。

以 Opera PMS 为例，为方便部门与部门的沟通，可以使用系统的追踪功能（Trace）。追踪跟进报表是一个用于提醒我们当天无法完成需在特定日期跟进以及任何需要与其他部门交接跟进的工具。该功能确保部门之间的顺畅沟通，以保证及时处理客人的所有要求，无任何遗漏地告知其他部门需要处理的客人事宜。每个班次员工上班后还要打印追踪报表，以了解别的部门给自己的留言。

第一，早班前台主管打印出“追踪跟进报表”并按部门分类。第二，根据报表内容一项一项地去完成。一旦问题或要求被解决了，处理此事的员工需要在追踪跟进报表上签字。第三，若在解决问题或处理要求时遇到任何问题可向服务经理求助，如果问题或要求当班次无法解决，则交接给下个班次的前台主管。第四，如果事情被解决了应在 Opera 系统中标注“Resolve”（已完成）；若无法当日解决的事情，可点击“Edit”（编辑）更改追踪跟进日期。

二、前厅部与各部门的沟通

前厅部与其他部门进行沟通也是很重要的。前厅部和客房部之间的信息沟通对于酒店能成功地实现客房收入最大化是至关重要的。前厅部与客房部之间必须不断互相提供最新的客房状况信息。前厅部根据客房部提供的最新房态，尽快销售客房，以提高客房的出租率。客房部根据前厅部所提供的客情预报，预先合理安排好本部门的人力、物力，制订接待计划、下达工作任务或安排客房的维修及定期清洁计划；还要安排好客房的清洁卫生工作和房间布置，做好针对性服务，以确保客房协调工作不出现任何问题。

由于前厅处于酒店的中心位置，并且位于客人最容易找到的地方，前厅部是酒店的神经中枢，是酒店业务信息的集散地。因而他们往往最先了解到各种客源、客情、客人需求及投诉意见等信息的。前厅部要及时将这些信息通报有关部门，协调全酒店的对客服务工作，以确保服务工作的效率和质量。前厅部要加强与销售部、餐饮部、财务部、安保部、工程部的信息沟通，取得他们对前厅工作的配合与支持。由于前厅是酒店业务活动的中心，前厅部要认真整理和分析有关酒店经营管理的各种信息，向酒店管理机构提供真实反映酒店经营管理情况的数据和报表，作为调整酒店计划和经营策略的参考依据。

信息沟通是加强部门之间协作和配合的前提。信息在现代社会中越来越成为企业开展经营管理活动所依赖的资源之一。

任务二　与客人的面对面沟通

案例导入

让我们从一个简单的例子开始

假设你是第一次进入酒店的客人。你几周前预订了房间，并收到了正常的确认函。你走近前台，接待员低着头似乎在核对一些数据。你等了一两分钟，然后咳嗽以引起她的注意。她没有抬头，说:“等一下，好吗?”然后继续她的计算。你有足够的时间仔细研究她：你看，她的头发很暗，还有头皮屑；她的指甲有缺口，制服衬衫的领子磨损了，有点儿脏。最终她说:“有什么事吗?”你告诉她你的名字，给她看你的确认信，她在她面前的名单上加了一个铅笔钩，然后把登记表放在你面前说:“填这个。”然后她身体前倾、叉着手，看着你这样做。当你完成的时候，她拿着表格，把一把钥匙“啪”的一声放在桌子上。“407 号房。”她说，然后又回去核对数据了。

（资料来源：Peter Abbott and Sue Lewry. Front office : procedures，social skills，yield and management［M］. Butterworth–Heinemann，1999.）

［评析］

现在，你对这家酒店有什么印象?你虽然只在前台待了几分钟，这位前厅接待员似乎已经足够有效地处理了你最初的预订，但这并不重要。她的行为可能已经足以让你感到不快。如果要求你描述接待员的态度，你可能会用“粗鲁”“粗暴”“不友善”“不受欢迎”或“不在乎”等词语。这需要水平极高的后续服务来弥补最初的印象。但是什么给你留下了这样的印象?

答案是她对自己的着装和打扮缺乏关注；她在继续自己的日常工作时，让你久等；她不愿意抬起头看着你；她也没有添加简单的短语，例如“您好，我能帮您吗？”或者用你的名字（她可以在你给她看的信上看到）称呼你。这就是我们所说的和客人面对面沟通时涉及的语言和非语言沟通，涵盖了人们做什么、说什么，以及他们如何表现自己。我们接下来的内容就以此为案例进行讲解。

相关知识

在“案例导入”中，我们可以看出，和客人面对面的沟通主要涉及语言与非语言沟通。非语言沟通就涉及身体语言，即肢体语言或行为举止。很多经验丰富的酒店经营者都称之为社交技能（social skills），这是接待工作必须掌握的技能。

当我们开始与他人打交道时，沟通就会发挥作用。我们仍然有一个我们想要实现的目标（如我们希望对方为我们做点什么），但我们必须使用语言、表情和手势来实现它。简言之，社交技能就是将这些因素结合起来，从而影响他人的态度和行为。学习如何很好地运用社交技能需要大量的实践，但最基本的出发点是能够理解行为的基本要素：尤其是那些关于人们心理状态的小而重要的线索，这些线索就是一般的肢体语言。

这些可能会因客人不同而有所不同。有些客人很随和，而另一些似乎无论你做什么都无法取悦。理解人们为什么会有这样的不同是训练有素的心理学家的事情，但我们需要有一些方法来识别客户的情绪，以及一些应对的技巧。

和其他技能一样，社交技能只能通过实践来训练。由于它们涉及社会互动，这种实践需要经常采取无脚本的面对面对话或“角色扮演练习”的形式。在做这些练习时，应当知道，虽然是要求您作为接待员设计适当的应对措施，但重要的不是你想出了什么样的解决方案，而是你如何进行沟通。

一、语言沟通

显然，前厅接待员说的话非常重要，除了专业术语外，还有一些小细节做得到位，对提高客人的满意度将特别有效。

（一）问候

特别是前厅接待员的第一次问候。使用诸如“晚上好”之类的短语，“我能为您效劳吗？”“我希望您在这里过得愉快！”是表达你对客人感兴趣的最清晰的方式。只按条条框框做是乏味的，向客人问候也如此。光“读”条文上的句子是很不自然的。如果可能的话，最好添一句——哪怕是短短的也好——含有真情实意的话。盛夏时节加一句：“今天好热呀！”对深夜才到的客人问一声“您累了吧！”。对结完账要离店的客人说：“您走好，一路平安。”对逗留中暂时外出的客人，只说一声：“您走好”就够了。客人是要离店，还是暂时外出，从行李和气氛上基本可以判断得出来。听上去是一句平平常常的话，但正是这平平常常的一句，有时却能触动旅人的心弦。当然，问候不能给客人嘈杂的感觉，要是让客人觉得你啰唆就是服务出格了。作为饭店员工能不能既保持适当的矜持，又能以短短的问候给客人留下一个有人情味儿的温暖印象，这是服务的要点。

（二）使用客人的名字

当然最重要的是使用客人的名字。“先生”或“女士”都很得体（至少对他们表示尊重），但使用客人的名字表明你认可他或她是一个个体，而不仅仅是你服务的群体中的一名成员。称呼客人的名字是我们提供个性服务的最高形式之一。称呼客人的名字、表达了我们对客人的关心和注意。我们要利用每个机会来称呼客人的名字。为了自始至终达到这个目标，需要坚持不懈的努力，这份努力会特别受到客人欣赏。记住，通过称呼客人的名字，我们已表达了微妙的个人情感—— 一份打开门并且向客人说“这里欢迎您”的情感。我们不能忽视这个机会，对我们努力的回报将是迅速并且持久的。

我们可以通过各种方式帮助自己更多地使用客人的名字。例如，可以随时快速浏览客人的入住登记记录、行李标签、姓名名牌等。在“案例导入”中，我们的接待员错过了两次机会。客人给她看了预订确认信，但她没有使用客人的名字进行称呼，尽管她在入住登记名单上记下了客人的名字。然后她看着客人填写登记卡，但她在交给客人钥匙时仍然懒得称呼客人的名字。在她看来，这位客人显然只是个无名氏。

在和客人进行语言沟通时，以前英语的发音标准很重要，但是现在情况变了。我们认为只要客人能够清楚地理解就可以了。真正重要的是我们和客人说话时的语气。例如，你可以或大声或小声，或快或慢地说“晚上好，先生。”说话时语气光明友好，还是沉闷阴郁，会直接影响客人的满意度。

（三）外语的重要性

1. 尽量用客人的母语打招呼

在外国人众多的酒店中工作的员工，掌握英语是十分必要的，但是从法语圈、西班牙语圈来的客人人数也很多。有时，拼命记住的英语完全不起作用，切实感到英语不是万国共通的语言。例如，对任何国家的客人都问候“Good evening.”“Welcome to the Imperial Hotel”是可以的，但是初次的问候应尽量使用客人的母语打招呼，这样做给客人带来的印象一定不同。对迎客时的第一句问候有特别的意义。比如日本客人来到一个很远的国家旅行，出乎意料地听到有人招呼一声“konnichiwa”（你好），可以想象得出客人该是多么感激吧。多学几种问候语，十分必要，哪怕是只言片语，有点差错或显得笨拙也没关系。“你好”的法语“Bonjour”、德语“Guten tang”、西班牙语“Bienos diasten”等问候语，应预备好能脱口而出。除此之外，能用几种语言说“谢谢”和“再见”就更理想了。

2. 外语，与国际接轨的桥梁

作为国际性的五星级大酒店，任何和客人打交道的岗位，会听、会说外语都是员工的必备条件，缺乏与客人沟通的语言工具，态度再好，都无法了解客人的需求。不了解客人的需求，又如何向客人提供令他们满意的服务呢?

拓展阅读

案例1：“HOW MANY MILES TO TAKA?”

英语是一边丢丑一边学的东西，我丢了一次大丑，至今仍被同事们笑话。

刚工作那阵子，一天，一位外国客人在前台问我“How many miles to taka?”“miles”是“里”的意思呀，没错！那位客人是在问“到 Taka 有多少里？”那“Taka”该是什么意思呢？应该是指场所，说的是日本桥的高岛屋（发音：takashimaya）？要真是这样的话，从酒店到高岛屋有多少里来着？我让客人稍等，跑回后面问前辈，前辈觉得不对劲儿，就去查客人资料，一查才知道，那位客人是澳大利亚人，名字叫“Tucker”，而不是“taka”，“How many mails to Tucker?”是问“有 Tucker 的信件吗？”

［资料来源：艾哈迈德．伊兹密尔．现代饭店前厅的营运与管理（引进版）［M］．北京：高等教育出版社，2005。］

案例2：*Driver or Dryer*

米洛太太给我们讲的那段由语言差距引出来的故事，令我足足笑了三天。

那天下午，常住客米洛太太打电话给房务中心，要求送一个电吹风到房间，“Would you please send a hair dryer to my room?”房务中心的小姐非常热情地回答：“没问题。”米洛太太在房间里等了20分钟，未见任何人来送电吹风。她又给房务中心打了电话，询问为什么电吹风还没有送到。房务中心的小姐很有礼貌地说，快了，快了，马上就到。又过了大约2分钟，有人敲门。米洛太太立即把门打开，只见门口站着两个男人，其中一个自我介绍说：“我是大堂经理，听说您要一个司机（Driver）？这位就是司机。”米洛太太站在房门口看着、听着，半天都没有反应过来是怎么一回事。“Driver? No, I need a hair dryer.”“A hair dryer? 电吹风？您要的是电吹风，不是司机？对不起，我马上让房务中心给您送来。”望着大堂经理和那位司机离去的身影，米洛太太除了摇头，只有无奈。

米洛太太在给我们讲述这一真实故事时，不解地说，Hair Dry-er 和 Driver 这两个词怎么会听错？真没想到，房务中心的那位小姐，态度那么好，英语那么差，太可惜了。

（资料来源：袁学娅．中外酒店管理比较——入世后我国酒店管理如何同国际接轨［M］．北京：辽宁科学技术出版社，2002.）

在以上案例，特别是案例2，反映出的不仅仅是语言的问题，还有员工思考问题的逻辑思维的问题。为什么米洛太太要一个司机？为什么房务中心的员工没有认为不可能，为什么房务中心员工没有请大堂经理再打一次电话确认呢？在房务中心员工第一步弄错后，大堂经理就没有想到打一个电话，向米洛太太确认呢？大堂经理就没有对于一位客人要叫司机去房间提出疑问？

态度是服务工作中非常重要的因素，但语言和思考处理问题的能力在服务工作中更为重要。酒店对于员工的各类培训，已经到了足够重视的程度，但培训是否有的放矢、是否有效，这是一个在酒店培训中应该引起关注的问题。像以上这个故事，可以作为案例，让员工在工作的每一分钟、在处理客人要求的每一件事时，从语言的角度、逻辑思维的角度做好本职工作。像米洛太太要求电吹风被搞错，还不会耽误什么大事，如果是一位商务客人有关商务联系的事情被搞错，那就会给客人造成极大的损失。

二、非语言沟通——体语

在日常的生活工作中，非语言沟通或身体语言是十分重要的。你应在与员工、同事和管理者们沟通时去识别了解身体语言。的确，人们常常通过语言向你传达信息，但你从他们的面部表情和肢体行动也会收集到很多信息。因此，语言不是思想传播的唯一工具，有些人甚至争论说它不是最重要的。常言道：百闻不如一见。这句话揭示出我们每天使用的词语并不完全可靠。沟通的过程并不单限于语言。我们的非语言行为或身体语言才能真实地暴露我们的态度和感情。我们的真实感情能通过我们的自我形象、位置、姿势、面部表情（眼神交流）等表露出来。

（一）自我形象（Self-presentation）

这包括着装和打扮，甚至在别人开口之前就告诉我们很多关于他们的事情。你应该能够“读出”这些微妙的、不断变化的陈述。你必须记住：其他人也同样擅长这个过程，并且忙于“阅读”你的陈述。许多酒店要求员工穿某种制服，因为这是一种信号，告诉客人你是来帮助他们的。传统的商务着装也能传达同样的信息，尤其是当你站在特定的服务岗位上的时候，如前台。请注意“传统商务装”这个词，我们无意试图确定其中包含的内容，因为关于服装的时尚和观念在不断变化，但在任何特定时期（你可能在购买传统面试服装时就考虑了这一点），人们通常会广泛认同这一点。关键是，客人来这里的原因可能是什么。你作为一名员工站在那里，就需要“发出信号”。不仅如此，你应该看起来像是在认真对待工作，为自己的角色感到自豪。如果你不这样做，客人很可能会对你和你的雇主都产生不好的印象。在我们的案例导入中，接待员穿着一件制服衬衫，但她的状态表明她对这件制服所代表的工作评价不高。她不太在乎她可能给客人留下什么样的印象，或者她没有想到，客人可能会认为一个肮脏、不整洁的接待员可能意味着肮脏、不整洁的房间、餐厅和厨房。这是她应该给客人的印象吗？

（二）位置（Position）

我们所处的位置很重要，不仅与办公桌等设备有关，也与我们正在与之打交道的人有关。我们都有自己的“个人空间”，陌生人的任何入侵都会让我们感到不舒服。这种个人空间因身份而异（我们经常谈论的“保持距离”），也因文化而异。

这个概念可以进一步理解。在“案例导入”中，接待员拍了拍她面前的登记表，然后斜靠着、看着客人填写时，她不知不觉地把她和客人分在了两个区域。她在侵犯客人的私人空间。这种入侵让人们感到不舒服，即使她不知道为什么，这是应该避免的。

（三）姿势（Posture）

姿势包括我们的站姿和坐姿。面对着某人通常表示兴趣，而向前倾则表示更大的兴趣（当然，除非它涉及侵犯个人空间）。更微妙的是，我们可以用我们的四肢“指向”我们感兴趣的人的方向，或者我们可以用它们作为障碍，把我们感到紧张或不安的人拒之门外。我们的接待员在开始时，她的身体半转过身来，双手抱胸形成一个盾牌；当她俯身看着你填写表格时，她当然表现出了一些兴趣，但即便如此，她还是保持着叉着手的防御姿态，这传达了“她并不急于帮助你”的印象。

手势与姿势密切相关，涵盖了我们通过身体运动部位（主要是手、手臂和肩膀）发送信号的方式。耸耸肩会让人非常恼火，因为这意味着耸肩者会无意识地试图摆脱你的问题。手尤其重要，张开的手掌不仅是友谊的象征（看，没有武器），也是诚实的象征。相反，很多手势，如摸嘴或鼻子，都可能表示某种程度的欺骗，或者至少是某种消极的感觉，比如怀疑、恐惧或不确定。

用手支着头（就像“案例导入”中客人到达时我们的接待员所做的那样）通常表示无聊。这是她应该传达的印象吗？

可能表达方式的范围是巨大的，但当我们看到它时，我们通常能识别出友好：嘴角微微翘起，或脸上露出微笑。一个眼神加上一张茫然、毫无表情的脸让人感到不安，更糟糕的是脸上带着忧郁的表情（眉毛低垂、嘴巴低垂、嘴唇微微噘起）。试着再次浏览“案例导入”中接待员的日常工作，然后问问自己，当你接待客人的时候，你是什么样的表情。你很可能会自动皱起眉头，或者至少会发现自己故意装出一副茫然、漠不关心的样子。

（四）面部表情 / 眼神交流（Eye–contact）

看着一个人通常不仅能表现兴趣，还能表达喜欢，这是非常重要的。你看着客人的时间越长、频率越高，你就越有可能传达出这些印象（尽管长时间、不眨眼地凝视加上冷酷的表情可能会传达出攻击性）。一个不诚实的人通常会避开你的目光（但胆小和紧张的人也会如此，这正好说明理解行为是件多么困难的事）。你看的方向很重要。所谓的“商业凝视”集中在眼睛和额头上，以保持严肃、理性的氛围。“社交凝视”在另一个人的眼睛和嘴巴之间移动，表明对笑等反应更感兴趣。接待员需要知道，对于任何特定的客人，应该选择哪种类型的凝视，以及如何避免所谓的“亲密凝视”，即在对方的眼睛和身体之间移动。在“案例导入”中，我们的接待员完全避免了任何形式的目光接触，传达了一种缺乏兴趣的强烈印象。即使她确实向前倾了倾，她也是把目光集中在登记表上，但客人一完成填写，她就把头转过去，完全不理客人。

面部表情是我们最常用的非语言沟通方式。面部表情的表现揭示着我们的态度。谈话时，人们大都观察着对方的面容，特别是对方的目光和嘴，这都是最富于表情的部位。你很可能感到与一个戴墨镜的人交谈是非常不自在的，你可能觉得好像是在和一堵墙交流。而如果我们交谈时能看到对方的面容，交流了解就变得容易多了。只通过面部表情的观察，我们就能知道对方是高兴或悲伤，是愤怒或迷惑。

但面部表情并非完全可靠，人们早已学会在必要时装扮面孔，如人们在打牌时的面无表情是人们早已熟悉使用的技巧，目的是迷惑对手。虽然微笑常指高兴，但也有例外，它也能传递愤怒、紧张、警惕或尴尬。此外。我们还利用微笑表达歉意，如在拥挤的房间里不小心踩到他人的脚。

三、行业实践

接下来，我们以客人与酒店互动的四个阶段为例，来看看我们前厅部能为酒店做什么。

（一）抵店前

在抵店前，客人会选择酒店。客人的选择受到酒店位置、营销、口碑和客人以往体验的影响。预订员是客人和酒店的第一接触者，预订开启了客人住店周期的进程。还记得第一印象是何等的重要吗？预订员的主要职责是保证客人入店时已经预留了客房。他们或许也会收集更多关于客人需求的信息，以便在客人住店期间提供更专业的服务。

在酒店的日常经营中，客人在预订平台上下单，通常得到的都是系统的自动回复。但是若给预订的客人电话确认，就会让客人感受到酒店对他/她的重视，在客人进店之前，对本酒店和接待人员产生好感，这是提高酒店口碑的第一步。

知识链接

预订时回复客人的对话举例

酒店："您好，我是××酒店的预订人员，和您确认一下您刚才预订我们酒店的××房型，请问您大概几点到？您对房间有没有特别的要求？"

客人说："我可能晚上8点到，房间的窗户大吗？通风效果好不好？我想要安静一点的房间。"

酒店："好的，我现在给您预留7楼的房间，这间房的窗户比较大，而且楼层较高，相对比较安静。"

（二）抵店

客人抵店后，会办理登记然后获得房间。这是和客人建立关系的一个重要时机。这个阶段客人会留下对酒店的初始印象。如果客人没有预订房间，前台工作人员就有了一次推销酒店客房的机会。当付款方式和客人离店日期确认后，登记程序便完成了。

客人在网络平台上预订之后，酒店若提前和客人确认他需要的房间类型，也就知道了客人的具体需求。反之，客人到店后，如果酒店前台没有针对客人的需求做相应的准备，就很可能把客人不喜欢的房型分配给客人，或者客人发现房间挨着电梯或者靠近走廊边、私密性不好，这样客人的心理安全感会降低，对酒店的不满就增加了。而一旦遇见房间卫生不好、有异味，或者隔音不好，很可能会给酒店差评。能做到这一点的酒店很少，但这也就给那些可以做到这点的酒店提供了留住客人、拓展客源的利好条件。

知识链接

客人到店时的对话举例

假设客人已经到了前台。

酒店："您好，先生，请问您有预订吗？"

客人："有的。"客人递过来身份证。

酒店："您好，×× 先生，我们按照您的要求，给您留了 7 楼比较安静、窗户比较大的房间，请问您还有什么要求吗？"

点评：工作进行到这一步，客人感受到了酒店的细心和对他的照顾，愉悦感增加，满意度也会增加。

若酒店只剩下一间情侣大床房，而且没有窗户，给客人的承诺兑现不了怎么办呢？这时酒店可以做如下处理：

酒店："您好，×× 先生，我们按照您的要求，给您留了安静有窗户的大床房，可是很抱歉，房间里面的卫生间管道刚才渗水了，暂时不能安排您入住，我给您安排到没有窗户的房间。但是这间房比较安静，我们还特意为您准备了牛奶和果盘，一会儿给您送到房间可以吗？"

（三）住店期间

当客人登记入住房间时，客人住店周期中的入住阶段便开始了。在客人住在酒店期间，前厅员工会多次为客人提供服务。作为酒店主要的联络中心，前厅员工提供信息或用品、指路、联系客房部进行客房服务、推荐活动项目和餐厅、给客人消费入账——他们的服务要及时、彬彬有礼且准确无误。

客人办好入住手续，离开前台之后 5~10 分钟，接待人员可以打电话到客人的房间，告知客人你是刚才在前台接待他的接待员，询问客人对房间是否满意，是否还有其他需求。当酒店做完了这些接待工作后，客人对酒店的满意度会提高很多。即使酒店房间存在一点小问题，客人也会有较好的容忍度，给好评的可能性就提高了。否则若等客人进了房间休息一段时间后，可能发现房间存在的某些让自己不满意的问题，这时，客人可能会打电话让前台来协助处理，也可能压根儿不说，之后直接拍照，给酒店差评。

（四）离店后

在离店阶段，客人会离开房间，前厅再一次成为重要的服务节点：帮客人办理离店手续、确保客人住店期间愉快，结清账款，并帮助客人快速搭上交通工具，这些只是前厅员工为了保证服务进展顺利而需要做的很少的一部分工作而已。

在酒店的日常经营中，酒店对于离店客人可以进行适当的跟踪回访，可以考虑以下两个关键点。一是酒店在客人离店后 1 天内，给客人发一条信息，祝福客人工作顺利，身体健康。这时，客人对酒店的好感又会增加；还可能因为这条短信，客人会主动给酒店一个好评。二是客人生日前。客人在办理入住的时候，酒店可以获知客人的生日信息。酒店应该建过客人的信息档案，提前给客人发送祝福短信。这样可以让客人对酒店加深印象，甚至主动把酒店推荐给自己的同事或者朋友。这样酒店潜在的客源就开拓出来了。

在回访这个环节，酒店应主要针对家庭型、商务型、旅游休闲型的客人进行住店后回访，这些客人会有较好的复购率，也会基于酒店的热情周到服务，对酒店的品牌更加信赖与认可，甚至向自己周边的朋友推荐本酒店，酒店的隐性复购也就因此增加了。

任务三　与客人的书面沟通

● 案例导入

“三封信”彰显个性服务

据有关调查统计：一位满意的客人会引发 8 笔潜在的买卖，其中至少有两笔可以成交；而一位不满意的客人则足以阻碍 25 人的购买意愿。如今，激烈的市场竞争促使服务不断创新，而通过优质、个性化的服务争夺市场和客人，则成为酒店企业制胜的法宝，比如“三封信”的个性运用。从客人抵店前的设计、策划，住店中的细致关注，直至离店后的跟踪维护，都彰显出了全过程的个性化服务。

欢迎信。作为高星级酒店，欢迎信的使用是非常频繁的，主要用于VIP客人接待服务，而VIP客人的种类很多，有行业内领导、上级管理部门领导、老领导、忠诚老客户等，他们是酒店的贵宾和良好口碑的传播者，因此，在客人莅临前就要做好充分的接待准备，其中，独具匠心的欢迎信是体现热情和个性服务的关键所在。然而，要让小小的一封信打动客人，首先就是要精心设计策划，根据不同客人、不同季节设计出色彩别致、特色灵动的信函。其次是信的内容既要热情、真诚，又要把握适度，不夸大其词。文字的表现要创新，字体要优雅，尤其是对多次莅临的客人，不能千篇一律，可以是简单的公文式，但具有特色的诗词、散文、动漫等可以灵活多变，每一次都要有耳目一新的亮点打动客人。最后，信的摆放也非常讲究，摆放的位置要显眼，才能吸引客人眼球，信函则可以折成千纸鹤、心形、画卷，甚至客人的生肖动物造型等，别具一格的欢迎信能深深打动客人的心。

致歉信。俗话说:“人无完人。”同样地，酒店的服务也不能做到100%的尽善尽美，难免会发生一些意想不到的问题，如由于设施设备发生故障、接待员发生失误等，都有可能造成客人的不满。因此，如何运用人性化的致歉信来转变客人对酒店的不满，是值得研究的服务课题。比如：接待员在清房或查房时发现卫生间的镜面有裂痕，虽然还不致掉下来伤着客人，但接待员从人性化服务角度出发，写了一封简短却满含关怀之意的致歉信贴在有问题的镜面旁，提醒客人此处有故障，小心不要触碰，以免受伤。这样的致歉信体现了酒店不回避自己的问题，向客人诚实致歉的真心实意，同时更关注客人的安全，真诚之心已溢于言表，客人定然会为之感动。又如，了解到某客人因某原因产生不满，但客人已离店，无法当面弥补，经理（或其他管理人员）及时写了一封自我检查及表示真心道歉的信函寄给客人，相信酒店的诚意和重视会让客人的不满刹那间释怀，并对酒店留下美好的记忆。致歉信更多运用于客房、前厅服务，关键是语言要真诚，用真心打动客人，如用笔书写，则更能体现诚意和个性，达到化干戈为玉帛或感人肺腑的服务目的。

服务信。欢迎信、致歉信是在特定的时间、人物、事件中的运用，而服务信是无处不在的，只要用心和善于创新，从细微入手，就可以通过细节感动客人。比如，一位第一次入住酒店的客人适逢生日，但奔波在外他已然忘记，而细心的接待员发现了该客人的特殊日子，不动声色却满怀关切地写信祝福其生日愉快、旅途平安；可以的话，还可送上一份小礼品。当劳顿一天回到酒店的客人看到如此温馨的祝福（礼物），这一小片纸、几句话早已打动客人，让客人铭记在心了。再如，第二次或多次入住酒店的客人，接待员了解他的喜好——因颈椎不好喜欢较硬的荞麦枕，并第一时间提供服务和附信温馨告知，体贴关怀之情怎能不感动客人？业内人都说："服务的最高境界是行动在客人开口之前。"这当中服务信同样能起到事半功倍的作用，让客人一进入酒店就犹如在家一样备受关心，这种用心、用情的服务，会带给客人惊喜和感动。

高尔基曾说："语言不是蜜，但能粘住一切。"信函，是一种无声胜有声的特殊语言，它可以让客人真切感受到服务的真情美、细节美。只要服务中多用心观察，灵活地运用三种信函与客人进行无声的、心灵的沟通交流，把细节服务做到极致，定能打开客人的心扉，让他记住你和你所在的酒店。

（资料来源：浙江永康明珠大酒店，https：//wenku.baidu.com/view/b311f37931b765ce05081405.html。）

相关知识

一、书面沟通的重要性

每个工作在商务活动中的人，特别是随着职位的升高，写作的技巧就显得越发重要。但是酒店经营不是以读者为中心的。大多数的饭店和餐厅都很忙，每天员工都要面对并处理难以避免的棘手场面，会不断地被打扰、接电话，甚至连谈话都使人难以集中精力。因此，涉及与客人书面沟通的主要形式有电子邮件和备忘录。对于客人问题的内部工作沟通主要是以备忘录的形式进行，但这两种书面形式的特点都是短小精悍。

另外，通过写作有效地表达思维是一件大事。清晰、组织性强的写作能力才能体现出作者有条理的思维过程。相反，凌乱的低质量写作只能提醒大家你是一位粗心的、无条理秩序的人。因此你所书写的词语还影响着你的未来。优秀的写作能力能提醒高层管理人员你是个有效率、有条理、头脑清楚的人，并值得提升。

二、书面写作的注意事项

写作前应列出一个提纲，厘清思路，特别是要了解特定的读者或听众。根据对象，设置恰当语气、语言和书写层次。同时还要设置清楚的目标、进行信息取舍、决定信息发送方式。

（一）语法方面

1. 使用习惯性用语

要使用朴实简洁的语言，使用读者熟悉且你本人懂得的字词，遵循约定俗成的语法、拼写、句子结构和标点符号。

2. 多使用活力更强的短句

不是说要全部使用短句，这样会显得乏味。写作中要长短搭配，但是应把句子的长度控制在最多不超过三行。过长句子所含的内容是读者难以全部掌握的。开始写作时就要打破使用“和”“但是”的习惯。

3. 尽量使用主动语态，而非被动语态

主动语态中，动作的发出者是人，能使句子和文章充满生机。被动语态用词过多、听起来官僚气十足而且显得自以为是。当然当动作的承受者比动作的发出者更为重要时，使用被动语态就较为合适。

4. 采用倒置式金字塔写作方式

最重要的信息放在文字的开始，次重要的信息放在后面的段落中，这就类似于新闻报刊的写作方式。你的读者很可能太忙而无暇拜读你的整个作品，所以应直截了当地把最重要的主题和段落放于文章的开头。

5. 使用主题句

每一个段落只涉及一个议题。每段开头都列一个主题句来指出段落的大意。短洁、简单的主题句比复杂、冗长的句子更有活力，更容易被记住。而且，以主题句开始，作者就能有逻辑地书写其他段落。对于读者，一个简洁陈述的主题句能传送清楚及时的信息，因为它能紧扣主题。其他在段落中的句子会以更详细的事实或背景解释来作为主题句的铺垫。每一段的秩序应是：主题句、细节、细节、细节。

（二）内容方面

信件要简单、直接，最重要的是要明白客人对酒店的设施并不感兴趣，他感兴趣的是酒店的产品和服务能否满足他的要求，所以他读酒店的信的唯一原因是他认为这可能会帮助他。例如，对于销售信函，客人也知道他必须为这项服务支付一些费用，所以不要试图隐瞒价格。我们可以采用一些报价方法，如“三明治报价法”，这样就有足够的空间来向他推荐适合他的产品和服务。

（三）格式方面

1. 高质量

在过去，信件往往相当正式，有很多这样的短语“我们向您保证”（We beg to assure you）“随函附上”（I enclose herewith）。现代的趋势是更简单、更口语化的句子，但有一点没有改变，那就是这封信的外观和感觉都应该令人印象深刻。优质的纸张、令人印象深刻的标题、宽大的页边空白和清晰的字体都向收件人传达了一个明确的信息——那就是质量。

2. 个性化

在现代化社会，技术的发展使得通用信函越来越难以显示个性化。所以在你标准化信函中应注意表示出与客人的联系，如“很高兴在上个月的会议上见到您。”同时在签名处，也要展示个性化。你不仅仅是一位职员，更应该是安吉拉或“职员艾伦”或你的全名。无论语气多么友好，信函仍然是一种相对冷淡和正式的沟通方式，所以在信函结尾处应使用你的名字来展示一种友好。

拓展阅读

酒店装修，总经理写给每位入住客人的解释函

March 2007

Dear Guests,

That isn’t the backbeat of a drum, it’s the staccato of a jackhammer. The moment has finally arrived, our long awaited renovation has begun. The scope of the $20+ million renovation includes guestrooms, lobby, mezzanine and restaurant & bar. Sunset View balcony rooms will be enhanced with a ceiling-to-floor view of the Los Angeles Basin. The new “lounge” will redefine classic and hip. The Fitness Center will be relocated to overlook the ever so active Sunset Strip.

The designer is Hal Goldstein of architectural firm Janson Goldstein bringing his modernist design approach to West Hollywood. Past clients include Salvatore Ferragamo，Burberry，Donna Karan，Calvin Klein. His work can be seen locally at the flagship Casa Armani store in Beverly Hills.

Intermittent construction noise may be heard Monday through Friday no earlier than 9am and ending by 6pm. If you have any questions or need any assistance，please touch “0” and ask for the Manager on Duty. Expect to ring in the New Year with a sophisticatedly fresh “Riot House”.

Lynn Jew

General Manager

Hyatt West Hollywood.

三、备忘录

通常人们利用备忘录和电子邮件在行业中传递信息。根据不同目的，备忘录的长短各异，但应牢记尽可能地缩短其篇幅。如同所有写作一样，一个备忘录应清晰、简洁并紧扣主题。备忘录的式样如图 6-1 所示。

备忘录模板

发给：你的读者

发自：你自己

日期：今天

关于：本议题

第一段：列出清晰、直接的主题句。这一段要陈述为什么写作，也要指明读者读后应做什么。

第二段：列出重要论据和细节阐明第一段的论点，或者阐述另一个全新的议题，但要有本段自己的主题句。

第三段：列出次重要的论据和材料来阐述主题，也可阐述不同的议题。

结束段：指明读者反馈的时间、要求对方承诺的行为或重申前面的要求。

改进后的备忘录

发给：全体员工

发自：克里斯·格林

日期：20×× 年 2 月 15 日

关于：工时报表

请牢记使用新的工时报表（附），从 1 月起，财务部已通知用新的单面表格取代旧式的双面工时报表。

正确使用新的工时报表将有助于按时发放员工的工资。请正确完整地填好各位的工时报表，签字后于每星期三下午 3 点之前送交我。

评：该备忘录的优点：

- 重点段置前；
- 紧扣主题；
- 词句易懂；
- 清晰、直接并紧凑；
- 直接传送应做的指令；
- 语气恰当，非正式并礼貌。

图 6-1　备忘录示例

四、电子邮件

（一）书写电子邮件的注意事项

作为负责和有效的电子沟通方式，应遵守电子邮件的一些礼仪原则。

首先不可滥用电子邮件系统中的格式特色。例如，某些发信者部分甚至全部使用大写字母。许多人认为这是粗俗的表现，是通过电子邮件对人叫喊。而且还应记住电子邮件是一种快速反应和迅速流传的媒介。因此你的信息如果要求以长篇和详细的回复书写，最好采用附件方式、面对面的交流，或是电话交流。

机密性是使用电子邮件应注意的另一重要问题。从理论上讲，你的电子邮件在几秒钟内能传遍整个世界，因此，要十分谨慎选择论题和词汇。你还应运用自己的判断力决定谁会收到你的电子邮件。从机密性或坦诚角度来说，电子邮件不是一种良好的媒介，一旦邮件发出，它就失去了控制，许多与邮件接收者无关的人也可能会读到它！

还应意识到电子邮件有着长得使人难以置信的生命周期。虽然你可以删除自己电脑上的邮件，但不意味着与他人的沟通被“去除”或“消失”。一般来讲，被删除的邮件还会在网络中滞留 60 天或更长，而且网络工作人员一般可接触到系统内部的各项文件。

许多电子邮件使用者认为他们发出邮件后能迅速得到回复，这往往是错误的假设。收件人往往要平衡所有工作。为了保证能迅速回复，应在邮件上方的标题线上清晰地注明议题；而且还应确保收件人不仅能通过电子邮件回复你，还能以其他方式回复。在你的邮件结尾，应附上一张“名片”，注上你的全名、工作地址、电话号和传真号。

知识链接

➢ 邮件一定要简洁明了，人们都不喜欢太长的邮件。Keep your message short – people don’t like long email.

➢ 不要使用缩写，除非你很确定对方一定能理解。Do not use abbreviations unless you’re quite sure your reader will understand them.

➢ 只有在特别强调的时候才全部用大写字母。Only use capital letters for

special emphasis.

➢ 不要使用下画线，下画线看起来像一个网址。Do not use underlining. Underlining looks like a hyperlink to a website.

➢ 为了条理清晰，两段之间要空一行。For clarity，put a complete line space between each paragraph.

➢ 确保你的拼写和语法要正确。Make sure your spelling and grammar are reasonably correct.

➢ 如果没有仔细检查过不要随意发送。Never send an e-mail without checking it through carefully.

➢ 确保附上附件。Make sure you have attached attachments before sending the email.

➢ 确保你发对了人。Make sure you're sending it to the right person.

（二）与客人沟通的电子邮件格式及常用语句

电子邮件的写法和备忘录类似，但通常比备忘录要短。如果文件很长，你可用不同标题或副标题把全文分为几个部分。主要有开头（Opening）、写信的原因（Reason for writing）、确认事宜（Request for action）以及结束语（Closing）。

1. 开头

表 6-1 中列出了电子邮件常用的开头语。

表 6-1　电子邮件开头用语示例

中文示例	英文示例
● 感谢您的预约。	● Thank you for ordering from us.
● 关于您的要求，我可以确认的是……	● In reply to your request I can confirm that...
● 感谢您的来信 / 传真。	● Thank you for your recent letter/ fax.
● 感谢您对我们产品的询问。	● Thank you for your enquiry about our products.
● 我此次来信想确认……	● I am writing to enquire whether...
● 就 ×× 事，我们想给您提供以下信息。	● To put you in the picture regarding ××，we would like to give you the following information.

2. 写信的原因

表 6-2 中列出了电子邮件撰写原因常用的语句。

表 6-2　电子邮件撰写原因用语示例

中文示例	英文示例
● 我很抱歉昨天没能接到您的电话。	● I'm sorry I wasn't available to take your call yesterday.
● 今早我打电话给您，但是您不在办公室。	● I tried to phone you this morning but you were out of the office.
● 迟复为歉。不过我是因为和运输部门确认了一些细节才耽误回信的。我现在可以确认您的订单已经在空运途中。两天后应该可以收到。	● I'm sorry for the delay in replying to your email but I needed to check some information with our shipping department. I can now confirm that your order has been shipped by air freight. It should reach you in two days.
● 感谢您的来信。有一点我还是不太明白。麻烦您确认下物品的编号是 ×× 吗？	● Thank you for your e-mail. There is one point I don't quite understand. Can you please confirm that the catalogue number of the item you require is ××?
● 我很抱歉地告知您，我们不得不要取消这次订单。	● I am sorry to inform you that we have to cancel this order.

3. 确认事宜

表 6-3 中列出了电子邮件常用的确认事宜的语句。

表 6-3　电子邮件确认用语示例

中文示例	英文示例
● 如果您有任何疑问，请随时联系我。	● If you have any further questions，please call me or e-mail me.
● 如果我能提供任何帮助，请按以下地址给我邮件。	● If I can help you in any way，please email me at the address below.
● 一有进一步的信息，我会尽快告诉您。	● I will let you know as soon as possible if I have any further news.
● 请确认这些安排是否合适。	● Please confirm that these arrangements are OK.

4. 结束语

表 6-4 中列出了电子邮件常用的结束语。

表 6-4　电子邮件结束语用语示例

中文示例	英文示例
● 希望尽快收到您的回信。	● Looking forward to hearing from you.
● 期待下次在 ××× 和您见面。	● I am looking forward to meeting you on ×××.
● 祝好！	● Regards Sincerely/ Yours truly/ Best wishes！

（三）与客人沟通的电子邮件常见类型

与客人通过电子邮件沟通的常见类型有回复客人的询价、回复客人投诉、客人观光建议、给客人提供到店用车以及各类信息咨询等。

拓展阅读

案例1：客人报价单

Dear ×××,

Greetings from ××× Hotel!

Thank you for your interest at ××× Hotel!

We are pleased to OFFER the hotel accommodation as follows:

Staying period：May 21~22，2022（01 night）

Room Type：One Superior Deluxe Room / Premier Room（Room only）

Room Rate：RMB $ ×××++ per room per night

（The above daily rate is subject to 15% service charge）

The buffet breakfast will be at RMB 118/RMB178+15%.

Please confirm acceptance with guest name & arrival/departure date & arrival flight details on or before April 20，2022（China Local Time，1200）for setting up the booking.

Meanwhile，no booking is holding.

Further information，you can browse on our website：×××

Check in Time：1500 and Check out Time：1100

If the above is required，please advise us by returning email.

To guarantee this booking，we need credit card number.，name of the credit card holder and the expiry date.

Once guaranteed，any date amendment or cancellation must be made 24 hours prior to arrival to avoid any cancellation charge；otherwise，one night room charge will be applied.

We are looking forward to hearing from you soon.

Best Regards.

案例2：回复客人旅游线路咨询

Dear ××，

Greetings form ×× Hotel!

There is Oriental Pearl Tower which is located in Lujiazui Financial Area. It provides an overview of the whole Shanghai city. Besides，if you have enough time for sightseeing，you may go to the Bund. There are many kinds of architectures of old Shanghai.

The Shanghai Museum is in the centre of the People's Square. As there are so many exhibition show of Chinese traditional culture worth seeing，I'm sure it will take you much time in it.

You should not miss the Yu Garden which is located in the Cheng Huang Temple area. After visiting this famous private garden which was built in Ming Dynasty，I suggest that you may try some traditional snack of Shanghai in the Cheng Huang Temple area.

I hope my suggestion is useful to you. And the enclosed is our hotel's address for your reference. Look forward to welcoming you soon.

Best Regards.

任务四　客诉处理

案例导入

20个字讲透什么是酒店服务

酒店的服务是可以通过努力来提升的。服务是客人了解酒店品质的途径之一，给酒店注入灵魂并赋予其生命力。作为职业酒店人对于服务的理解，我想大家都深知其重要性。20个字来谈一谈如何将服务做好。

一、补台不拆台

这五个字主要讲的是互补的重要性。人都会犯错，这一点谁都不会例外。出错后在没有造成影响的前提下，帮助他人弥补这一失误就是补台，而不是对于问题视而不见，因为个人情绪或日常交际的亲疏而犹豫、迟疑，坐等问题出现，那这样的行为就是拆台。如果因为情感原因，造成的影响其实拆的不是同事的台而是酒店的台。

“出现漏订”这种案例虽然不常见但也不稀罕。但对于漏订后的解决就体现出服务的水平了。我经历过这样的一个案例：当天房间不满，一位客人来到前台照例报姓名、查预订。但不知什么原因，这个班次的员工怎么也找不到该订单。客人问其原因，这个员工的回答是：“我刚来接班，这是上一班预订的。”结果可想而知，虽然解决了问题但已经对客人造成了影响。

我在处理这个投诉时，这名员工起初仍然认为自己没错，这个漏订不是我的原因是别人的原因。其实，这个投诉是可以避免的，客人查预订，确认查不到房间又不是满房的状态，完全可以问他预订了什么房间，直接开房就可以了，这样客人也不会觉察到他的预订漏了。至于内部的问题，酒店自行处理就行，完全没有必要讲的话却告知客人引起投诉，这就是典型的拆台。错不在你本人，但思想却是有偏差的，如果思想不改，还会出现问题。经过教育，这名员工了解了错误的原因。

案例中的“我刚来接班”只是经典的推责理由之一，还有“我是新来的”“上次培训我没参加，不知道”等，其实错不在她，但如果思想上的偏差不纠正，出错是必然的。

二、分工不分家

这五个字主要讲的是团队意识。酒店的各个岗位都有其具体的分工，虽然职能的不同把大家分割为各个部门，但在客人眼中酒店上下都是服务的提供者。不能因为超出职能范围内的事就划清界限、事不关己。

酒店的行业特征定性了它就是服务型机构，对于消费者我们不能命令、推诿。最影响客人情绪的事就是等待、推诿、命令。就算客人提出的问题我解决不了，但也要有缓和的办法，将客人的事情办理好，这也是常说的首问负责制。

我曾经提问过一位客房服务员：“你在酒店遇到客人要订餐，怎么办？”她的回答是：“您到餐厅订吧，餐厅的位置在……”其实这个回答已经把分工明确了。“分工不分家”的概念强调的是服务的完整性，无论你是哪个岗位的员工都应该帮助客人完成需求。

三、解释不争辩

作为服务者，我们没有必要在服务的过程中非要分辨对与错。酒店一直提倡一句话：“把对让给客人。”很多时候都是因为误会造成对服务者的误解，那么遇到这样的问题，我们把误会解释开，得理也让人。即使客人嘴上不说，心中也明白你是在为他着想。

曾经，有一位客人在房间将自己的手表弄丢了，他一口咬定就是接待员偷了。最终这块表他忘在了外洗衣物的上衣口袋中。原本事情应该结束了，但是接待员却爆发了，非要让客人道歉，对刚才说的话不依不饶。管理者去处理时，接待员的情绪仍然很激动，她非要在这件事情上分清谁是谁非。即使分清了又能如何呢？客人以后还敢来这里消费吗？解释不争辩，得理也让人，这是雅量也是人生的态度。

四、解决不解释

能够解决的问题，就不要再把时间浪费在解释上，这也是服务的技巧之一。

在有些情况下反而越解释越复杂。我经历过一个案例：有一个客人提前预订了房间，次日早上8:30到。但当日房间全满，客人抵店时，房间未清理出来。当时正好我在总台，我安排客人到堂吧先喝咖啡，这边安排抢房，比客人预计的时间晚了10分钟，客人拿卡时就说："你要注意呀，我提前预订的房间还晚，内部管理要加强呀。"我的回答是："好的先生，一定进行整改，期待您下次体验。"客人离开后，旁边的接待员就说怎么不给客人解释呢？明明是因为客满，他又没交订金，来得那么早。从客人提出的这个问题来看，这个客人是经常住店的，对酒店的程序熟悉，如果给其解释等于否定了他的意见，反而会让他心里不爽，这种问题没有必要解释，有时候客人需要的是我们的一个态度。

客人住店是花钱购买一种幸福的生活方式，我们的目的就是要让他在店期间无论行程上还是心理感受上都是顺畅的，因此，把服务做好是每一个酒店人都要尽到的责任。

（资料来源：https：//mp.weixin.qq.com/s/w35qPfymSyhcn0RrasfPrg。）

相关知识

高度重视客人的投诉，解决客人面临的问题，将不满的客人转变为本企业的忠诚客户，是服务性企业的一项重要工作。

一、客人投诉的主要原因

客人对服务的需求是多种多样、千差万别的，无论酒店的档次多高，设备设施多么先进完善，都不可能百分之百地使客人满意。因此，客人的投诉是不可能完全避免的。客人不满，可能找大堂副理投诉，也可能找前厅接待人员投诉。即使是世界上最负盛名的酒店也会遇到投诉。关键在于酒店要善于把投诉的消极面转化成积极面，通过处理投诉来促使自己不断提高服务质量，还可从投诉中可发现未满足的市场需要，形成新的产品构思和服务设计理念。不满的客人向亲友诉说自己的经历，是对服务性企业极为不利的口头宣传。处理投诉的目的是使因客人投诉而造成的危害降到最低，最终使客人满意。

（一）对设备设施的投诉

这类投诉主要是由于酒店的设施设备等未能满足客人的要求，如空调、照明、供水、供暖、供电、电梯等设备的运转和使用等方面出现问题。设施设备是为客人提供服务的基础，一旦出现故障，会使客人对酒店逐渐失去好感，服务态度再好也无法弥补。尽管酒店都建立了对各类设备的保养、检查、维修制度，但这只能相对减少酒店设施设备的隐患，而不能杜绝设备故障的发生。处理这类投诉时，应立即通知工程部派人实地查看，视具体情况采取相应措施。同时，还应在问题解决后再次与客人联系，以示对客人的尊重。

（二）对服务态度的投诉

此类投诉主要是反映接待人员对客服务过程中态度不佳，具体表现为接待过程中待客不主动、语言生硬、态度冷漠、答复不负责等。

（三）对服务质量的投诉

这类投诉主要反映接待人员违反操作规程、服务效率达不到要求，如递送邮件不及时、接运行李不准时、总机叫醒服务疏漏等。减少此类投诉的方法是：增强接待人员的服务意识、加强有关处理对客关系的培训、强化接待人员的服务技能、提高酒店的管理水平。

（四）对异常事件的投诉

这类投诉往往是由于酒店的原因发生的投诉，如客人保证类订房未得到实现，使客人感觉酒店“言而无信”等。这类投诉所涉及的问题酒店是难以控制的，但客人却希望酒店能够帮助解决。处理此类投诉，应想方设法在力所能及的范围内加以解决，若实在无能为力，应尽力向客人解释，取得客人的谅解。

二、处理客人投诉流程

1. 应该面对客人

停止并离开你正在做的任何事情，面对客人。这向客人表明你关心他 / 她的问题或投诉，并且他 / 她引起了你的全部注意力。对客人来说，没有比向一个心不在焉的人诉说问题更令人烦躁的事了。你必须直视客人，避免同情或生气的姿势，这会使客人更加恼怒。

2. 聆听与理解

保持眼神接触，从头至尾地认真聆听客人的投诉，不要打断或评论。聆听客人，使他 / 她充分表达自身的感受。不论客人是否错怪了你、食物、服务或者酒店，这并不重要，关键是客人正不高兴。因为即使客人是不对的，但他们仍然是客人。与其与客人争辩（如“先生，这不是我的错。It’s not my fault.”），不如向客人表示你理解他 / 她的感受。赢得客人的信任是很重要的，使他 / 她确信你将解决问题。当聆听客人说话时，你可以轻微点头表示你正在聆听，说“我理解您的感觉。”或者：“如果是我也会很生气。”表示你设身处地为客人着想。

3. 记下“真正”的问题

通常客人是事实和情绪相结合地进行表达，真正的问题可能并不清楚。在采取任何措施之前，你必须找到根本原因。为了查清事实，可以问些具体的问题：谁，什么，什么时间及什么地点……例如，你可以说，“先生 / 女士，我想解决问题让您满意。请问是什么打扰了您？”如果问题明确，根据客人已经告诉你的，简单地重复一遍。表示我们已经接收到这个案件，并且展示是否接收信息正确。客人会感到酒店已经意识到问题的严重性，并会解决它，不要给客人留下酒店只是觉得很抱歉的印象。为了确保你清楚地理解客人的意思。你可以说：“×× 先生 / 女士，据我理解，问题是这样的吗？”

4. 立刻行动

员工对问题迅速做出反应，是使一位生气或失望的客人消除疑虑的最好办法。让客人看到你正努力地解决他 / 她的问题是很重要的。这同样也是感谢客人提出问题并且表达歉意的最好机会。应该感谢客人、向客人道歉、让客人放心并使事情好转，而不要去管这是谁的错，对发生的事情而不是客人本身向客人道歉，如：“对给您带来的不便感到非常抱歉。”的效果较之“非常抱歉”要好得多。“非常感谢您提出问题，对给您带来的不便我很抱歉。我会马上解决。请允许我立刻打电话给该部门并且看看我们可以做些什么。”（然后打电话）。

（1）当事情超出你的控制和职责范围时，马上联系其他可以立刻帮助客人的人员。

（2）对不能做到的事不要轻易许诺。在你向客人保证马上解决之前，核查事实并且告诉客人将采取的措施。

5. 确定客人是满意的

追问客人，以确定问题得到完全解决或改正。当客人离开酒店时，你得知了先前发生的问题，你应该给予解释并提供一些理由让客人再次光临。在这种情况下，你可以说：“当您下次光临时，我一定让您满意。”“再次光临”在我们的行业中意味着通向成功的大门，这要求在采取了相应改正步骤之后，客人都能满意地离开酒店。

知识链接

处理客人抱怨的要点

1. 发生了什么事？
2. 事件是何时发生的？
3. 让客人不满的问题在哪？
4. 当时接待客人的接待员是谁？
5. 客人真正不满的原因是什么（菜品、客房、服务、还是另有原因）？
6. 客人是否故意寻衅？
7. 客人希望以什么方式解决？
8. 这位客人是老客人还是新面孔？
9. 记下客人的姓名、联系电话，可做跟踪处理用。

6. 感谢客人的理解

最后要感谢客人对酒店的理解，并及时提供自己的姓名，表示事后会持续关注这件事（“If you have anything I can do for you，please feel free to let me know.”）。

7. 客人事故处理表格

在处理好客人的投诉后，对于每一位客人的问题，都要认真填写“客人事故处理表格”，要按照流程在酒店管理信息系统和工作交接本上中相应输入投诉过程，以备后查。

在工作交接本上要写清楚客人的信息、投诉的信息、解决的状态，以及需要下一班同事配合的状态，如图 6-2 所示。其中，COLOR 颜色代表 NEED F/U，FYI，DONE，ATTEN 的底色。其中 NEED F/U 的全称是 Need For You，底色为淡绿色，意味着需要下一班同事处理。FYI 的全称是 For Your Information，底色为黄色，意味是给下一班同事留的信息。Done 的底色为深绿色，意思是客诉已解决。ATTN 的全称是Attention，底色为粉色，意思是要提请下一班同事注意。如果早班（Morning Shift）后面格子显示淡绿色，就是 NEED F/U；如果中班（Afternoon Shift）后面各自显示黄色，就是 FYI；如果晚班（Night Shift）后面格子显示深绿色，代表 Done，即已经解决。

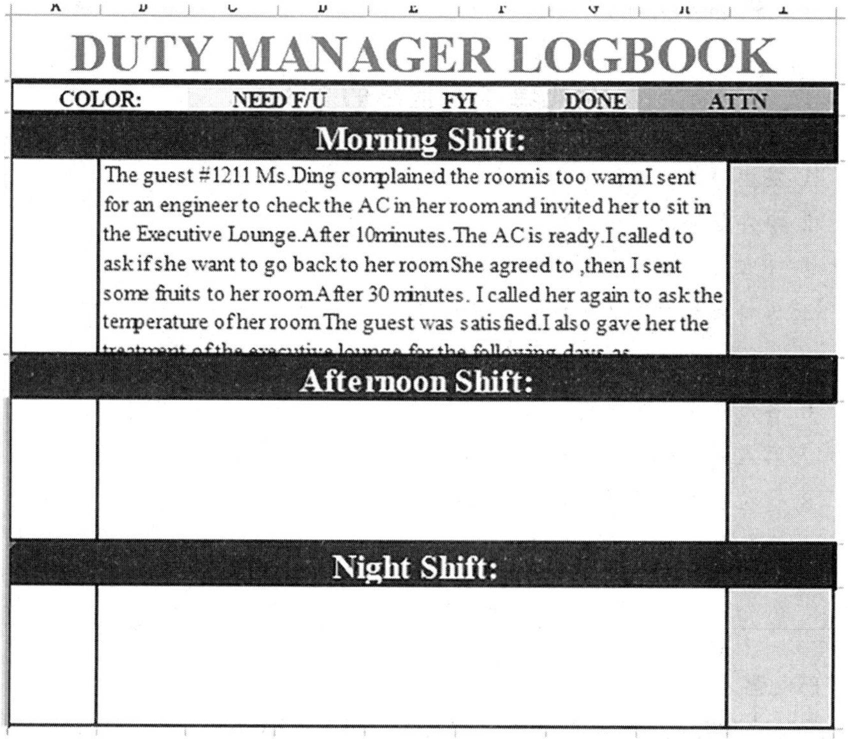

图6-2　工作交接事项

拓展阅读

丽思酒店的“问题解决报告”

我在大阪丽思酒店工作的时候，在处理完投诉、解决完问题之后，要写一个“问题解决报告”，详细记下为什么错误会产生、具体是一个什么样的状况等。

这份报告并不是检讨书之类的东西。写报告书不是为了追究谁犯了错，而是为了思考为什么会发生错误，以后应该怎样避免错误。

为什么要写这样的报告呢？因为我觉得客人的投诉会暴露出我们的问题点，投诉是一个寻求改善的机会。例如，有的客人抱怨房间服务速度太慢，可能是从厨房到餐厅的传达过程中时间损耗太多，也可能是接待员人手不够。知道了这一点，就能重新审视服务流水线，增加人手，以改善服务。

在丽思，我们把错误、麻烦都当作机会，当作创造高品质服务、改善和客人关系的机会。无论是个人还是组织，都应该把错误、麻烦、埋怨看作是“机会”。

如果光觉得“棘手、麻烦”，埋怨并不会消失，也完全不能解决问题，把它看作是机会，就能正面处理，这种态度会使不满减少。

（资料来源：林田正光，刘玮．服务带来奇迹［M］．北京：人民邮电出版社，2007。）

8. 回访

在客人离开酒店之后，前厅部要及时跟进回访。可以采用信函或电话的方式联系客人。一般连锁酒店都会有相关制度，收集整理各家酒店投诉处理记录，用来评估各家酒店的客户关系指标。

拓展阅读

以“谢谢”开始，以“谢谢”结束的道歉信

处理了投诉后，一般要写一封道歉信。说到道歉信，一般是以“多谢您光顾”开始，以“这次十分抱歉”结束。不过，这样好吗？

其实错误和投诉都是“机会”。所以，高质量的道歉信，总是以“谢谢”开始，以“谢谢”结束。我认为，道歉信和感谢信是一样的。所以，道歉信不能以“对不起”结束。当然，该道歉的地方还是要道歉，最后要加上这么一句：“多谢您给我们提出宝贵意见。请您务必再次光临。”

假设自己是客人，看见道歉信写到“对不起”就完了，可能会觉得这家酒店不能再去第二次，对方肯定也不欢迎自己再去。

如果不想和客人再打交道了，那么写到“对不起”也就可以结尾了。如果还想继续保持关系，甚至想跟客人保持更好的关系，我认为还是以“谢谢”结束比较好。

正如江泽先生所说，让投诉的客人感到“下次不好意思去”的话，这段关系也就结束了。

有很多客人最初对我提过意见，但我最后都渐渐把他们变成了常客。提意见的客人，当你为他提供了更好的服务时，多半会跟朋友和认识的人宣传。

从这一点来说，给客人写的道歉信，必须为下次服务打好基础。

（资料来源：林田正光，刘玮．服务带来奇迹［M］．北京：人民邮电出版社，2007.）

三、客诉处理案例

（一）投诉案例一

1. 投诉事由

一位客人来到前台，在办理入住手续时向接待员提出房价七折的要求。按酒店规定，只向住房六次以上的常住客提供七折优惠。这位客人声称自己也曾多次住店，接待员马上在电脑上查找核对，结果没有发现这位先生名字，当接待员把调查结果当众道出时，这位先生顿时愤怒起来。此时正值前台入住登记高峰期，由于他的恼怒、叫喊，引来了许多不明事由者好奇的目光。①

2. 评析

处理类似事件时应按以下几点进行。

（1）前台接待人员遇到这种情况，应及时请示部门经理，不宜当众揭穿客人的谎言，避免客人当众难堪、恼羞成怒。

（2）前厅经理或前厅管理人员应将客人带离现场或请客人到茶座、酒吧小坐。

（3）应先听取客人意见，然后再做细致耐心的疏导工作。

① http：// www.skylakes.com.cn，北海旅游之窗。

（4）坚持酒店规定七折优惠的条件，但对这位客人想要享受优惠的心情，表示理解和同情。

（5）在酒店内部规定的允许范围内，对这位客人给予适当的照顾和帮助。

（6）对客人能够理解、支持酒店的规章制度，表示诚挚的谢意。

接待人员在处理类似问题时要特别注意的是：凡通过电脑核查出的结果不宜张扬。特别是对不符合优惠条件的客人，要由专人个别处理，避免不愉快的发生。

（二）投诉案例二

1. 投诉事由

两位客人在前台投诉餐厅和客房。Two guests complain about the restaurant at the Front Desk.

Guest1：I wonder how your hotel can afford to employ such a rude waiter in the restaurant. He will ruin the reputation of your hotel.

Receptionist：I am very sorry，sir. I will contact the Food and Beverage Manager and inform him. I'm sure he'll deal with it. May I have your name and room number please.

Guest1：Smith，Room 707.

Receptionist：Mr. Smith，please accept my apologies on behalf of the hotel. Our Food and Beverage Manager，Mr. Chan，will be in touch with you. Can I be of any further assistance?

Guest 1：Not for the moment，thank you.

About the room

Guest 2：I didn't sleep a wink last night. The people next door were having a party.

Receptionist：I am sorry. I do wish you had let the Assistant Manager know at once.

Guest 2：I hung out the "Do Not Disturb" sign. It was no use.

Receptionist：The sign is only to keep out our staff，sir.

Guest 2：Well，I'm moving out to another hotel.

Receptionist：Oh，please don't do that，sir. May we offer you another room.

Guest 2：I'll accept your offer if you guarantee it is quiet.

Receptionist：I'm afraid I cannot guarantee，sir. But please let us know immediately if there is any further disturbance.

Guest 2：I'll do that. Thanks.

Receptionist：Your new room number is 1807. Would you like me to arrange the move?

Guest 2：Thank you for being so understanding.

Receptionist：Don't mention it. My pleasure. And have a good rest，sir.

2. 评析

（1）Don't be on the defensive，but don't admit too much. The hotel could be sued. 不要为自己辩护，也不要完全承认错误。这可能令到酒店被诉。

① Apologize and take action（e.g. inform the appropriate person）. 道歉后，便应立即采取行动补救（例如通知有关人士）。

②"I'm very sorry，sir. I will inform the Food & Beverage Manager，so he can contact you about the incident."“先生，对不起，我会通知我们餐饮部经理，就此事和您联络。”

③ Please accept my apologies on behalf of the hotel.“请接受我代表酒店向您道歉。”

④"Can I be of further assistance?"“我可为阁下进一步效劳吗？”

（2）Show sympathy. 表示同情。

"Have a good rest，sir."“先生，请好好休息。”

（3）Protect yourself. 保护自己。

"I'm afraid I cannot guarantee it，sir."“先生，我恐怕不能提供保证。”

（4）Always let the guest know he should have complained at once. 常让客人知道，遇事应立即投诉。

①"I do wish you had let us know earlier，sir."“先生，我真希望您早些通知了我们。”

②"Please promise to let us know immediately，madam."“小姐，请答应下次立即通知我们。”

（5）When guests thank you，say：当客人多谢你时，应说：

①"Don't mention it. My pleasure."“请不要客气，我乐于效劳。”

②"You are very welcome，sir."“先生，欢迎之至。”

③"Not at all- thank you."“不客气，谢谢。”

实战演练

3~5 位同学组成一个小组。以小组为单位，完成以下工作（具体工作流程和评价标准可参考本书附录 A）。

一、就以下场景，撰写回复客人的邮件

场景一：美国客人从未到过上海，想在住店期间参观上海的著名景点。请以电子邮件的形式给客人提供建议。

场景二：客人发传真预订，但是由于酒店的疏忽，未能及时确认客人的预订，导致客人到前台后无房可住。客人为此投诉。请用电子邮件的形式，回应客人的投诉，并提供相关的解决方案。

场景三：客人提出要接送机服务。请用电子邮件的形式，回复客人的要求。

场景四：客人询问机场到酒店的距离。请用电子邮件的形式，回复客人的要求。

二、完成以下客诉的练习

客人投诉信件一：

Dear Sir,

I am writing to you concerning my recent stay at your hotel. My wife and I arrived on Saturday 15th May and stayed for a week. Although we were treated well and found the service and your staff excellent, there are one or two matters which we feel we should bring to your attention.

Firstly, we had hoped for a complete break from our busy work lives, and indeed your advertisement promised "peace and quiet" and the chance to relax. However, we were surprised to find that there was a lot of noisy building work. I understand that repairs are sometimes needed, but is it really necessary to start at seven o'clock in the morning?

Secondly, we had hoped: to make use of the luxurious pool. To our astonishment, we found that this was closed for the entire period of our stay. I hope you do not mind me writing to you about these things, but I would be grateful if you could give me some explanation. As I said at the start, it is a pity when your service is so excellent in other areas.

I look forward to hearing from you.

Yours faithfully,

Hactor Bradley

客人投诉信件二：

Dear Sir,

I recently had the bad luck to stay in your hotel, and I am now forced to write to you to express my disgust with the service you provided.

From the moment I arrived I was treated in an unfriendly manner. I also found that the promises you made in your advertisement were not true. The hotel was not relaxing–it was noisy and uncomfortable. The restaurant was not romantic, and indeed it was hardly a restaurant, as it offered very little variety of food.

Furthermore, there was no transport into town.When I complained about this I was simply told there was a bus strike. Surely you could have provided a taxi service for your guests.

I am a fairly reasonable man, and I am quite prepared to put up with a little inconvenience, but this was too much for me. If I do not receive a satisfactory explanation and appropriate compensation, I shall be forced to take the matter further.

I am sending a copy of this letter to my solicitor and to the local tourist board.

Yours faithfully

P Pryke

1. Questions

(1) Who is the letter from?

(2) What is the writer complaining about?

(3) Was there anything positive?

(4) What action does the writer want the hotel to take?

(5) What is the tone of the letter?

(6) Underline expressions used to complain.

2. Writing

You are the manager of The Country Village Hotel, and you must reply to the unhappy guests. You don't want to make excuses but you know there were reasons why the things promised in the advertisement did not happen. Here are your notes:

Problem	Reasons
Swimming-pool closed	Essential maintenance due to damage to pump system
Incomplete restaurant service	Head chef had to go to hospital suddenly
Noisy building work	Building new recreation center (and this is least busy time of year)
services	Bus strike

Write a letter to one of the guests apologizing for the difficulties they had, and explaining the reasons. If you want to, you can offer some compensation. Follow this structure:

Paragraph 1: Thank the writer for the letter. Make general apology.

Paragraph 2: Make specific apology and give explanation/reasons for each complaint.

Paragraph 3: Offer some compensation (if you want).

Paragraph 4: Repeat general apology and make closing remarks.

Here are some expressions which may be useful:

Thank you for...

I was sorry to bear...

I would like to explain...

I can assure you...

As a sign of our concern，we would like to offer...

I hope...

Please accept...

项目七

前台销售技巧

学习目标

知识目标：

1. 了解前台销售的重要性。
2. 理解提升出租率和平均房价对提高酒店营收的意义。
3. 了解超额预订的原理。
4. 理解应到未到客人对酒店营收的影响。
5. 了解升档销售。

技能目标：

1. 能够掌握并熟练掌握提升出租率和平均房价的前台销售技巧。
2. 能够运用超额预订的方法来提高酒店的出租率。
3. 能够处理超额预订可能带来的客人无房可住的状况。
4. 能够运用升档销售的方法来提高酒店营收。

任务一　了解前台销售

案例导入

提高客房收入通常被视为一个营销和销售问题。然而，前台员工可以采取一些措施来增加收入。这里要掌握的基本点是，增加收入有两种方式：一种是吸引更多的客户；另一种是说服每个客户支付更多。

为了说明这一点，举例如下：假设一家酒店拥有 100 张床位，平均房价为 50 美元，平均年入住率为 70%。酒店平均每晚住宿收入为：

$$70\% \times 100 \times \$50=\$3500$$

现在，让我们假设我们可以以某种方式再增加 7% 的入住率。这些数字现在变成了：

$$77\% \times 100 \times \$50=\$3850$$

或者，让我们假设可以说服每位客人多付 5 美元。然后收入数字会变成：

$$70\% \times 100 \times \$55=\$3850$$

这个例子可能有些不可思议，但它确实强调了增加收入的两种方法，而且将它们结合起来会产生更好的结果。如果我们能按这些比例增加入住率和平均支出，那么收入将是：

$$77\% \times 100 \times \$55= \$4235$$

那么，接下来让我们看看前厅接待员在这些方面能做些什么。

相关知识

酒店客房出租所涉及的大部分费用都是固定的，因此，一旦销售额超过盈亏平衡点，从酒店的角度来看，这笔额外收入实际上就是净利润。这意味着，在有大量可变成本的地方，为创造额外客房收入所付出的努力，比为销售酒类或食品所付出的同等努力更有价值。当然，在餐饮方面也能产生额外的住宿收入，但事实是，在许多酒店中，酒吧和餐厅通常只做盈亏平衡，而真正产生利润的是客房部。从酒店客房销售工作的职责来说，尽管有主次之分、专职与兼职之分，但是销售工作的全员性是毫无疑问的。通过"案例导入"可以看出，前厅接待员不仅仅是接受客人的预订、安排房间，还要善于推销客房以及其他产品，也可以在提高出租率和平均房价上做出一些努力，通过增加净利润，来提高酒店的整体营业收入。

要做到这一点，首先，酒店接待员需要全面了解并掌握酒店的基本情况及产品的特点，包括酒店所处的地理位置及交通情况；酒店建筑、装饰、布草的风格与特点；酒店服务产品的构成、价格及酒店产品的特点；熟悉不同规格的客房，包括面积、色调、朝向、功能、所处的楼层、功施设备和家具配置特色等，以及餐饮、娱乐等方面服务设施的位置、特点等，加深对酒店产品的感性认识。其次，接受推销知识、技巧方面的培训，懂得在预订过程中向谁推销、推销什么以及如何推销等，并且不失时机地主动宣传和询问客人是否需要接机、订餐、订票等特殊要求，这样既能主动服务和推销，又能使客人加深对酒店其他服务产品的进一步了解，这需要具有向客人描述全方位体验的能力。最后，接受专业技能方面的培训，包括熟练掌握服务程序、设备使用、礼貌用语、外语口语和听力等方面的岗位知识与技能，以及如何利用电话进行推销、控制谈话节奏、讲话技巧等。另外，酒店还应建立有效的、针对预订管理工作及业绩考核的相应制度等。

一、提高出租率

尽管前厅部与酒店销售部吸引客人的主要方式（如广告和直销）不同，但这并不意味着前厅接待员完全没有增加出租率的空间。前厅接待员可以在以下方面努力提高酒店的出租率。

（一）处理预订

前台电话是客人获取酒店一手信息的渠道，不管是协议客人、团队客人还是OTA 客人，多多少少都会打电话到酒店前台。

1. 一分钟内响应咨询

许多酒店对前台要求：左手接听电话，电话响铃 3 次内要用清晰礼貌的声音接听。除了电话咨询，下面这两类渠道的咨询也要注意。

（1）OTA 在线咨询：平台在线咨询，客人通过 App 向酒店咨询，前台电脑需保持打开网页状态或手机打开提醒通知。

（2）前台微信咨询：部分客人会通过个人微信跟前台订房，收到消息后，前台也要第一时间回复。

建议前台在 30~60 秒内回复客人，回复咨询速度越快，订单成交率往往越高。

如果因客观原因没有及时接起电话，或超出 3 分钟才回复在线咨询，要记得向客人致以歉意：“很抱歉，让您久等了！”

2. 熟悉酒店产品

许多客人打电话或在线咨询，是为了进一步了解酒店产品及周边环境信息，前台要保证“有问必答”。

（1）了解酒店及周边。前台要了解酒店房型特点、价格政策、设施服务、娱乐项目、周边景点玩乐、交通路线等，常见的咨询问题可编辑成手册，供前台使用。前台对酒店产品的熟悉程度，往往直接影响客人对酒店的第一印象。例如，你收到莫里森夫妇的预订请求，他们想要在某月 3 日和 4 日晚上住一间双床房。一名没有经验的职员很可能会说：“对不起，我们这两个晚上双床间已售完。”但是，一名更有经验的职员会悄悄地把一个双床间的房间换掉，让 102 房间为莫里森一家腾出两个晚上。如果酒店的单人房太少、双床间多，前台也可以通过劝说单身人士入住双人间来增加酒店的出租率，如会议客人。

（2）掌握各售卖渠道。酒店销售部门在各个渠道的售卖价格、产品、政策可能有差异，接待员要跟销售人员保持信息同步，保证准确答复各个渠道的客人。

销售部门在各个渠道做的营销活动，如预售，尽管很多接待员接触不多，但是前台要跟销售了解清楚，预售订单怎么查询、如何核销预售券等。

（3）个性化对客推销。不同类型客人对酒店关注点不同，接待员要观察与分析客户心理，有针对性地去推销，转化客人预订。沟通过程中，要向客人了解他的出游类型、出行人数、关注重点等，针对性地宣传符合他品位的酒店亮点。例如，对于家里分居的老年夫妇提出两个单人间，而不是一个双床间的建议。

拓展阅读

客人：从酒店去迪士尼乐园有多远？

接待员从声音判断，这是一位中年客人，可能会带孩子，于是答复道：酒店离迪士尼2公里左右，您是跟家人一起吗？

客人：是的，两个大人一个小孩。

接待员判断，这位客人应该是带孩子住酒店，想第二天早上去迪士尼，肯定对交通很关注。

接待员：好的呢，我们酒店从早上7点半开始免费提供到迪士尼的班车，带小朋友住我们酒店很方便。

客人：好，那你们的大床房是什么价格？

（资料来源：https：//mp.weixin.qq.com/s/DEX_PgeQDlM0h59RIdByWQ。）

（二）处理查询

对于打电话咨询房型房价的客人，不要仅仅回复："抱歉，我们已经客满了。"我们要仔细考虑酒店没有别的产品可以提供了吗？对于此类问题，我们回答的优先顺序如下。

1. 提供不同类型的房间

如果客人需要的单人间已经满房，你可以建议一个双人间。必要时，还可以适度提供一些折扣。

2. 建议另一个日期

除了一些有固定时间的商务会议等，其实很多客人的出行时间还是非常灵活的，可以对入住时间进行前后的调整。只要有 10% 的客人愿意调整入住时间，酒店的出租率将极大地提高。

3. 推荐集团里的其他酒店

如果以上二条都行不通，那么可以建议客人入住本集团在一个区域内的酒店。

4. 建议另一家酒店

如果你不能把打电话的人安排到自己集团的其他酒店，那就试试其他品牌的酒店。假日酒店的创始人凯蒙斯·威尔逊不允许他的经理张贴“酒店客满”的标志。相反，他要求他们在附近的一家酒店安置多出的客人。正如他所说，假日酒店因此结交了两个朋友—— 一个是旅行者，他很可能会再次回到假日酒店；另一个是竞争对手，他们更有可能在未来将其多出的客人转移到假日酒店。

（三）回头客

前厅部员工可以帮助酒店提高出租率的另一个非常重要的方式是尝试增加回头客。显然，客人在当前入住期间一定对酒店很满意，否则他回来的可能性很小。

如果一切顺利的话，离开的那一刻是尝试未来销售的好时机。许多酒店忽视了这个机会，但有充分的理由尝试利用它。酒店的销售部在营销方面面临的一个主要问题是，很少能够进行面对面的销售，因为预订通常是通过电话提前安排的，而且通常是通过某种类型的代理进行的。永远不要忘记，酒店的客人是未来的潜在客户。有人来过酒店一次，很可能会来两次，如果你的酒店适合他，那就应该再来一次。

还有另一个更微妙的问题：酒店是“家”，而且客人远行往往是一段不太舒服的时间——客人可能必须再次出发进入寒冷、不友好的世界，而在这个时刻，他可能特别愿意接受你希望再次见到他建议。接待员可以问：“您在这里过得愉快吗？”如果你得到了肯定的答案，你会继续问：“您下次还会回来吗？我们可以做预订。”即使只有几位客人能当场给你一个明确的答案，但你也已经把这个想法植入了这些客人的脑海中。最终，这些想法很可能会发展成真实的预订。

（四）应到未到的客人

与不断增加的入住率相关的最困难和最具争议的问题是：我们该如何应对“应

到未到”造成的问题。这些人先是预订，然后又无故不来。早退也有同样的影响，不过从酒店的角度来看，早退并不是那么严重，因为这个问题往往会在凌晨而不是深夜发生，这样就还有更多的机会进行预订。

让我们通过一个例子来检验应到未到客人带来的影响。假设一家酒店有 60 间客房，在 2022 年 5 月（31 天）平均每晚房价为 40 美元，预订率为 90%，但其中应到未到的客人比率为 10%，实际到店的客人只有 80%，那这段时间的客房收入是多少？酒店应如何增加收入？

换言之，即每晚约有 6 位客人会失约，这对客房收入的影响很容易计算。这一个月中实际客房住宿总数为 1488 间夜，收益为 59520 美元。然而，如果所有预订的人都来了，你将有 1674 个间夜，收益为 66960 美元，这里就有 7440 美元的差额。

这是一笔巨大的损失（尤其是对于一家相对较小的酒店）。如果你是前台经理，不应该为此感到高兴。但是能做些什么来减少应到未到客人的影响呢？有几种替代方法，让我们依次考虑每种方法。

1. 减少应到未到数量

一方面，前台员工应该检查客人的住宿情况，并通过信件、电话或任何其他合适的媒介去“追查”任何未经确认的预订。这对团体来说尤其重要，但确实适用于任何人。另一方面，酒店应确保其标准预订合同中有一条规定：除非另有约定，否则客房只能保留到指定时间，通常是下午 6 点。这并不一定会减少总的应到未到的房间数，但确实能让酒店及时识别他们，采取一些补救措施，从而减少他们的影响。

2. 施加经济处罚

正如我们在查看提前预订时所看到的，信用卡预订是有保证的（即使客人没有入住，酒店也能收取房费）。然而，仍然会在餐饮和其他额外费用上有损失。而且，有些客人会使用其他付款方式。原则上，如果酒店未能重新出租房间（在做出合理努力后），可以起诉未入住酒店的客人违反合同。但这通常是困难的，因为客人来自遥远的地方，而且由于金额相对较小，因此效率低下。然而，仍然值得发送一封请求赔偿的信函；即使是一些有利的回应也足以弥补邮资成本，而且它确实会阻止今后再次发生此类事件。酒店总是可以要求客人先支付押金，不仅是因为它可以弥补酒店在没有入住的情况下的损失（通常只占最终账单的一部分），而是因为它能让潜在的没有入住的客人在预订时三思而后行。

3. 寻找最后一分钟的替代预订

应到未到客人的数量往往会随着需求的增加而增加，因为聪明的客人知道：在高峰时段最后一分钟预订可能很困难。一种方法是列出等待名单：在酒店预订满房后，还可能会继续收到客人订房要求，试着说，“非常抱歉，我们目前没有该日期的空缺，但如果您留下您的电话号码，我们会尽快回复您。”有可能无法做到这一点，即使你能做到，客人也可能在其他地方订好了房间，但打电话给他表明你既高效又有礼貌，这可能会导致他在未来有需求时首先联系你。在任何情况下，你都应该能够从 20 个左右的候补名单中填满两三个房间。另一种方法是和第三方订房机构或旅游机构保持联系，如航空公司和商业酒店的预订机构，以及当地的旅游信息办公室，让他们把客源推荐给你。这些组织的作用之一是让潜在的客人与当地酒店取得联系。事实上，很多客人会一直联系这些机构，直到预订成功为止。

4. 超售

这是减少应到未到客人影响的最重要方式。我们将在下一个任务中详细讲述。

二、提高平均房价

第二种可能增加收入的方法是让客人花更多的钱。由于我们不仅要关心客房收入，还要考虑前台如何帮助推广酒店的其他服务和设施，尽管这也是工作的一个重要部分，但我们也会忽略增加平均支出的最明显方式其实是提高房价。销售住宿产品与销售任何其他产品非常相似，以下有一些简单的技巧我们应该记住（没有特定的顺序）。

（一）推销宾至如归的服务

这包括使用适当的肢体语言，包括微笑。你必须让你的客户喜欢你，最简单的方法就是表明你喜欢他们。还包括大量的眼神交流，这表明你关心他们的感受。更要记住：无论你说的是不是真话，你的肢体语言都能传达出来。在大多数文化中，张开双手和清晰、稳定的凝视意味着信任，而侧视和手向嘴的紧张动作则意味着口是心非。

（二）使用客人的名字

人们对“先生”或“夫人”的反应很好，因为这些词相当客观。称呼某人的名字（如“约翰逊先生”）仍然表示尊重，但增加了一些个人的认可。无论你做什么，都不要用他们的房间号来称呼他们（如“哦，您是 447 号房的客人！”）。

（三）销售价值

在销售客房的过程中，应该强调的是客房的价值（主要指客房的使用价值，包括有形和无形的价值），而不是价格。价值的大小通过价格来反映，它们之间呈正比例的关系。只有价值与价格相对平衡时，才能是公道合理，买卖双方才能成交。例如，在与客人洽谈过程中，不要简单地说："我们有一些45美元的单人间……（We have some singles room at $45...）"。而应根据客人及客房的特点，在推销客房时应加上适当的描述（指价值），介绍客房的自然状况，如具有民族特色或地方特色、能看到美妙景色、安静、在顶层等。"我们45美元的房型有一些非常舒适的单人房：都有浴室和卫生间，而且可以欣赏到湖景……（We have some very comfortable singles at $45：they all have baths and toilets en suite and excellent views of the lake...）"我们总能找到一些酒店设施的优点推荐给客人。除此之外，我们还应该强调客房给客人本身带来的好处。例如，"孩子与您同住一套连通房，您可以不必为他担心。""由于这间房间很安静，您可以好好休息，不受干扰。"

（四）带客人看房间

现在大部分酒店每天都会安排2~3间不同房型的"Show Room"（展示房间）。若可能的话，可以直接带客人去房间，向他们展示客房的设施。通常，客人看到更好的房间，他们就会同意购买一间更贵的房间。当然若在网络上，则可以展示一些酒店的客房照片，而电话订房时则依靠接待员的描述能力。

（五）采用"三明治"报价法

这里"三明治"不是客房送餐的可以吃的"三明治"，而是一个用来描述销售人员在两个好消息之间插入一个不受欢迎消息的技巧的术语。在大多数情况下，不受欢迎的消息是价格。"好"的部分几乎可以是任何能让潜在客人感觉更好或让他有理由花那么多钱的东西。例如，"单人间，先生？是的，我们确实有很多单人间。大一点的售价为$45，但它们都有浴室和卫生间，而且还能欣赏到湖景……（Singles，sir? Yes，we do have a number of singles available. The larger ones are priced at $45，but they all have baths and toilets en suite and they also have excellent views of the lake...）。"这种方法从2~3个积极的方面开始，然后是（大概）不受欢迎的消息，房间的价格是$45，但立即给出一些原因。

（六）高价出售

假设酒店有两个级别的单人间，一个便宜一点的 30 美元，另一个好一点的 45 美元。如果有人打电话询问价格，不要像很多店员那样说“我们 30 美元的有一些，45 美元的有一些……”这样的话，你就是在告诉客人，他可以付 30 美元享用酒店的所有公共设施。一旦你表明了最低价格，就很难说服客户向上移动，但是从贵往便宜就比较容易。所以刚开始先介绍价格贵一些房间的优点。如果来电者的语气显得犹疑不定时，例如“哦，我也不知道……（Well，I don't know……）”，你可以继续介绍，“当然，我们也有稍小一些的房间，售价 $30。它们没有浴室或卫生间，但他们有淋浴间，也非常舒适……（Of course，we also have some slightly smaller rooms at $30 each. They don't have baths or toilets en suite，but they do have a shower cubicle and they're very comfortable.）。”

（七）假设潜在的客人想住你的酒店

通过巧妙地“轻推”来电者，可以将询问转化为预订，这样他就可以从一个未承诺的立场转移到一个几乎在没有意识到已经做出决定的情况下确认预订的立场。

接待员：我是特蕾西，斯莫林酒店。有什么可以帮忙吗？（Smoothline Hotel，Tracy speaking. How may I help you？）

客人：我想知道你们是否有一间单人房，住两晚，下周二到。（I'm wondering if you have a single room for two nights，arriving next Tuesday.）

接待员：我查一下，先生。请问您叫什么名字？（I'll check，sir. What name is it，please？）

客人：约翰逊先生。（Mr. Johnson.）

接待员：谢谢您，约翰逊先生。我一会儿就来。（停顿）您好，约翰逊先生，是的，我们确实有空房间。房价是 45 美元，房间里有浴室和卫生间，还能看到湖景……可以接受吗？（Thank you，Mr. Johnson. I wont be a moment. Hello，Mr. Johnson，yes，we do have a room available. The rate rate is $45 and the room has a bath and toilet and an excellent view of the lake... Would that be acceptable？）

客人：呃，是的。（Er，yes.）

接待员：约翰逊先生，您什么时候到？（What time will you be arriving，Mr. Johnson？）

客人：呃，大概六点半吧。如果我在高速公路上被耽搁的话，也许会晚一点。（Er，about half past six I should think. Maybe a little later if I get held up on the motorway.）

接待员：没问题，约翰逊先生。我认为可能会晚一点到。您能给我一个电话号码吗，以防万一？（No problem，Mr. Johnson. I'll put it down as a possible late arrival. Could you give me a telephone number，just in case?）

客人：嗯，我的……我的电话号码是 ××××。（Well，my... my work number is ××××.）

接待员：谢谢您，约翰逊先生。您的地址呢？（Thank you，Mr. Johnson. And your address?）

客人：呃，我的地址……（Er，my address is...）

接待员：非常感谢，约翰逊先生。这是下周二的临时单人预订，可能会晚一点到达。您能在那之前帮我们确认一下吗？（Thank you very much，Mr Johnson. That's provisional single booking for Tuesday next，possibly arriving a little late. Can you confirm that for us before then?）

客人：嗯，是的，我想是的。（Well，yes，I suppose so.）

接待员：好的，约翰逊先生。那我们期待着见到您。（Fine，Mr. Johnson. We'll look forward to seeing you，then.）

希望这能显示出一个模糊的问询是如何被轻轻但坚定地“推动”为预订的。接待员以一个相对中立的问题开始（请问他叫什么名字？），然后从这一点开始（尽可能多地使用打电话人名字）描述房间（注意“三明治”的用法以及她如何“卖得很高”：如果打电话的人听起来对价格有疑问，她可以很快提到便宜的单人房）。接下来是更为深入的问题（“那可以接受吗？”和“您什么时候到？”），此时仔细使用条件时态。因为打电话的人透露越来越多的信息。接待员继续促成成交，即简要总结合同的细节，并明确表示她希望打电话的人履行合同。这些技巧使客人注意到酒店提供的优越设施，并让他相信这些设施配得上所花的房费。

当然，我们在提高平均房价的同时，还可以加强推销酒店的其他产品。这可以使客人感到酒店产品的综合性与完整性。因为客人住店，不仅仅是为了满足其休息的生理需要，往往还有其他方面的需要，如餐馆设施与特色、会议设施、娱乐设施、商务中心等，这也有助于提高酒店综合的经济效益。

最后，成功销售的基础很简单：了解你的产品、信任你的产品。

● 拓展阅读

15个酒店销售小技巧，值得学习

竞争加剧的时代，客人“下次再来”的多寡，决定着酒店的业绩，让我们从细节做起，用心做起。我们收集了15个简单的销售技巧，可以让消费者成为回头客。

1. 你就是酒店

对于客人来讲，直接接触的是你，你就是酒店的代表，所以不可以把问题推给别人。若客人真的还需要同其他人谈，那也不要把他推给一个你没有事先通知的人，而要亲自把你的同事介绍给客人，同时应给客人一句安心的话：“若他还是不能令您满意，请尽管来找我。”

2. 永远把自己放在客人的位置上

你希望如何被对待？上次你自己遇到的问题是如何得到满意解决的？把自己摆在客人的位置上，你会找到解决此类投诉问题的最佳方法。

3. 适用于任何情况下的词语

（1）不要说“我做不到”，而要使用一些肯定的话，例如：“我将尽力”。

（2）永远不要说“这是个问题”，而说“肯定会有办法的”。

（3）如客人向你要求一些根本不可能做到的事情该怎么办？很简单：从客人的角度出发，并试着这样说：“这不符合我们公司的常规，但让我们尽力去找其他的解决办法。”

4. 多说“我们”少说“我”

营销人员在说“我们”时会给对方一种心理的暗示：我和消费者是在一起的，是站在消费者的角度想问题，虽然它只比“我”多了一个字，但却多了几分亲近。

5. 表现出你有足够的时间

虽然你已超负荷，老板或者上司又在监督你，但千万不要在客人面前表现出你没有时间给他。用一种轻松的语调和耐心的态度对待他，这是让客人感到满意的最佳方法，即使是你不能马上满足他的要求。若客人感到你会努力帮他，即使要等很久才能满足他的要求，但甚至到最后真的帮不到他，他也会很高兴的。

6. 在与客人交谈时不接电话

营销员在接待客人时，最好不要接听电话，就算你有礼貌地征得了对方同意，客人也会在心底泛起：“好像电话里的人比我更重要，为什么他会讲那么久”的想法。所以营销人员在接待客人时，绝不要接电话。如实在打电话的是重要人物，也要接了后迅速挂断，等接待完客人后再打过去。

7. 不要放弃任何一个不满意的客人

一名优秀的营销人员非常明白：消费者的主意总是变来变去的，问他的喜好，把所有的项目介绍给他可能都是白费；刚刚和他取得一致意见，他可能马上就变了主意要消费另一种项目。

向客人提供服务也是一样的：有时，5 分钟的谈话就足以使一个牢骚满腹并威胁要到你竞争对手那里去的客人平静下来，并接受在你的酒店消费。

8. 花更大力气在那些不满的客人身上

“谢谢您通知我”，面对一个抱怨的客人应这样回答。在对你的酒店不满的消费者当中，只有 10% 的人什么也不说，但将来仍然会来同你做生意！相反，90% 的客人则投诉或者反馈他们的不满意，并最终得到了补偿和满意的服务，他们将仍是你的客人。

客人提出他们的要求的时候，也是处理酒店和消费者关系的重要时刻。若处理得好，则更容易让客人信任酒店，所以，一定要让客人在出现问题时能够很容易地联系到你，他们找你的次数越多，你就有更多的机会留住他们，让他们成为你的老客人。

9. 不要怕说对不起

当客人讲述他们的问题时，他们等待的是富有人情味的明确反应，表明你理解他们。若你直接面对客人的投诉，最好首先表示你的歉意，若要以个人的名义道歉的话，就要表现得更加真诚。然后明确告诉客人你将尽你个人的一切努力帮他，直到他满意为止。

10. 不要缩小客人的问题

面对问题，千万不要说“我根本没听过”或“这是第一次出现此类问题”，这种处理方式只会对你的客人产生极差的效果。可以跟他讲问题并不严重，这只是一个小问题，这么说根本于事无补，还会有损酒店形象。

每位客人都希望得到你的重视和注意，他们认为你所受的培训及所获得的经验只有一个目的：留意他并帮他解决问题，那么何不做给他看。

（资料来源：https：//mp.weixin.qq.com/s/yy_f0W9aZk7nLKFSoFs0wA。）

任务二 超额预订

案例导入

在现实经营中，由于客人的旅行计划受到多种因素的制约，如自己或家庭成员身体不适、公司计划改变、恶劣天气的影响等，这些因素会使客人延迟入住、临时取消订房或提前退房等，这些情况是不可避免的。但是这些情况会导致酒店空房增加、收入减少。如果不采取措施，让其长年累月反复发生，酒店将遭受很大损失。下面以300间客房的×××酒店为例，来说明该情况（见表7–1）。

表7–1 XXX酒店客房收入损失分析

分析项目 / 星期	星期一	星期二	星期三	星期四
平均客房出租率（%）	96	95	96	95
平均损失的客房入住率（%）	4	5	4	5
平均每周客房空置数量	12	15	12	15
一年中客房空置的周数	22	45	38	25
一年中客房空置总数	264	675	456	375
需求最高时平均房价（$）	266	292	283	276
一年中损失的客房收入（$）	70224	197100	129048	103500
一年中客房空置浪费数量	1770			
一年中损失的客房收入				

请大家计算“一年中损失的客房收入”是多少？

计算的结果让人大吃一惊，竟然是 $499872！这就意味着这些空置的客房在一年内给该酒店造成了将近 50 万美元的损失。

通过上述案例，酒店应意识到需要将因延迟入住、没有入住、临时取消订房及提前退房等情况而造成的损失降到最低的有效措施之一就是实施超额预订。

（资料来源：胡质健．收益管理［M］．北京：旅游教育出版社，2009.）

相关知识

（一）超额预售的原因

预订管理的目标是将散客用房预订与团队用房预订结合起来共同使酒店的全部客房都能够住满。为了实现这一目标，第一步得确定酒店有多少间客房可以用于销售。客房的可供量从来就不是固定不变的，而总是处于不断变化中。在任何一个给定的夜晚，既有新预订的产生，也有原预订的取消，有原来登记住宿多个夜晚的客人提前离店，也有延时退房的客人。从理论上来说客房可供量每分钟都在变化。对它的确定既需要对硬性数据进行分析，也要求分析人员具有一定的直觉上的猜测能力。客房可供量不断变化的特点使得对它的确定既是一种技巧，又是一种艺术。

酒店将确定客房可供量的任务分配给了预订部。预订部根据客房出租率和可供量水平来确定房价结构。决定客房可供量的因素包括：当前已被预订的客房数量与历史因素。历史因素包括提前抵店者（Early arrival）、提前离店者（Early departures）、取消预订者（Cancellations）、应到未到者（No-shows）、延迟退房者（Delays）、待修客房数（Out of order）、门市客（Walk-ins）等。

可供房量的不断变化会导致任何给定夜晚的客房不能达到 100% 的出租率。而酒店的客房存在易逝性的特点，即一间客房当天晚上未出租的话，那么该房晚的价值将永远失去。为此，酒店可能销售比实际客房存量更多的客房，来达到满房的目标，这即是超额销售。当然超额销售最突出的特点是无法向所有已经做过预订的客人提供足够的客房。

（二）实施超额预订需要关注的事项

做好超额订房的关键，在于掌握超额订房的数量和幅度。按国际酒店的管理经验，超额订房的百分比可以是 5%~15%。实施超额订房时应注意分析掌握以下三组比例关系。

1. 掌握团体订房和散客订房的比例

团体订房一般由国内外旅行社、专业会议、商业机构等事先计划和组织，与酒店签订订房合同，并且双方愿意共同履行契约，可信度较好。因此，预订不到或临时取消的可能性很小，即使有变化也会提前通知。而散客是由个人订房，一般支付的定金不多，随意性较强。所以，在某段时间团体预订房多、散客预订房少的情况下，超额预订的幅度不可过大；反之，在散客预订房多而团体预订房少的情况下，超额订房的数量不宜过少。

2. 掌握预订类别之间的比例

为了维护酒店的声誉、取信于客户，酒店在具体实践中，往往把保证类和确认类预订视为准确订房，作“订房契约”处理，故最大限度地保证客人的住房要求，尤其是保证类预订。酒店对其他的预订视为意向性订房，届时若发生纠纷，酒店不向客人承担经济责任；若客人不按时接达，酒店也不向客人要求赔偿。所以，在某一时期准确订房多而意向性预订少，超额预订的数量不宜过大、反之亦然。

3. 掌握预订不兑现客人的比例

预订需对提前抵店者、提前离店者、取消预订者、应到未到者、延迟退房者、待修客房数、门市客等因素进行综合分析，并结合过去的、近期的和对将来一段时间客人的情况估计、做出正确判断，这样才可能使超额预订工作做得恰如其分。将过去的订房数和实际入住数进行比较，可以算出一个防止超额预订的参照系数。根据以往这种预订后不来住的统计，管理层可以允许预订系统做超额预订。实施超额预订的关键是如何准确预测并确定超额预订的房间数量。超额预订的房间数可通过以下公式计算：

超额预订房间数 = 临时取消预订的房间数 + 应到未到的房间数 + 提前退房的房间数 – 延长住宿的房间数

例如，如果某天酒店预计将有 8 间订房被取消，另有 4 间没有来入住，还有 4 间房提前退房，2 间延长住宿，那么，该酒店这天应该超额预订 14 间客房。

酒店超额订房数 =8+4+4–2=14

这些历史数据会给出一个大致的超额预订的数量。根据这些历史资料分析，工作经验丰富的经理，使预订系统能准确地预测取消订房和应到未到客人用房数量。

（三）超额预售的处理方法

酒店出现超额销售，即没有足够的客房提供给已确认的预订客人时，必须帮助这些客人另择他店住宿。帮助客人再预订是指酒店帮助那些必须到其他酒店住宿，而非在他们原来预订的酒店住宿的客人做出的预订安排。确认类预订是指保证类预订，而不是指保留到客人抵店时间的预订。那些帮助客人另择他店住宿的酒店必须通过某种方式补偿这些客人以保持其声誉。对于酒店该如何补偿这些客人，并没有硬性的规定，但绝大多数享有盛誉的酒店将会像以下这样做。

（1）替客人支付在另一家同等级别或更高级别的酒店住宿所需的房费。

（2）替客人支付电话费，以便该客人能够通知他人自己的住宿地点已经发生变化。

（3）向客人提供到新住宿点的交通服务，如果需要的话还要提供返回的交通服务。如果这位客人是某个团队中的一员，客人将希望第二天早晨返回酒店参加团队活动。而那些预订住宿多个夜晚的散客，如果他们希望回到原来的酒店度过其他夜晚，也应向他们提供交通工具以便于他们返回。

（4）其他的补偿方法包括向客人免费提供早餐，在客人下次入住本酒店时为他们提供客房升级服务、室内娱乐项目、来自管理层的道歉，甚至是直接的金钱补偿。

无论如何，遇到需要帮客人另择他店住宿的情况，对酒店前厅接待员来说，都是令人不快的任务，但是这又是不能回避的，特别在销售旺季，这种情况会经常发生。作为接待员，我们要善于运用各种方法，除对贵宾、常客予以特殊关照、积极安置以外，对其他未办理预订，甚至初次到店欲解决住宿问题的客人也同样应以“急客人所急”的心态，妥善地予以处理。例如，可以建议客人暂时使用给予最大折扣价的套间或房间加床，然后再换房等；或积极联系附近相同档次的酒店。简而言之，解决好此类的难题，对提高酒店声誉、培养“忠诚客人”都是非常有益的。

超额预订是酒店前厅预订处的一种客房销售艺术，使酒店的客房获得最大限度的利用率。同时，此种预订又是一种冒险行为，如果超订了，超订的客来到酒店又无房间入住，这就意味着酒店违约，因此会引起客人的投诉。美国的一些州就明确规定，从客人利益出发，严禁酒店超额订房。如果客房已订满，酒店就不能接受新的预订要求，但可以把客人列为等候名单。

任务三　升档销售

案例导入

正值旅游旺季，两位外籍专家出现在杭州某大酒店的前台前。前厅接待员小刘是个新手，他查阅了一下订房登记单，马上简单地对客人说；“你们预订了一个B档的标准间客房，明天一早退房。”

客人听后脸色陡然一变，很不高兴地说：“接待单位在为我们预订客房时，曾经问过我们要住几天，我们明明说好住三天，怎么现在变成了仅住一天呢？”

小刘仍用刻板的、毫无变通的语气说：“我们这两天房间特别紧张，明天已经没有B档的标准间房间了，当时你们接待单位来订房时已经跟他们说过了，他们也同意了的。”

客人听罢更加恼火，大声讲：“你们要解决住宿问题！我们根本没有兴趣也没有必要去追究预订客房差错的责任问题。”正当小刘与客人形成僵局之际，前厅值班经理闻声前来，首先向客人表明他是代表总经理来听取意见的。他先让客人慢慢地把意见说完，然后以抱歉的口吻说：“你们提的意见是正确的，眼下追究接待单位的责任并不是主要的。这几天正值旅游旺季，双人标准间B档很紧张，我设法安排一间套房，请你们明后天继续在我们宾馆做客，虽然套房房价要高一些，但设备条件还是不错的，我可以给你们打个六折。”

［评析］

酒店订房记录与客人要求有差距，是不可避免会出现的情况，特别是有中间人帮助客人订房时，这种情况出现的可能性就会更大一些。一旦出现这类问题，在帮助客人处理时，既要有积极的态度，也要讲究方法与技巧，才能赢得客人的满意度。本案例中的新员工小刘在处理客人反映的意见时，似乎忘了处理投诉时应遵循的一个基本原则：着眼于问题的解决，而不是责任的追究。看来小刘对酒店服务理念的理解还有一定的差距，对工作也还有一个适应的过程。酒店应加强对这类新员工进行服务意识方面的培训与教育。

值班经理的处理办法之所以能够让客人满意，一方面，是因为他以诚恳的态度认真听取了客人的意见，使客人心中的火气慢慢冷却，为问题的进一步处理打下了一个较好的心理基础；另一方面，他及时采取了补救措施帮客人解决了住宿问题，并以套房打折给了客人一种心理上的补偿。这样不仅解决了问题，还促销了高价客房。

对本案例中所出现的情况，酒店负责订房的人员也有一定的责任。当酒店不能满足客人提出的订房要求时，应要求订房者，特别是中间人，一定要把订房情况以书面形式及时反馈给客人，让客人提前有一种心理上的准备，以免临到住宿时客人不能接受意外的安排，引起投诉和不满。

（资料来源 https：//wenku.baidu.com/view/3f8b756d5e0e7cd184254b35eefdc8d377ee1445.html。）

相关知识

一、升档销售的起源

升档销售的做法最早来自 1974 年，是著名的美国酒店顾问科夫曼提出的观点，即几乎任何一家酒店，日均房价都有可能高于刚刚过去的一个月，而无须提高公开的房价。细细分析之后，该做法本质上，是说服每位客人多付一些钱。科夫曼为此从计划、组织、激励和控制等几个方面在酒店进行了一系列的实验。

（一）计划

科夫曼首先根据酒店的平均收入，提出了一个增长的目标，略高于 10%。而且这一目标在一两个月内实现，且不提高任何价格。

（二）组织

科夫曼接着了解酒店员工是如何处理预订的。他和他的助手们假扮成高管、蜜月者或紧张的老太太等特殊客户群体，通过信件、电话和拜访进行预订，并在一周内和尽可能多的员工接触。然后他们会从外表（包括声音）、礼节礼貌、及时性、销售的效率等几个方面来评定员工的绩效。当然，这些“预订”都不是有效的，最终会被认为是“应到未到（No-shows）”。

在全面了解了酒店的做法后，科夫曼就到酒店举行前台员工会议，并汇报他们的“客户测试计划”。科夫曼会匿名地批评了一些预订部员工的做法。他们制作了一项培训计划。该计划包括一本手册，涵盖了很多销售要点。例如，在淡季时如何说服想住双床间的客人住两个单人间，或在高峰时间，将打算入住单人间的客人合并入住双床间，并在报价时使用“三明治”策略，谨防不分青红皂白地提供低价等。

但是科夫曼认为该方法最有效的是用于客人入住当天，在正式办理入住手续之前。所有的预订员接受了科夫曼的三部分培训。

第一，在收到客人询问后，他们只是简单地向客人确认酒店有空房，并邀请旅行者直接到酒店，并保证客人会入住愉快。在客人抵达后，就直接被安排到一间价格稍高的房间，没有讨论价格。

第二，如果潜在的客人通过电话或抵达后询问价格，科夫曼就建议先出“高价”。换言之，是要报出最高的可行价格。

第三，如果潜在客人试图询问更低的价格，科夫曼建议是要避免事先确认这一点。该手册包含了许多标准用语，针对这种情况，建议使用的一种说法是：“我们不能保证那个价格，但我们会尽最大努力提供给您，或者提供一个接近的价格。”如果客人就在酒店，接待员应该遵守规则，并至少提高一个价格。

显然，这些建议并不能在所有情况下都能取得成功，但最终是使相当多的客人选择了比他们最初选择的房间更贵的房间。

（三）动机

科夫曼意识到，如果没有某种激励，许多预订部员工都不愿意使用这种销售方法。他建议给员工按照房价差的一定比例（如 10%）进行奖励，具体由酒店自行决定。

（四）控制

这一过程的最后一部分是一系列后续的“客人测试”，并对员工进行定期培训。

显然，这种方法并不适用于所有类型的酒店。但是科夫曼提出的很多做法：根据客人的愿望和要求，正确使用报价方法；主动将有关的宣传资料展示给客人，并准确介绍房间设施、设备、朝向等情况；采用正面的说法称赞客人的选择，并能适时抓住成交机会等确实有助于酒店在不增加入住率或房价的情况下，平均客房收入可以增加 10% 左右。

二、升档销售概述

时至今日，很多国内外酒店的销售技巧培训中，都已经有了一个专用名词：Upsell，这个词其实就是促销—— 向上销的意思。这种促销的技巧，是让销售人员在面对客人的时候，尽量把高价位产品先推销出去的方法。这种方法既适用于销售部门把酒店的产品对客户的推销，也适用于预订部接受客人预订时的推销，还适用于前台员工对上门客人的推销，更适用于餐厅接待员向客人进行食品和酒水的推销。

升档销售的目的在能够提高酒店收入的同时，提高客人满意度。Upsell 成功的三个条件：一是对业务的熟悉；二是恰如其分地掌握和运用技巧；三是对酒店的忠诚。前台如果来了上门客人，卖什么房间给他？挑最便宜的、挑包价、还是卖最高房价的？首先，前台员工要熟悉有几种可卖的房型和客房的数量；其次要在简短地与客人的交谈中，了解客人住房的目的：公务还是私事；然后根据经验，推出较高房价的客房，说服客人接受，并让客人满意。万一客人不愿支付这种金额的价位，最终只能提供低价客房，也要做出这间低价客房是想方设法挤出来的样子。用这种方法，同样卖出一间房，在成本基本相同的情况下，基于酒店产品的不可储存性原理，员工就为酒店多创造了不同房价部分的利润。如果不采用 Upsell 的方法进行推销，那部分的利润就无法实现。

三、升档销售技巧

当然在正式销售之前，我们应该非常了解我们的产品！接下来，就进入四个阶段的销售。

（一）沟通阶段——与客人“沟通”并建立融洽的关系

（1）目光接触。

（2）热情的问候。

（3）可以问一些问题：“您今天好吗（How are you today）?”“你是哪里人（Where are you from）?”

（4）使用客人姓名。

（5）主动和客人握手：我们可以和客人握手。

（6）和客人的步调保持一致。除了基本的客人满意度技能外，建立融洽关系的一个有效方法是注意并匹配他人言语和肢体语言的韵律。

知识链接

Upsell的正确时机

每件事都有正确的时间和错误的时间。如果我们试图在不恰当的时间进行 Upsell，我们就有可能销售失败，并让客人感到不舒服。以下情况不适合升级销售：

- 有过重大投诉；
- 客人有特殊要求；
- 语言有障碍；
- 有陪同正在谈话；
- 不开心、生病；
- 客人醉酒；
- 公司付账；
- 客人赶时间；
- 客人很累（晚到早走）。

（二）确定机会阶段

当我们了解客人的需求时，我们可以更有效地销售。有些客人会马上告诉我们他们想要什么；其他人甚至可能没有完全意识到自己的需要。我们通常可以问一些问题来确定客人的需求。

（三）匹配需求阶段

成功调整并确定机会后，下一步是推荐并 Upsell。通过练习，员工将能够根据其对客人的观察来快速选择对每位客人最有吸引力的卖点。这有以下四个步骤。

（1）重申需求："因为您……/ 因为您……/ 因为……（根据客人的需要）As you... /Since you... /Because...（according to guest's need）。"

（2）建议 Upsell：我可以建议 / 推荐我们的…（May I suggest/recommend our...）。

（3）解释优势：描述 3 个优势。

（4）说明价格：“……价格差仅/仅……”听起来怎么样？（... And the rate different is only/just... How does that sounds to you? ）

例如，客人走进礼宾部，要求接待人员推荐一些餐厅。通过沟通，我们得知客人是将邀请他的商业伙伴共进晚餐，接待人员可以向客人推荐酒店的餐厅。

“既然您接待了您的朋友（重申需求），我可以建议您在我们的夏季馆中餐厅用餐吗？（建议追加销售），因为这里有一间非常漂亮、安静的包间，您想点菜单外的食物，我们的厨师也可以帮您。（解释好处）。我将与何厨师一起为您和您的朋友安排晚餐。我知道最低费用是 ×× 元（说明价格）。”“Since you host you friend（restate the needs），May I suggest having dinner in our summer pavilion Chinese restaurant?（Suggest an upsell）because there have a very nice and quiet private room and you like order some food out of menu，our chef can help.（Explain the benefits）. I will work with chef Ho to take care the dinner for you and your friend. I know the mini charge is $××（State the price）.”

（四）达成一致阶段

1. 观察购买信号

客人会对你的建议做出回应，尽管其中一些（或大部分）回应都不是语言上的。专业销售人员擅长观察肢体语言和购买信号，这一点很重要；如果不能抓住机会，我们可能会失去这次销售。当然如果我们误读了负面信号，我们就会显得咄咄逼人。

2. 获得承诺

高效的销售人员总是用承诺来结束与买家的对话。在销售中，这称为“结束销售”：指导买方做出决定的过程。当然，销售过程并不总是成功。

拓展阅读

案例 1

S：下午好，先生。我是××，我能为你做些什么？

G：我想办理登记手续。

S：很高兴欢迎您来到××酒店。我可以借用一下您的护照和信用卡吗？请让我确认一下您预订的详细情况。

G：好的。

S：谢谢。张先生，我找到了您的预订，您订了一间豪华特大床房间，两晚，包括一份早餐，总价是1500元，对吗？

G：是的，没错。

打印一张登记卡，让客人确认签字。日期、房间类型、房间号、早餐和总价。打印RC……

S：请问这是您第一次和家人到我们酒店吗？

G：是的，我和我的妻子还有我的小女儿一起来的。

S：张先生，我刚才看到我们还有两种类型的房间可以选择。一间是行政大床房，包括早餐、欢乐时光、下午茶，每天两件衣服干洗，总价2100元。另一间是豪华套房，也配有特大号床，与行政客房不同，将欢乐时光和下午茶改为迷你吧每天两瓶软饮料，总价为2200元人民币，但套房空间更大，大约85平方米，行政客房只有55平方米。

S：张先生，您预订的豪华特大床房，包括一份早餐，只有40平方米，我想这间套房更适合您的家庭。我能知道您要怎样挑选吗？

G：我喜欢套房。

S：好的，张先生，我们现在把婴儿床安排在您的房间里。

G：好的，谢谢。

再打印一张登记卡，让客人确认并签字……

S：请注意，我们酒店内现在是禁烟区。不过，我们在正门右侧提供吸烟区。

确认签字登记卡。

S：张先生，我需要从您的信用卡中扣除3200元作为订金，我们会在您退房后解除。

打印存款单，让客人确认、签字……

S：谢谢你把护照和信用卡借给我，这是您的房卡。

S：客人可以使用Wi-Fi，Wi-Fi名为×××，密码是您的姓氏加上您的房号。

S：根据上海市文化和旅游局的规定，我们不提供一次性洗漱用品。如果您需要洗漱用品，我可以免费给，或者在您入住后送到您的房间。

S：我叫斯科特，如果您需要进一步的帮助，请随时与我联系。

S：我可以带您去电梯吗？我的同事会把您的行李送到您的房间。我们

的早餐在 ××× 餐厅，营业时间是上午 6:30~10:30，游泳池和健身中心在 B1，营业时间是 10:00~23:00。

S：请注意，您需要插入并慢慢取出我们的房间钥匙，才能启动电梯。

S：我们希望您在我们这里过得愉快。

案例 2：

S：Good afternoon sir. I'm ××，how may I assist you?

G：Id like to check in.

S：I'm delighted to welcome you to ×× Hotel. May I borrow your passport and credit card please?

G：Ok.

S：Thank you. Mr Zhang，I found your RSVN ，you have reserved a king–size room for two nights，including one breakfast and the room charge is 750 yuan for one night. it's correct?

（核对预订信息。）

G：yes，it's correct.

（打印 RC 卡，等待客人确认。）

S：May I know this is your first time to our hotel with your family? 询问是否第一次入店。

（以便后期介绍酒店基础设施。）

G：Yes，I come with my wife and my little girl.

S：oh，what a cute baby girl! Mr. Zhang，we have two types of rooms now on promotion. Would you like to have a look?

（可以拿出平板电脑给客人滑动展示客房照片。）

First one is Executive king–size room. It's 55 square meters. You can enjoy breakfast，happy hour，afternoon tea for two and two clothes dry clean per day. It is 300 yuan more than your room.

Second one is Deluxe Suite with king–size bed. You can enjoy 2 bottles of soft drinks in minibar every day. It' It's about 85 square meters，bigger than the first one. You can put a baby crib without feeling any crowded and also your couple can have private time after a day's sightseeing. It is 350 yuan more than your room.

I think the second one suits your family better. Do you think so?

G：I prefer suite.

S：You make a wise choice，Mr. Zhang.

G：Thank you.

S：Mr. Zhang，do you smoke?

（if yes）回答：Please be kindly noted that our hotel is smoking free now. However，we provide a smoking area at the right side of the main entrance. 提醒吸烟区域。

S：Mr. Zhang，Here is your registration form. Please check your room charge，room number，passport number and your name. If everything is correct，please sign your name here.

G：Thank you.

S：I need to block 5000 amount from your credit card as a deposit and your room charge will be included.

（收取预授权。）

G：Go ahead.

S：（划卡动作）Please sign your name here.（客人签好字）Here is your receipt.

Thank you for your passport and credit card and here is your room card.

（感谢客人借用的证件及信用卡并给房卡。）

The guest Wi–Fi is simple to fill out，Find Wi–Fi ×××，the name is your room number and password is your last name.

（免费无线网介绍。）

In order to protect our environment，we do not offer disposable toiletries. If you need toiletries，I could give it to you now for free.

（六小件介绍。）

My name is ××，if you need any further assistance，feel free to contact me when needed.

May I show you the way to the elevator? Your luggage will be sent to your room by bellman. Our breakfast is on first floor，××× restaurant，operating from 6:30 to 10:30，swimming pool and fitness center are on B1，operating from 10:00 to 23:00.

（酒店基本设施介绍 1~2 个，基于客人第一次来酒店。）

Please be reminded that you will need to insert and slowly remove our room key in order to activate the elevator.

S：We hope you enjoy your stay with us.

（结束问候语。）

实战演练

3~5 位同学组成一个小组。以小组为单位，结合所在校的酒店管理信息系统（如 Opera PMS），分角色扮演，完成以下场景或自命题的模拟演练，并拍成视频（具体工作流程和评价标准可参考本书附录 A）。

场景一：

Guest：	Business man
Background：	The trip for conference for 3days
Upselling points：	Restaurant
	Massage
	Bath menu

场景二：

Guests：	Couple with two kids
Original booking：	Club king size bed
Upselling points：	Room（Advance & Benefits）
	Restaurant

场景三：某日，一位客人打电话预订下个星期六的标准间，但根据预测显示，那一天的标准间已订满，此时你应如何处理？

项目八
管理常识

学习目标

知识目标：

1. 了解前厅部的内部控制流程。

2. 了解房态差异的重要性。

3. 了解酒店营收统计的常见数据：客房出租率、平均房价、平均可供出租客房收入。

4. 了解客户满意度的重要性。

5. 了解酒店相关的法律法规。

技能目标：

1. 能够读懂酒店的收银报告。

2. 能够处理差异房态。

3. 能够解释常见的经营数据：客房出租率、平均房价、平均可供出租客房收入。

4. 能够设计合理的客人满意度问卷。

5. 能够利用相关的法律法规来保护酒店、客人和自身的安全。

任务一　前厅部的内部控制

案例导入

错开两房，失误在谁？

一天上午，一位客人和他的朋友白先生来到东莞某三星级酒店的前台，办理退房手续。接待员小林热情地接待了他们，并迅速打印出房费账单，递给客人。

白先生看罢疑惑不解地问："我们只开了一间房，为何要付两间房费？"小林请客人稍等，立即核实这两间房。他发现其中一间房这两天客人确实未曾入住过。小林向大堂值班经理汇报，通过了解，发现客人在开房时，前台小王在询问房间数量时，双方语言上表达有误，实际上客人只要一间房，但小王却为客人错开了两间房。

客人是在酒店主楼总台办理的入住手续，但住房是在别墅区，前台给客人一把钥匙，另一间房的房卡已插在房间。情况已基本清楚，值班经理立即通知接待员只能收取一间房的费用，同时向客人表示歉意，取得客人谅解，客人满意地离店。

[评析]

从整个接待过程来看，酒店存在哪几个环节的问题？

1. 客人在办理入住登记时由于语言表达误会，前台小王没有与客人确认好住房情况，导致错开了两间房。

2. 客人领取钥匙时，前厅接待员不细心，未按正常程序，只给客人领取了一把钥匙，未通过语言技巧与客人再次确认住房情况，未起到弥补作用。

3. 客人入住后的第二天，清扫员将未住过客人的房间情况反馈给客房中心，并通知前台，前台核查后发现房间有押金且未退房，只考虑到费用足够，没有进一步追究房间未使用的原因，并且没有主动与客人联系沟通。

如果酒店在接待客人的每一个环节中都能细心些，这个错开房间的失误完全是可以避免的。

（资料来源：https：//www.docin.com/p–2684508555.html。）

相关知识

酒店前厅的内部控制主要围绕客房收益管理来展开。酒店在经营收入中所消耗的人力、物力、财力都需要通过销售商品或服务获得收入予以补偿。若无法进行补偿，企业将面临资金周转困难，甚至影响企业生存，因此酒店必须加强营业收入的管理。酒店客房收入是酒店总收入的重要来源，一般占酒店总营收的 50% 以上，客房出租率高，相应地也会带动餐饮、娱乐、洗衣、商品等产品的消费量，为酒店带来更多的收益。

客房收入管理分为接受住房预订和入住登记的管理；客户账卡的开立及管理；

客人消费记账与结账的管理；账务汇总和稽核管理。可以看出，这是以酒店前台收款为中心，来建立酒店的收入管理运行程序，以便及时汇总和统计每日收入情况。当然，在客房收入管理的同时要建立相应的内部控制制度，即客房销售由销售部门（销售部和前厅部）负责，主要是负责客人入店及离店的工作输入及核对；客房服务由客房部负责，同时负责与前厅部核对房态差异；结账收款由前厅部前厅接待员负责，并由财务部的审计人员进行复核。

一、酒店收入的财务控制

酒店营业收入的汇总和统计是以一天24小时为一个周期来进行的。一方面，这是由于酒店"产品"的易逝性，即未售出的房间可能无法储存起来，改天再提供，这样使控制过程更容易。因此，没有完成的库存或"进行中的工作"可以结转，24小时的时间可以被视为一个自然的实体。另一方面，酒店业务的特殊性使得会计核算的速度和准确性尤为重要。酒店必须确保在第一批客人早上（也就是六点）开始离开之前，账单正确无误。客人本身往往来自遥远的地方，离开后很难纠正错误，这些因素对控制过程施加了特殊压力。为了评估日常运营的成败，完成各种报告是这一过程中不可避免的一部分。这些不仅告诉管理层发生了什么，而且还为预测未来奠定了基础。对于像酒店这样的企业来说，这一点尤为重要，因为酒店的需求每天都会有很大的变化，前台经理需要掌握每日的出租房间数量与收入金额。

在账务汇总和稽核阶段，由各营业点收银员以班为单位，下班后对本班账务进行汇总和核对，并编制当班收银日报表。对于当日各收银员提交的日报表即凭单由酒店夜审和日审人员进行汇总和审计，以编制酒店每日收入报表（随着信息技术的运用有些酒店已取消了夜审岗位，转由酒店管理系统自动生成相关报表和进行清户处理）。

（一）清点现金

每位收银员要对当班的现金、信用卡签购单、支票等进行清点，除了留下原有的备用金外，按分类金额填报交款单，并将所有现金、票证都密封在指定的交款袋内投入专用的保险箱，填写投银见证记录。第二天由总出纳和有关人员开箱清点。

（二）整理账单

收银员把已经结账离店的账单按账单和结算方式进行归类整理，编制收银报表。收银报表分为两份：一份是按账户排列的明细表；一份是按借贷平衡方式编制的综合报表（见表 8-1 和表 8-2）。

表 8-1　×××酒店前厅收银员报告（账户式）

单位：元

收银员：　　　　班次：　　　　日期：　　　　时间：

房号	账号	时间	账单号	账项代码	费用账项	现金	信用卡	转账	支票	现金支出
601	12465	10:20	1222	200		-600				
1009	12589	11:50	1308	100	330					
1222	12308	12:03	2305	400						150
1608	12487	12:55	1701	200			1100			
1710	12007	13:01	1809	300	800					
…										
…										
	合计				12430	-3500	-6230	-5600	-2000	500

表 8-2　×××酒店收银员报告（借贷平衡式）

单位：元

收银员：　　　　班次：　　　　日期：　　　　时间：

借方项目	金额	贷方项目	金额
房租	9000	现金	3500
房租服务费	1350	信用卡	
餐费	1020	XXX 卡	3200
洗衣费	325	XXX 卡	3030
房间小酒吧	800	转账	
减免	-715	A 公司	4000
杂项费用	650	B 公司	1600
现金支出	500	支票	
		支票号 103	2000
合计	12930	合计	17330

（三）稽核账单，编制收益试算表

稽核是对所有当天总台及各营业点收银员提交的账单凭证根据系统中的相关记录进行核对的过程。由于酒店的各项服务大多是在白天进行，通常在午夜至次日早上 6 点之间的时间较为空闲，且客人第二天早上开始离开之前，必须检查账目是否正确，故多数酒店的稽核是在凌晨进行，又被称为夜间审计，简称夜审。[①] 电脑系统的夜审操作，也称过日操作，即操作电脑进行各项数据的自动更新，最终打印出当日所有营业报表，并将系统日期自动推后一天，为下一个工作日的到来做好准备，而其他的财务数据稽核则第二天由财务部的日审人员来完成。

稽核的内容是对收益进行稽核，由日审人员利用电脑编印当日酒店收益试算表。试算表分为借方（Debits）、贷方（Credits）和余额（Balance）三部分。其中借方反映酒店当日营业收益，即酒店应向客人收取的账款；贷方反映当日客人结算的款项，余额反映截至当日打印该表时客人累计欠账总数。核对时如果发现有不符的账项，应及时查明原因。如未发生错误，可以编制酒店收益终结表。当日所有营业报表，并将系统日期自动退后一天，为下一个工作日的到来做好准备。

良好的内部控制技术能确保前厅会计程序的正确性和完整性。日审帮助确保前厅收到出售的商品和服务的账款。

二、房态控制

客房收入的内部控制手段之一就是比较前台出租房间的记录和客房部的报告。这两份报告相对独立编制，就是为了防止客房部未通知前台使用客房，同时防止有人故意不按正常程序办理房间登记手续，而导致酒店的利益受损。

（一）房态控制的过程

酒店严格地管理着每一间客房。酒店从事的业务就是销售客房，这包括出售具有各种客房类型、结构和标示的每一间客房。客房销售管理过程最重要的方面就是要能辨别清楚哪些客房在什么时候可以用于销售。这既是为了避免出现把两位客人安排到同一间客房的尴尬局面，也是为了一旦有房间可供销售就立即把它们售出以

① 以前夜间审计的资料由财务部录入，审计人员再次审核并据以登记入账。但是由于上夜班的夜审人员越来越难招聘，再加上酒店管理信息系统的功能升级，目前多数酒店的夜审都是由夜班的大堂经理或资深的前厅接待员进行酒店管理信息系统的过日操作。

使客房收益最大化。酒店业为每间客房都标示了一种状态，对这些状态进行协调是酒店管理客房可供量的方法。

房态（Room Status）指酒店每一间客房所处的状态、类型、住客状态等。客房的各种状态分别由前台和客房部等予以转换和控制，以达到掌握和控制房态的目的。客房状态协调是指酒店确保能够正确地标示出客房当前的状态，并且当客房状态改变时给它分配一个新的标示符号。客房部和前厅部负责维护客房状态，两个部门相互协作来落实房间分配、清扫并且再次分配的状态，以此实现客房收益最大化，同时也避免发生错误的分配。客房状态种类 / 标示是根据客房的租用状态（State of Occupancy）、清洁状态（State of Cleanliness）和异常状态（State of Exception）进行划分的。最常用的客房状态代码是住客房（Occupied）、空房（Vacant）、未清扫房（Dirty）、清扫房（Clean）、待售房（Ready）和待修房（Out of Order）。

（二）房态差异

房态差异（Room Status Discrepancy）是特指客房部与前厅部对房态的描述之间处于差异状况的术语。产生这种差异有两个原因：一是由于不完整的或不准确的记录造成的实际上的差异。例如，一位客人已结账离店，但是前厅接待员没有在电脑系统中输入离店的信息；这时客房部看到的客房状态是住客，但前厅部看到的却是走客房，出现这种情形的客房叫作“沉睡房（Sleep）”。二是客房状态的差异源自客房部的房态信息未能及时通知到前台。例如，一位客人虽然在前台登记入住，但实际上并未入住客房；这时客房部看到的客房状态是空房，但前厅部看到的却是住客房，出现这种情形的客房叫作“遗漏房（Skip）”。常见的客房状态差异是关于客房有 / 无客人（Occupied/Vacant），这就产生了 遗漏房（Skip）和沉睡房（Sleep），具体如表 8-3 所示。

表 8-3　房态差异说明表

客房情形	前台（Front Desk）	客房（Housekeeping）
遗漏房（Skip）	住客房（Occupied）	空房（Vacant）
沉睡房（Sleep）	空房（Vacant）	住客房（Occupied）

这些差异会严重地影响一家酒店使客人满意和提高酒店盈利的能力。客房状态差异必须及时解决，因为不平衡的情况可能导致业务损失和前厅运转的混乱。客房

状态差错还会导致损失和无法收到客房收入，因为账目过账上的前厅系统必须维持当前的、准确的客房状态信息，以便有效地确定可出租房间的种类和数量。客房管理模块将生成一个“房态差异报表（Room Discrepancy Report）”，给管理者指出特定房间的状态必须核实，以避免差异房的产生。报表指出任何前台与客房部房态更新之间的差异。

知识链接

当酒店出现差异房态时，在 Opera 系统中，更改系统的流程如下。

在 Opera 中，“差异房（Discrepant Rooms）”功能用来解决客房状态差异的问题，其操作方法为：先选择“房务管理（Housekeeping）”功能，在界面上方的选项卡点击差异房（Discrepant Rooms）进行对话操作即可。其中，房态列表中显示的 FO 项目为前厅部项目，例如“前厅房态（FO Status）”“前厅客房人数（FO Persons）”；Hsk 项目为客房部项目，比如“客房部客房状态（Hsk Status）”。需要注意的是，在差异房态中，客房部只需在“房态（Room Status）”中输入自己所看到的状态。如图 8-1 所示。

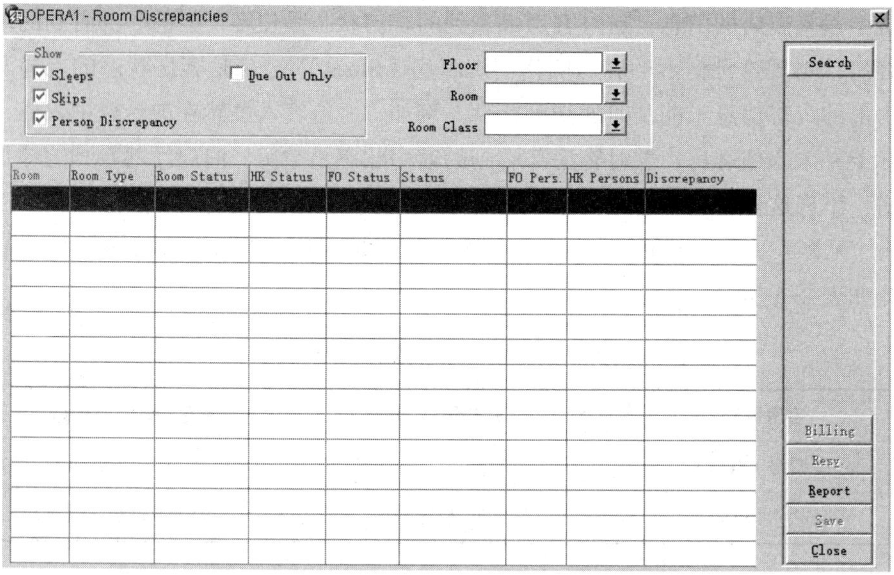

图 8-1　客房差异（Room Discrepancies）界面

为了减少差错，客房部门尤其需要员工来记录他们觉察的所有房间状态。客房、前厅部门的客房状态预先核对通常是在夜审开始以前，前厅审计员必须审核客房部门和前厅部门的报告来最终确定当晚所有客房出租的状态。如果客房部报告显示一个房间是空房，而前厅认为它是已出租房间，审计员应当寻找系统中的住宿登记卡。如果总账单存在并有当前的应收未收款余额，可能有以下几种情况：客人已经离店但是忘记了结账；客人是一个故意逃账者；前厅接待员或收款员在客人结账时没有正确地结清总账单。

若证实客人已经离开饭店，前厅审计员应处理此结账并将总账单放在一边，以便前厅管理层审核和采取后续行动。如果总账单已经结清，前厅的客房状态系统应进行更正以显示该房间为空房。前厅审计员应将客人总账单与客房部门及前厅客房状态报告核对来确保三方是一致的和平衡的。结账过程是一个典型的客房管理职能，可以自动监督和更新客房状态。在自动化的前厅系统中极少会出现客房状态差异。

任务二　酒店经营收入指标

案例导入

再给5美元的优惠

地处上海市“中华第一街”的某大酒店，是著名的锦江集团下属的一家老牌酒店，有70多年的历史，已名扬海内外。

某日，一位香港常客来到酒店前台要求入住。接待员小郑见是常客，便给他9折，客人还是不满意，他要求酒店再给些折扣。这时正是旅游旺季，酒店的客房出租率较高，小郑不愿意在黄金季节轻易给客人让出更多的利润，香港客人便提出要见经理。其实，酒店授权给总台接待员的卖房折扣不止9折，小郑原可以把房价再下调一点，但他没有马上答应客人：一则他不希望客人产生如下想法：酒店客房出租情况不妙，客人可以随便还价；二则他不希望给客人留下这样的印象——接待员原可以再多给一些折扣，但他不愿给，只是客人一再坚持后他才无可奈何地退让，这会使客人认为酒店员工做生意不老实；

三则他希望通过酒店再次让利让客人感到前厅经理对他的尊重。小郑脑中闪过这些想法后，同意到后台找经理请示。他请香港客人先在沙发上休息片刻。数分钟后，小郑满面春风地回到总台，对客人说："我向经理汇报了您的要求。他听说您是我店常客，尽管我们这几天出租率很高，但还是同意再给您5美元的优惠，并要我致意，感谢您多次光临我店。"小郑稍微停顿了一下后又说，"这是我们经理给常客的特殊价格，不知您觉得如何？"

客人计算一下，5美元相当于半折，这样他实际得到的优惠折扣便是8.5折，这对于位于繁华路段，又处于旅游旺季的三星级酒店来说，已经是很给面子的了。客人连连点头，很快便递上证件办理入住手续了。

［评析］

本例中小郑在转入后台之前的一段思索是正确的。他有权限给客人超过9折的优惠，但他没一下子把这个权限用尽。只要有可能，他总是想为酒店多创一分利。后来客人提出再给优惠的要求，他又借口去请示经理，显得极为成熟老练。这样处理还有两点更深的含义：一是表明小郑为此已经尽了很大的努力，使客人深感酒店是把他作为重要客人来对待的；二是再给5美元优惠是前厅部经理的决定，如欲进一步提高折扣，其可能性将是微乎其微的，这将有助于刹住客人继续要求降价的欲望。

当然，如果客人到此仍不满意，而接待员的折扣权限已经到顶，接待员还是应该向经理请示。每位上门的客人都要尽最大努力留住，尤其是常客，不能因为是旅游旺季而随便拒绝他们并不过分的要求。常客为酒店带来巨大财富，万万不可轻率地把他们推到自己的竞争对手那里去。

（资料来源：https：//www.docin.com/p-2684508555.html。）

相关知识

酒店经营效益，是指酒店在经营活动中，为了向客人提供产品和服务而花费的劳动共同取得的经营收益。讲求和提高客房经营效益，是酒店管理者从事酒店经营活动的基本准则。酒店经营指标要简单易懂，通常我们有三种计算方式：出租率、平均房价和收益。

一、客房出租率

客房出租率（Occupancy Rate，OCC）是指酒店租出去的房间数占它拥有的可出租的房间数的百分比，是酒店客房利用情况的重要指标。其计算公式如下：

$$客房出租率 = \frac{已售客房数}{可出租的客房数} \times 100\%$$

计算出租率时主要考虑的问题是可出租的客房数。由于各种原因，可出租房间的数量往往会波动。有时在淡季，整个楼层或部分楼层都会停止使用，或者个别房间被关闭，以便重新装修或供员工使用。对于如何处理这一问题，存在一定程度的分歧，一些酒店经营者倾向于根据实际可用的房间数量进行计算，一般我们认为有以下几种情况。

第一，通常酒店为非收入目的而预留的房间比例，如免费房或内部用房（尤其是这些客房实际可以出租的话）不算在内，因为这些房间没有产生收入。

第二，可供出租的房间数就是饭店设备设施完好、能出租给客人的房间的总数，通常不包括坏房（Out of Order Room）。所谓坏房，是指有故障要维修而当天不能出租的房间。值得注意的是另有一种客房叫作故障房（Out of Service Room），这种房因故障暂时停止出租，等待维修，维修工作当日能完成，则该房变成当日即可以出租的客房。所以，故障房与坏房不同，故障房是算在可供出租的房间总数里的。

第三，客人的实际数量超过了酒店的实际可容纳人数，这可能是由于“日用房”造成的。这在酒店高需求时期常会发生。

有时我们需要计算不同时间段的平均客房出租率，如一年或者一个月的平均客房出租率。只需将该年或该月共出租的房间数除以该年或该月可供出租的房间总数，再乘以 100% 就得到。

客房出租率介于 0~100% 之间。如果酒店没有一间房间能租出去，客房出租率就是 0。如果所有房间都租出去，或者说客房都住满了，那么客房出租率就等于 100%。显然，客房出租率反映了酒店客房产品被消费或被销售的情况，客房出租率越高意味着客房空置率越低，客房出租率越低则客房空置率越高。

二、平均每日房价

平均每日房价（Average Daily Rate，简称 ADR），是指每间被租用的客房的平均出租价格，又称平均客房售价或平均房价。

$$平均每日房价=\frac{已售客房的总收入}{已售房间的总收入}$$

假设某酒店某日有 80 间客房被客人租用，获得 \$8000 收入，那么其平均每日房价就是 \$100（8000/80）。显而易见，如果客房出租率一定，提高平均房价可提高酒店客房收入。

三、平均可供出租客房收入

平均可供出租客房收入（Revenue per Available Room，简称 RevPAR），也称平均客房收入，是指平均每间可供出租的客房每天能为酒店带来的收入。

$$平均可供出租客房收入=\frac{已售客房的总收入}{可售房间的总数}$$

$$=客房出租率\times平均每日房价$$

仍以前面的酒店为例，如果该日可供出租的房间总数为 100 间，那么它的平均客房收入为 \$80（8000/100）。如果该酒店能将其可供出租客房收入提高 \$10，那么它的客房总收入将提高 \$1000，可见平均可供出租客房收入直接反映了单位产品（客房）的创收能力。由于酒店客房数量相对固定，可供出租的房间数目也固定，所以提高平均客房收入是提高客房收入的最重要的途径。

客房出租率、平均房价和平均可供出租客房收入这三个指标哪个是衡量收益管理绩效的最佳指标呢？哪个最重要呢？答案是平均可供出租客房收入指标。因为它是客房出租率和平均房价互动的结果，能全面地反映收益管理的真实情况。

四、经营毛利与经营毛利率

经营毛利（Gross Operating Profit，GOP）在利润表中反映为收入减去成本、人工费、营运部门的直接费用、后台部门的间接费用后的余额，其公式为：

经营毛利（GOP）= 酒店营业总收入 – 酒店营业总支出

其中，酒店营业总收入包括客房、餐饮、康乐、商场、商务中心、其他收入等。酒店营业总支出是核算酒店经营性销售商品、提供劳务过程中发生的费用，以及非经营性部门发生的日常费用支出等。

经营毛利率（GOP 率）是主营业务毛利占主营业务收入的比率，指标主要反映了企业主营业务产品的获利能力，其公式为：

经营毛利率（GOP 率）=（GOP ÷ 酒店营业总收入）× 100%

经营毛利率用以反映酒店 1 元营业收入中含有多少毛利额，它是净利润的计算基础。该指标越高，说明酒店控制各项支出的能力越强。该指标的变动除了受营业收入和营业成本的变动影响外，还受到外界经济环境变动、企业竞争力和行业等因素的影响。因此，在分析时要结合内外因素一起考虑。

五、每日出租率报告

每日出租率报告反映了酒店客房的每日出租率情况。该报告除了包括正常出租的客房数外，还要详细分析酒店的自用房和免费房；这是必要的，因为不然的话，有些员工可能会把朋友安排入住免费房。所以，有必要仔细审查任何此类房间。另外，还要记录任何可能影响入住率的事件，如“大雾”“铁路罢工”或“重大展览”，这些都是会影响入住率的典型事件，记录这些事件以供将来参考非常重要。

六、预测

酒店管理一个重要部分是预测。酒店需要相对详细的短期预测，以帮助预订人员在最后一刻做出预订决定，并协助其他部门进行规划。

短期预测期通常为 5~10 天。预测每天都要进行，因此每天都要重新计算 10 次，精度不断提高。

在编制此类预测时需要考虑以下因素：可能的提前离店数（Early departures）、可能的“应到未到”率（No-show）、未预订直接上门入住客人（Walk-in）的可能数量。

所有这些都可以根据经验进行相当准确地预测。显然，你的预测不会完全正确，但过夜人数可以根据实际到达人数每天更新。

七、其他统计数据

管理层会发现许多其他控制统计数据很有用。它们包括以下内容。

（一）每位客人的平均每日消费

如果按客人类别进行细分，这尤其有用，因为这样可以根据酒店及其各种设施内的总开支来揭示哪些细分市场值得吸引。

（二）每位客人的平均入住时间

这在决定吸引哪种类型的客人方面也很有用，但在确定需要提供的设施方面更有用。一般来说，停留时间越长，所需的膳食和其他“体验”就越多样化。仔细观察停留时间数字将使管理层能够确保他们继续为这些需求做出适当的准备。

通过选取适当的时间段，如一周或一个月，然后按如下方式计算，可以相对容易地获得该数字。

另一种方法是从登记表中提取“住宿”数字，将其相加，然后除以表格总数。由于超期逗留和提前离境，这一数字并不准确，但经验表明，这两者往往会相互抵消，最终数字对于大多数目的来说都足够准确。

（三）按国籍分析客人

能够了解客人来自何处，就能够辨别趋势并评估特定营销活动的有效性，这很有用。通过分析登记表，然后将每个国家的数字转换为百分比，可以很容易地获得这一数字。例如，如果一家酒店在春节期间有 1340 名游客，其中 265 名来自美国，那么美国游客的比例将为 19.78%。

（四）按原产地分析的业务

这与国籍分析非常相似，事实上可能是这一过程的延续。了解客人来自哪个地区通常很有帮助。这些信息是通过分析登记表上的地址获得的，通常不需要高度详细的细分，使用“东南”或“西北”等标准区域就足够了。

（五）按业务来源分析预订

这是另一个有用的统计数据。它使我们能够衡量不同预订渠道的有效性，并为收益率提供一些指导。该数字也可以通过分析预订表获得，前提是这些表注明了预订的来源。将来自不同来源的预订加在一起，然后将其转换为百分比，就像处理客人的国籍一样简单。

（六）客房收入损失

这是未售出的房间数乘以平均房价。它代表了如果有更好的营销和销售技巧，我们本可以做的事情。有学者认为，这是所有统计数据中最重要的，因为它产生了一种紧迫感。90% 的入住率可能会导致一定程度的自满，但换个说法，例如“我们昨晚没有卖出 10% 的房间”，让人想做得更好。

（七）否认（拒绝业务）

了解有多少住宿请求被拒绝是非常有用的。实际上，延迟取消和应到未到数量意味着大量请求被拒绝，这仍可能导致入住率低于 100%。表 8-4 显示了这是如何发生的，它揭示出自抵达之日起 6 个月内标准客房数量的变化。

表 8-4　酒店需求量表

（单位：间）

月份	–6	–5	–4	–3	–2	–1	总计
每月需求量	25	25	25	25	25	25	150
每月取消量		2	3	5	10	15	35
每月预订量	25	25	25	25	10	10	120
累计预订数	25	48	70	90	90	85	
应到未到						10	10
实际抵达数						75	75

（资料来源：胡质健 .《收益管理》）

在表中，需求量保持稳定在每月 25 个，而取消的数量稳步增加（我们假设这些是在新需求之后出现的。这并不完全正确，但有助于简化计算）。其他数字如下。

（1）第一批需求在第 6 个月（即抵达前 6 个月）收到，所有请求均可满足。因此，累计预订量（即总预订量）为 25。

（2）在第 5 个月，酒店接受了另外 25 个需求，总共进行了 50 次预订，但也有两次取消预订，因此累积预订总数减少到 48（25+25–2=48）。

（3）在第 4 个月期间，酒店接受了另外 25 个需求，但由于它还收到了 3 个以上的取消预订，累计预订总数仅为 70（48+25–3=70）。

（4）在第 3 个月，它接受了 25 次以上的预订，并有 5 次以上的取消，从而产生了累计预订总数 90（70+25−5=90）。

（5）在第 2 个月，它又收到了 25 个请求。然而，它只能接受其中的 10 个，因为它已经有 90 个预订，只有 100 个房间。它还收到 10 次取消预订，因此累计预订总数保持在 90（90+10−10=90）。

（6）在第 1 个月（最后一个月），它又收到了 25 个请求，其中可以接受 10 个。然而，它也会收到 15 次取消预订，因此预期到达的最终数字只有 85 次（90+10−15=85）。其中，有 10 个应到未到，所以最终到达的总预订只有 75 个。

总的来说，该酒店收到了 150 份需求，其中只有 120 份被接受，30 份被拒绝。扣除取消和未入住，实际需求为 105%，而不是实际实现的 75% 的入住率（75 次已完成预订加上 30 次被拒绝）。

实际上，很少有酒店会记录“拒绝”，因为他们需要单独录入，通常是在前台工作人员很忙的时候。然而，我们已经建议，等待名单是一个好主意。如果可以在上面输入任何未满足请求的简要详细信息（姓名、联系电话、房间类型和所需日期），那么生成拒绝统计信息就会变得容易得多。任何没有从等待名单上划掉的名字（最终没有房间）都将被拒绝，这些名字可以加起来。通常情况下，这只会涉及有限的夜晚，因此行政负担并不像最初看起来的那么沉重。

我们已经指出，超额预订有助于减少延迟取消和未入住的影响。然而，了解实际需求量仍然很有用。这可能证明管理层可以增加一些额外的房间！

很明显，将所有这些不同的统计数据放在一起，酒店可以获得最大的好处。例如，发现某些国家的人比其他国家的人停留时间更长、喜欢入住价格更高的房间，或者集团业务产生的总体平均支出更低。其中，许多结果可能是不言而喻的，但你很可能会得到几个惊喜。

八、评估客人满意度

由于客人是酒店所有服务的焦点，因此了解客人的需求成功得到满足的程度非常重要。入住率的上升或下降趋势将间接表明这一点。但这些可能会受到各种其他因素的影响，如经济环境的变化或周边地区新的竞争对手。

经理们试图做到这一点的一种方法是让员工作为客人住在酒店，然后汇报他们的经历。然而，真的没有什么可以代替真正的客人自己的评论。不请自来的信件可能是你能得到的最真实的反馈：只有少数访客会不辞辛劳地坐下来，然后写一封信，根据经验，一封信代表大约 10 位满意（或不满意）的客户。这是一个很好的规则，换句话说，应该认真对待这些问题。

“提示”注释也很有用。如果你真的想知道你的产品是否真的让客人满意，最快、最简单的方法就是直接问他。然而，这些答复需要保密。旧式酒店通常使用访客簿，邀请客人在其中写评论。从理论上讲，这些可能是至关重要的，但在实践中它们几乎从来都不是，主要是因为作者知道他们的评论会被住在酒店的其他人阅读。

客人的意见最好通过“客人问卷”获得。这通常放在客人的房间里。并不是所有的客人都完成了，但那些完成的人可以提供有用的数据。此类问卷应做到以下几点。第一，尽可能简短且易于完成（这意味着使用方框进行勾选，而不是要求提供扩展注释）。第二，让客人积极表达意见，如果客人愿意，允许他们保持匿名。第三，明确承诺将研究客人的意见，并在必要时采取行动。第四，（提前）感谢客人提供的任何信息。这只是正常的礼貌，但在一个致力于“服务”的机构中尤其重要。

通常，此类调查问卷将涵盖整个酒店产品和服务，而不仅仅是住宿方面，详见图 8-2。

Guest Questionnaire

Please help us to maintain the standard of the service we offer by answering the following questions:

How did you hear of the hotel?

From friends	☐	From Travel Agency	☐
From advertising	☐	From OTA	☐

Other（please specify）:

How did you make your reservation?

At reception	☐	Tour operator	☐
Phone	☐	Central reservations	☐
Letter	☐	Other hotel	☐
Travel Agent	☐		

Other（please specify）:

How do you rate the following（please tick the appropriate column）:

	Excellent	Good	Fair	Poor
Reception				
Telephone service				
Room cleanliness				
Room facilities				
Room prices				
Restaurant food quality				
Restaurant menu choice?				
Restaurant service				

Your name（Optional）: ____________ Date of stay: ______________

Profession: _____________________Room: ___________________

We are very grateful to you for your comments. They will be given careful attention. Thank you for staying with us，and we hope to see you again!

图 8-2 客人问卷示例

任务三 酒店相关的法律法规

● 案例导入

海外：酒店安全涵盖多方面 赔偿金额可高达上亿元

梳理酒店安全相关诉讼，较多国外案例显示，若住客在入住期间遭遇损害，酒店可能面临高额赔偿，2016 年的女记者被偷拍案判决较富代表性。美国记者艾琳·安德鲁丝入住万豪酒店时，在房间内遭隔壁住客偷拍裸照，后该记者将酒店告上法庭，指出酒店违规透露其姓名及房间号，为偷拍者开启隔壁客房提供方便。法官判罚万豪对此事件负有 49% 的责任，需赔偿女记者 2700 万美元。

除保障住客的权益，若住客对他人生命安全造成伤害，酒店也应视情况承担一定责任。2017 年，美国发生一例特大枪击案，枪手从入住酒店的 32 层向楼下观看演唱会的观众开枪扫射，共造成 58 人死亡、527 人受伤。在此事件中，酒店因未检查出枪手携带的武器，被认为严重失职。2019 年，美高梅国际集团宣布同意对拉斯维加斯枪击案中 58 名遇难者及数百名伤者提供赔偿，赔偿金额高达 8 亿美元。

人身安全之外，酒店在保障“信息安全”方面的义务较易被忽略，但近年来也正引起重视。2018 年，万豪透露旗下喜达屋酒店的客人数据库遭黑客入侵，或有约 5 亿客户数据泄露，事件爆出后，万豪国际酒店集团的股价一度下跌逾 5%，并遭索赔金额高达 125 亿美元的集体诉讼。上百亿美元的判罚至今未落地，但可以确切获知的判罚是：万豪因违反欧盟《通用数据保护条例》，被英国信息专员办公室处以 1840 万英镑（约合人民币 1.6 亿元）罚款。

就效果而言，高额赔偿在一定程度上成为制约酒店的利器。为避免再遭“放血”，涉事酒店自查自纠、补全漏洞。值得注意的是，这些整改举措往往无须社会的持续监督，具有较强的自主性。

（资料来源：21 世纪经济报道，https://mp.weixin.qq.com/s/FkitZN6g3_Tq0A-Q76vfcg.）

相关知识

自中世纪以来，许多国家对酒店实行严格的执照控制，颁布了相关的法律，这不仅是为了保护消费者的利益（设定最低质量和安全标准），而且也是为了保护酒店其他客人和酒店自己不受可疑客人的伤害，增强其财务责任，避免发生冲突。

酒店法律如同其他法律一样，有广义和狭义两种定义，广义的酒店法律指规定酒店成立、经营过程中一切权利义务关系法律规范的总称，既包括《酒店法》，也包括其他一系列相关的法律法规，例如《合同法》《劳动法》等；狭义的酒店法律则仅指《酒店法》本身，包括酒店登记入住、服务接待、客人人身及财物安全、物品寄存与保管、纠纷解决等内容的行业性法律。[①]

在法律和规范方面，酒店一般需要关注两方面：一是任何可能影响客人健康、舒适或幸福的因素，这些必须优先考虑，因为酒店的存在是为了为客人提供服务，如果一家酒店开始把自己的利益或便利放在首位，那这家酒店很快会停业；二是任何可能影响酒店正常经营的因素，尤其是影响酒店硬件设备、营收或声誉的因素。

当然还有第三个方面，即酒店员工可能面临的风险。然而，“对工作中的健康和安全”的讨论不在本书的范围之内，我们只是在这里提及一下。

一、国外酒店法律的发展

关于酒店法律的最早记载当数古巴比伦的《汉穆拉比法典》。该法典创始性地对酒店的服务质量问题做了规定，如在啤酒中掺水可以处以死刑。当然，这类规定尚不具有近现代酒店法律的意义。近现代意义的酒店法律发源于英国，英国的普通法首先宣布饭店负有保证旅客生命健康的社会责任。到了现代，1981 年，国际旅馆协会执行委员会在尼泊尔加德满都通过《国际旅馆法》。此法规已经被国际旅馆业普遍承认，属国际上现行有效的关于旅馆和旅客契约关系的法规。

有关酒店法律方面的详细信息，应查阅专业法律教科书，但应熟悉以下几个方面的内容。

（一）住宿合同

当酒店接受客人的预订时，会签订一份具有约束力的合同，即入住登记单。客人预计会来，酒店必须提供约定的房间。如果任何一方未能履行其协议，则必须赔偿另一方遭受的任何损失。但是，客人的行为也应合理，如果他出现时处于醉酒或呕吐状态，或表现出暴力、争吵及其他不合适的行为，他可能被视为违反了合同，酒店可能会要求他离开。究竟什么样的着装或行为会构成违约，这是法院的问题。

（二）有关性别、种族的问题

陆续有法律禁止酒店在提供商品、设施或服务方面歧视女性，如美国 1975 年的《性别歧视法》（*The Sex Discrimination Act* 1975）。同样有法律禁止酒店在提供商品、设施或服务方面，基于肤色、国籍、种族或民族血统歧视任何人，如美国

① 汤卫松，王旭东，徐峰．酒店法律与法规．杭州：浙江大学出版社，2010.

1976 年的《种族关系法》(*The Race Relations Act* 1976)。

(三)预付款

上述规定不妨碍酒店要求提前付款，这是酒店抵御可疑客户的主要防线之一，只要你不把它当作一种隐蔽的歧视形式，您也可以随时要求临时付款。

拓展阅读

可能是奢华酒店圈集体被骗 最惨的一次?

——关于安娜的故事

2013—2017 年，一位叫 Anna Delvey 的年轻女孩进入了纽约上流社会的视线。她自称在德国拥有着 6000 万美元的信托基金，了解富人的游戏规则，无论名媛贵族、金融大亨或是房产业主等高端社交圈的人物，都仿佛与她有着不浅的关系，或多或少成安娜行骗的担保人或受害人。

安娜的 Instagram 上记录着她奢华的生活方式——无数奢侈品行头、私人飞机和游艇、住在全球数一数二的酒店、与名流共进晚餐，甚至打赏侍应生小费都是 100 美元……她甚至看中了在公园大道的颇有历史的六层教堂传教楼，打算买下来改建为 ADF (Anna Delvey Foundation) 的艺术中心。

这一切的终结直到 2017 年 10 月，安娜被警方逮捕，并羁押在全美最大的赖克斯岛监狱。随着调查的深入，逐渐还原她本名为 Anna Sorokin，母亲是家庭主妇，而父亲也并非德国富翁，仅是一名卡车司机，更没有什么信托基金留给她。

《虚构安娜》这部电视剧则在很大程度上还原了这个离奇极了的故事。

在大结局法庭宣判之际，安娜被裁定犯有二级重大盗窃罪、三级盗窃罪和非法获得服务等数项罪名，在律师的辩护下，她的 6.2 万美元消费与银行借贷 2200 万美元被宣布无罪。

一、行骗奢华酒店

在长长的指控名录上，我关注到了奢华酒店也参与其中，并均得到了指控有罪成立的宣判。下面我们来一起来看看名录上的这些酒店，并解析为什么安娜会选择行骗奢华酒店，以及她没支付成功却能连住多日的原因。

很大程度上，出入奢华酒店、将其作为起居与会客场地，以及从中结交的人物、与 Instagram 上发布的定位等方式的确为安娜编造的故事披上了令人信服的外衣。所有来到这里与她见面的人，都抱着这样一种固有印象：“她住在这么豪华的酒店里，说的话应该可信吧”以及“她要是真的没钱，是怎么住得起顶级酒店的。”

而由于安娜给小费出手阔绰（从另一处银行套现），很快结交到了前台的员工内芙。内芙后来回忆说：“酒店仿佛是她的天下。”纽约的奢华酒店往往与奢侈品牌有着千丝万缕的业务往来，通过内芙的牵线，众多奢侈品店铺、高端展会及餐厅为这位传说中富有的德国女继承人大开方便之门，而酒店的餐厅，也成了安娜宴请的常用地点。这也从侧面说明了，不要忽略小人物的影响力，也是安娜的精明所在，既为自己的身份造势，又得到了 100% 真实的有效信息。

看剧时弹幕一直在吐槽，安娜有给小费的钱还不如租房住，又便宜时间又久。

事实上，如果安娜真的去租房，也许故事的可信性就会大打折扣，也对于她积攒人脉无用；同时，安娜本人对于自己编造的故事深信不疑，正应了那句“要想骗过其他人，你首先要骗过自己”。所以她坚信奢华酒店是最佳的下榻地，也是理想的精英会面所。

二、常住客却分毫未付

相信直到现在很多酒店也无法相信，这个华服不断的女生——Dior 托特、Burberry 海军大衣、Celine 太阳镜、Armani 长裤以及数不清的大牌配饰，态度傲人、口吻犀利，竟然连客房账单也无法付得起。那么安娜钻了酒店最大的空子是什么呢？

一部分网友认为，是当时国外落后的支付系统。一旦客人搬出“欧洲信用卡不适配”的理由，且出现刷卡不灵的问题，竟然都可以被酒店接受。

身处奢华酒店的员工常被培训“竭尽所能帮助客人，不要给其增添其麻烦”，为了避免可能被投诉或者得罪贵客，当面临信用卡失效的情况，酒店则要求员工先行记下客人的卡号，再在后期发起账单扣除申请。这就导致了安娜可以轻松入住多日，却丝毫未受打扰。

三、安娜入住的酒店名单

霍华德 11 号豪华酒店（11 Howard Hotel）价格为 2200 美元 / 晚起。

酒店位于曼哈顿，酒店前身是邮局办事处，由来自丹麦的 Space Copenhagen 操刀设计，整体装修色彩低调，大量运用皮革与木石，以及价值不菲的艺术品。

剧中，安娜在此住了近 100 天，并因为她无法支付费用被酒店方发出警告。

比克曼汤普森酒店（Beekman Hotel）价格为 2700 美元 / 晚起。离开霍华德 11 号豪华酒店后，安娜住进了坐落在华尔街的比克曼汤普森酒店，这家酒店在纽约占据良好的地理位置，服务也极尽奢华，并设有按摩室。安娜在这家酒店欠下约 1.1 万美元的账单。

拉玛穆尼亚酒店（La Mamounia）酒店一直被视作摩洛哥瑰宝，由皇宫改建，在 18 世纪时被当时的摩洛哥国王作为礼物送给结婚的儿子。酒店拥有占地近 8 公顷的大型花园，是丘吉尔等名流的青睐之处，更在 2021 年 Conde Nast Traveler 的评选中被选为世界最佳酒店和非洲最佳酒店。安娜在此入住了一套每晚 7000 美元的摩洛哥私人别墅，带室内庭院与泳池以及三间卧室。

纽约时代广场 W 酒店（Hotel W New York — Times Square）价格为 2500 美元 / 晚起。这是全球最早开业的 W 酒店，位于莱克星顿大街 541 号，拥有 509 间客房，并在 2018 年翻新。从酒店步行即可抵达百老汇剧院，距离帝国大厦及大都会艺术博物馆的距离也很近，品牌炫目的灯光与时尚潮流的内设一应俱全，因为安娜无法提供信用卡，W 酒店选择了报警。

现实中的安娜最终被判入狱 4~12 年，假释后她将自己的故事改编权以 32 万美元的价格售卖给了网飞。

看完上文安娜的经历与酒店被骗的过程，你有什么想法呢？有什么办法可以让豪华酒店避免该损失吗？

（资料来源：https：//mp.weixin.qq.com/s/KlkHsJrSKYgdgq0Gdk1BzA。）

（四）擅入

通常情况下，业主可以在未经许可的情况下阻止其他任何人进入其物业。擅入者是“入侵者”，可能被要求离开。如果他造成任何损害，他也可以被起诉（尽管他不能被起诉，因为非法侵入是一个民法问题）。例如，1956 年美国的《酒店业主法》（*The Hotel Proprietors Act* 1956）规定的接受真正旅行者的义务限制了酒店运营商的这一权利，但它肯定没有赋予旅行者在酒店各处闲逛的权利。仅为茶点而来的客人有权进入酒吧或餐厅等公共房间，但不能进入住宿区，即使是过夜的客人也无权探索自己房间以外的走廊。客人无权进入标有“员工”字样的区域。这些限制很重要，因为它们允许酒店工作人员挑战可疑人物，当然这应该总是巧妙地被完成（“我能帮您吗？您在找哪个房间？”“May I help you? Which room are you looking for?”）。

（五）留置权

这项古老的普通法权利被编纂在 1878 年美国的《客栈老板法》（*The Innkeepers Act of* 1878）中。它允许酒店扣押客人的物品，如果客人的账单没有支付，酒店可以将其出售以支付费用。然而，它受到了一些限制——在任何情况下，职业骗子通常都会注意不要带来太多值得扣押的东西。

（六）盗窃行为

1968 年，美国的《盗窃法》（*The Theft Acts*）第 1 节对盗窃的定义如下：“如果一个人不诚实地挪用属于另一个人的财产，意图永久剥夺另一个人的财产，他就是犯了盗窃罪。”它接着补充说：“如果一个人进入任何建筑物，他就犯有盗窃罪。他是非法闯入者，并意图犯下任何此类罪行……”

这些规定适用于进入酒店场所盗窃酒店或其客人财产的小偷，但在 1978 年美国的《盗窃法》颁布之前，关于直接离开酒店或餐厅而未付款的人的立场一直不明确，该法补充说：“任何人以任何欺骗手段不诚实地从另一人处获得服务，即属犯罪。”和“任何人明知需要或预期他当场支付所提供的任何货物或所提供的服务的款项，而不诚实地未按要求付款而逃走，并意图逃避付款，即属犯罪。”与所有严重刑事犯罪一样，你不仅要证明被告做了你所说的事（例如过夜，然后不付钱就逃走），还要证明他是“故意”这样做的。

二、国内相关的主要法律

目前，在中国，关于酒店与客人之间相关的法律关系及依据主要由《合同法》与《中华人民共和国消费者权益保护法》来保障酒店与客人之间的有偿服务（包括住宿、饮食、娱乐等）合同关系、财物保管合同关系等；通过《中华人民共和国民法典》与《最高人民法院关于审理人身损害赔偿案件适用法律若干问题的解释》来保障酒店与客人之间的财产、人身侵权损害赔偿关系;《中华人民共和国网络安全法》《儿童个人信息网络保护规定》等来保障客人的隐私。

除此之外，中国旅游饭店业协会依据《中国消费者权益保护法》《合同法》《国务院关于计算外宾住房天数的规定》《国际饭店新规程》及有关国际惯例制定，于2002年5月1日起颁布实施《中国旅游饭店行业规范》(以下称《规范》)，并于2009年8月再次修订。《规范》的出台成为中国旅游饭店业发展几十年来规范饭店经营行为的第一部规范，是指导和规范饭店自律行为的准则，既弥补了国家现有法律规范的不足，也为行业主管部门制定《饭店法》等相应法律法规摸索了经验，为我国饭店行业法规体系的建立奠定了良好的基础，标志着中国旅游饭店向更加成熟的方向迈进了一步。下面以《规范》为例，来阐述饭店行业相关法律法规知识。

三、《规范》中的主要条款

《规范》总共11章43条，涉及饭店预订、等级、入住、饭店消费、保护客人的人身和财产安全、保护客人贵重物品、保护客人一般物品、洗衣物品、停车场管理等内容，明确规定了饭店的权利和义务。[①]

(一)预订、登记、入住

饭店应当与客人共同履行住宿合同，因不可抗力不能履行双方住宿合同的，任何一方均应当及时通知对方。双方另有约定的，按约定处理。饭店由于出现超额预订而使预订客人不能入住的，饭店应当主动替客人安排本地同档次或高于本饭店档次的饭店入住，所产生的有关费用由饭店承担。饭店应当同团队、会议、长住客人签订住房合同。合同内容应当包括客人入住和离店的时间、房间等级与价格、餐饮价格、付款方式、违约责任等款项。饭店在办理客人入住手续时，应当按照国家的有关规定，要求客人出示有效证件，并如实登记。

(二)不予接待的情形

关于客人的行为，以下情况饭店可以不予接待：携带危害饭店安全的物品入店者；从事违法活动者；影响饭店形象者(如携带动物者)；无支付能力或曾有过逃

① https://baike.baidu.com/item/%E4%B8%AD%E5%9B%BD%E6%97%85%E6%B8%B8%E9%A5%AD%E5%BA%97%E8%A1%8C%E4%B8%9A%E8%A7%84%E8%8C%83/10051354?fr=aladdin。

账记录者；饭店客满；法律、法规规定的其他情况。

（三）饭店收费

饭店应当将房价表置于总服务台显著位置，供客人参考。饭店如给予客人房价折扣，应当进行书面约定。饭店应在前厅显著位置明示客房价格和住宿时间结算方法，或者确认已将上述信息用适当方式告知客人。根据国家规定，饭店如果对客房、餐饮、洗衣、电话等服务项目加收服务费，应当在房价表或有关服务价目单上明码标价。

（四）保护客人人身和财产安全

为了保护客人的人身和财产安全，饭店客房房门应当装置防盗链、门镜、应急疏散图，卫生间内应当采取有效的防滑措施。客房内应当放置《服务指南》《住宿须知》和《防火指南》。有条件的饭店应当安装客房电子门锁和公共区域安全监控系统。饭店应当确保健身、娱乐等场所设施、设备的完好和安全。对可能损害客人人身和财产安全的场所，饭店应当采取防护、警示措施。警示牌应当中英文对照。饭店应当采取措施，防止客人放置在客房内的财物灭失、毁损。由于饭店的原因造成客人财物灭失、毁损的，饭店应当承担责任。饭店应当保护客人的隐私权。除日常清扫卫生、维修保养设施设备或者发生火灾等紧急情况外，饭店员工未经客人许可不得随意进入客人下榻的房间。

（五）保管客人贵重物品

饭店应当在前厅处设置有双锁的客人贵重物品保险箱。贵重物品保险箱的位置应当安全、方便、隐蔽，能够保护客人的隐私。饭店应当按照规定的时限，免费提供住店客人贵重物品的保管服务。饭店应当对住店客人贵重物品的保管服务作出书面规定，并在客人办理入住登记时予以提示。违反第 17 条和本条规定，造成客人贵重物品灭失的，饭店应当承担赔偿责任。客人寄存贵重物品时，饭店应当要求客人填写贵重物品寄存单；并办理有关手续。饭店客房内设置的保险箱仅为住店客人提供存放一般物品之用。对没有按规定将贵重物品存放在饭店前厅贵重物品保险箱内，而造成客房里客人的贵重物品灭失、毁损的，如果责任在饭店一方，可视为一般物品予以赔偿。如无事先约定，在客人结账退房离开饭店以后，饭店可以将客人寄存在贵重物品保险箱内的物品取出，并按照有关规定处理。饭店应当将此条规定在客人贵重物品寄存单上明示。客人如果遗失饭店贵重物品保险箱的钥匙，除赔偿锁匙成本费用外，饭店还可以要求客人承担维修保险箱的费用。

（六）保管客人一般物品

饭店保管客人寄存在前厅行李寄存处的行李物品时，应当检查其包装是否完好、安全，询问有无违禁物品，并经双方当面确认后，给客人签发行李寄存牌。客人在餐饮、康乐中心、前厅行李寄存处等场所寄存物品时，饭店应当面询问客人寄存物品中有无贵重物品。客人寄存的物品中如有贵重物品的，应当向饭店声明，由饭店员工验收并交饭店贵重物品保管处免费保管；客人事先未声明或不同意核实而造成物品灭失、毁损的，如果责任在饭店一方，饭店按照一般物品予以赔偿；客人对寄存物品没有提出需要采取特殊保管措施的，因为物品自身的原因造成毁损或损耗的，饭店不承担赔偿责任；由于客人没有事先说明寄存物品的情况，造成饭店损失的，除饭店知道或者应当知道而没有采取补救措施的以外，饭店可以要求客人承担相应的赔偿责任。

（七）洗衣服务

客人送洗衣物，饭店应当要求客人在洗衣单上注明洗涤种类及要求，并应当检查衣物状况有无破损。客人如有特殊要求或者饭店员工发现衣物破损的，双方应当事先确认并在洗衣单上注明。客人事先没有提出特殊要求，饭店按照常规进行洗涤，造成衣物损坏的，饭店不承担赔偿责任。客人送洗衣物在洗涤后即时发现破损等问题，而饭店无法证明该衣物是在洗涤以前破损的，饭店承担相应责任。饭店应当在洗衣单上注明，要求客人将送洗衣物内的物品取出。对洗涤后客人衣物内物品的灭失，饭店不承担责任。

（八）停车场管理

饭店应当保护停车场内饭店客人的车辆安全。由于保管不善，造成车辆灭失或者毁损的，饭店承担相应责任，但因为客人自身的原因造成车辆灭失或者毁损的除外。双方均有过错的，应当各自承担相应的责任。饭店应当提示客人保管好放置在汽车内的物品。对汽车内放置的物品的灭失，饭店不承担责任。

（九）其他

饭店如果谢绝客人自带酒水和食品进入餐厅、酒吧、舞厅等场所享用，应当将谢绝的告示设置于经营场所的显著位置，或者确认已将上述信息用适当方式告知客人。饭店有义务提醒客人在客房内遵守国家有关规定，不得私留他人住宿或者擅自将客房转让给他人使用及改变使用用途。对违反规定造成饭店损失的，饭店可以要求入住该房间的客人承担相应的赔偿责任。饭店可以口头提示或书面通知客人不得自行对客房进行改造、装饰。未经饭店同意进行改造、装饰而造成损失的，饭店可以要求客人承担相应的赔偿责任。饭店有义务提示客人爱护饭店的财物。由于客人的原因造成损坏的，饭店可以要求客人承担赔偿责任。由于客人原因，饭店维修受损设施、设备期间导致客房不能出租、场所不能开放而发生的营业损失，饭店可视其情况要求客人承担责任。对饮酒过量的客人，饭店应恰当、及时地劝阻，防止客人在饭店内醉酒。客人醉酒后在饭店内肇事造成损失的，饭店可以要求肇事者承担相应的赔偿责任。客人结账离店后，如有物品遗留在客房内，饭店应当设法同客人取得联系，将物品归还或寄还给客人，或替客人保管，所产生的费用由客人承担。三个月后仍无人认领的，饭店可登记造册，按拾遗物品处理。饭店应当提供与本饭店档次相符的产品与服务。饭店所提供的产品与服务如果存在瑕疵，饭店应当采取措施及时加以改进。由于饭店的原因而给客人造成损失的，饭店应当根据损失程度向客人赔礼道歉，或给予相应的赔偿。

四、小结

在这些法规中，我们可以感觉到，这些法规条例不仅保护客人，也保护员工。每个人都有双重身份，既是服务的需求者也是服务的供给者，我们在这个场合享受服务，而在下一个场合我们可能就要提供服务。在一个服务型社会里，服务的品质，不仅取决于服务的提供者，也取决于服务的需求者。一个完整的、完善的，乃至完美的服务流程，是在供给和需求双方的理解和互动下完成的。我们需要更好地服务他人的意识和技能，同样也要有更好地接受服务的意识和技能。

丽思·卡尔顿（Ritz Carlton）酒店有句著名的口号：“我们是为绅士和淑女服务的绅士和淑女（We are ladies and gentlemen for ladies and gentlemen.）。”这就说明员工与客人是处于平等地位的。平等，就是以人文意识和相互尊重的原则为每一位服务者和被服务者予以应有的尊严。

拓展阅读

酒店负面新闻常常源于不懂法

酒店人常用《中华人民共和国民法典》，结合酒店案例，我们一起来学习其中部分内容。

2020 年 5 月 28 日，十三届全国人大三次会议表决通过了《中华人民共和国民法典》(下称《民法典》)，自 2021 年 1 月 1 日起施行。这是中华人民共和国历史上第一部以法典命名的法律，也是真正属于中国人民自己的民法典。《民法典》共 7 编、1260 条，各编依次为总则、物权、合同、人格权、婚姻家庭、继承、侵权责任，以及附则，总计十万余字。

1. 酒店要求消费者 12 点退房合理吗?

《民法典》第 491 条：当事人一方通过互联网等信息网络发布的商品或者服务信息符合要约条件的，对方选择该商品或者服务并提交订单成功时合同成立，但是当事人另有约定的除外。

很多人质疑为什么付给酒店一天的房费，却不能住满 24 小时？但其实无论是你在网络平台预订酒店还是办理入住确认单时，酒店都有条款注明退房时间为退房当天中午 12:00，提交预订订单和签字完成入住都代表双方合同成立。

12:00 退房也不是无据可依的霸王条款。根据《中国旅游饭店行业规范》第 10 条：饭店客房收费以“间 / 夜”为计算单位。按照客人住一“间 / 夜”，计收一天房费；次日 12 时以后、18 时以前办理退房手续者，饭店可以加收半天房费；次日 18 以后退房者，饭店可以加收一天房费。

2. 在酒店寄存的行李被酒店损坏或者遗失，该怎样赔偿?

《民法典》第 888 条：保管合同是保管人保管寄存人交付的保管物，并返还该物的合同。寄存人到保管人处从事购物、就餐、住宿等活动，将物品存放在指定场所的，视为保管，但是当事人另有约定或者另有交易习惯的除外。

《民法典》第 898 条：寄存人寄存货币、有价证券或者其他贵重物品的，应当向保管人声明，由保管人验收或者封存；寄存人未声明的，该物品毁损、灭失后，保管人可以按照一般物品予以赔偿。

消费者将物品托付给酒店，酒店就有责任妥善保管。但如果保管物品中有贵重物品，消费者又没提前跟酒店说明，一旦发生损毁和遗失，酒店可以按照一般物品赔偿。所以酒店在接收保管物品时，一定要提醒消费者将贵重物品和普通行李要分开寄存。

3. 消费者不顾酒店劝阻任性玩耍发生事故，消费者在酒店被宠物咬伤，责任谁承担？

《民法典》第1198条：宾馆、商场、银行、车站、机场、体育场馆、娱乐场所等经营场所、公共场所的经营者、管理者或者群众性活动的组织者，未尽到安全保障义务，造成他人损害的，应当承担侵权责任。因第三人的行为造成他人损害的，由第三人承担侵权责任；经营者、管理者或者组织者未尽到安全保障义务的，承担相应的补充责任。经营者、管理者或者组织者承担补充责任后，可以向第三人追偿。

《民法典》第1243条规定：未经许可进入高度危险活动区域或者高度危险物存放区域受到损害，管理人能够证明已经采取足够安全措施并尽到充分警示义务的，可以减轻或者不承担责任。

所以说，如果消费者因为酒店地面湿滑、障碍物而摔倒受伤，第一时间保留证据；如果酒店能够证明已经采取足够安全措施，消费者仍然任性前往危险区域玩耍而发生事故的，消费者将承担主要甚至全部责任，酒店可以减轻或不承担责任；而未尽到安全保障义务的，则会面临相应的责任承担风险。消费者在酒店内被宠物咬伤也是同理。

4. 酒店预订或办理入住时使用的个人信息被酒店泄露怎么办？

《民法典》1032条规定：自然人享有隐私权，隐私是自然人的私人生活安宁和不愿为他人知晓的私密空间、私密活动、私密信息。任何组织或者个人不得以刺探、侵扰、泄露、公开等方式侵害他人的隐私权。

《民法典》第1038条规定：信息处理者不得泄露或者篡改其收集、存储的个人信息；未经自然人同意，不得向他人非法提供其个人信息。信息处理者应当采取技术措施和其他必要措施，确保其收集、存储的个人信息安全，防止信息泄露、篡改、丢失；发生或者可能发生个人信息泄露、篡改、丢失的，应当及时采取补救措施，按照规定告知自然人并向有关主管部门报告。

酒店不可过度搜集消费者信息。当消费者在酒店办理入住时，如果酒店前台要求消费者出示除入住所需的基础个人信息以外的个人信息，消费者可以拒绝。

在抗疫的特殊时期酒店要求提供的健康码、行程信息，是属于特殊时期的公共利益需要。除了在经过本人同意、合理范围使用和维护公共利益的三种情况外，绝不能将消费者个人信息随意处置、泄露或对外公开。否则，酒店轻则赔偿消费者损失，重则触犯刑事法律。

5. 下单酒店成功之后，又被酒店取消该怎么办？

《民法典》第 491 条：当事人一方通过互联网等信息网络发布的商品或者服务信息符合要约条件的，对方选择该商品或者服务并提交订单成功时合同成立，但是当事人另有约定的除外。

《民法典》第 996 条规定："因当事人一方的违约行为，损害对方人格权并造成严重精神损害，受损害方请求其承担违约责任的，不影响受损害方请求精神损害赔偿。"也就是说，只要消费者下单就表示与酒店合同成立。如果因为酒店方面的违约造成消费者人身损害、财产损失的，也可以请求酒店承担精神损害赔偿。

6. 酒店说预约房型没有了，被迫加钱升级该怎么办？

《民法典》第 495 条：当事人约定在将来一定期限内订立合同的认购书、订购书、预订书等，构成预约合同。当事人一方不履行预约合同约定的订立合同义务的，对方可以请求其承担预约合同的违约责任。

《民法典》第 500 条：当事人在订立合同过程中有下列情形之一，造成对方损失的，应当承担赔偿责任：

- 假借订立合同，恶意进行磋商；
- 故意隐瞒与订立合同有关的重要事实或者提供虚假情况；
- 有其他违背诚信原则的行为。

如果酒店先让消费者付钱订房，随后又借口说房型没有了，强迫消费者加钱升级房型的情况，属于《民法典》第 500 条。如果酒店造成消费者损失的，应当承担赔偿责任。

7. 被酒店虚假广告宣传骗了该怎么办？

《民法典》第 987 条：得利人知道或者应当知道取得的利益没有法律根据的，受损失的人可以请求得利人返还其取得的利益并依法赔偿损失。酒店的广告内容若涉及虚假宣传，受损失的消费者可以请求得利人返还其取得的利益并依法赔偿损失。

8. 酒店背景音乐，能网络随便下载吗？

《民法典》第 1185 条：故意侵害他人知识产权，情节严重的，被侵权人有权请求相应的惩罚性赔偿。

2004年，上海在国内率先启动大规模背景音乐收费，第一批对象就是多家高星酒店。根据《中华人民共和国著作权法》规定，如果未经权利人许可，擅自复制、发行、表演、放映、广播、汇编、通过信息网络向公众传播其作品的，应当根据情况，承担停止侵害、消除影响、赔礼道歉、赔偿损失等民事责任。

（资料来源：https：//mp.weixin.qq.com/s/nHbBiHSN_-T5UA1Hi7AeTQ.）

实战演练

3~5位同学组成一个小组。以小组为单位，完成以下工作（具体工作流程和评价标准可参考本书附录A）。

一、讨论酒店前厅部内部控制的重要性。

二、讨论酒店中处理差异房态的操作流程。

三、讨论酒店中经营指标及各类报告的重要性。

四、查找2~3个酒店业中发生的法律案件并提出相应的解决方案。

项目九
酒店接待员

学习目标

知识目标：

1. 了解酒店接待人员的工作。
2. 理解酒店接待员的职业素养。
3. 了解酒店接待员的仪容仪表要求。

技能目标：

1. 能够以酒店接待员的职业素养要求自己。
2. 能够保持良好的个人形象，遵守公司关于制服、名牌和个人形象的规定。

任务一　酒店接待员的专业素质

案例导入

AICR——深深影响世界技能大赛酒店接待赛项的圈子

AICR 成立于 1964 年法国东南沿海，由法国多家著名奢华五星级酒店的前厅经理人发起。在过去的 50 年，AICR 已经发展为一个活跃于 16 个国家、拥有 17 个分支的国际组织，并继续发展壮大。

AICR International

AICR 翻译为中文，应该是：酒店前厅经理人国际联盟，与酒店接待有着密切的关系。AICR 不仅仅是一个行业职业组织，更多的是一个国际友好协会，促进各国会员之间的友谊与交流。

近年来，AICR 国际联盟委员会主要致力于发展以下项目：

（1）年度代表大会：着重于教育培训课程与行业研讨。

（2）前厅领导力认证课程（专为卓越的前厅管理者设计的领导力认证培

训课程）。

（3）导师项目：专为前厅部门的初入行业者提供师徒制导师项目，帮助他们在行业中持续发展。

（4）全球前台接待节系列活动。

在成员国中，AICR 会员能够享受无价的人脉网络：

● 即刻获得所在地同行们的友好及专业的支持；

● 交流观点、信息、最佳实践和经历；

● 提前获得不良客人名单或安全隐患警告；

● 城市之间互相支持，促进会议活动酒店间相互宣传与合作；

● 参加年度国家乃至国际前台接待大赛；

● 帮助招聘业绩优秀人才；

● 提供更多职位选择。

每一年最激动人心的事莫过于：国际前台接待年度大赛 AICR International–The David Campbell Trophy。这是为纪念巴黎 Hotel Ritz 酒店的前厅经理 David Campbell 先生对行业的奉献与激情而生。

1995 年以来，巴黎 AICR 每年都举办全球年度最佳前台接待大赛。大赛逐年发展，在全球酒店经理人以及赞助商们的支持下，为新生代酒店人创造了极佳的培训机会与展示舞台，为未来的 AICR 及整个酒店行业培养更多杰出人才。

酒店行业的魅力在于拓展人脉，AICR 作为一个行业的友好协会，为各国之间的前台职业经理人创建了网络，提供各种服务。

（资料来源：https：//mp.weixin.qq.com/s/lkGrBXwIGl67Vakv9WsGlg。）

相关知识

无论一个系统被设计得多么好，都只能和运行它的人一样好。正如我们所看到的，称职、积极主动的员工是任何成功服务运营的基本要素。这就需要选择合适的员工、给他们配备合适的设备、对他们进行适当的引导和培训，再用我们之前控制程序来评定他们的绩效。合适的人员是指能自觉自愿地向客人提供优质服务，并有极大可能与我们的企业文化融为一体的人。

一、酒店接待员的工作要求

之前，我们已经谈了前厅部的重要性。同时前厅部的大部分职责可能都必须由一名接待员承担，这些职责包括在不同的时间接受预订、登记到达、接电话、记账和付款等。

（一）接待员的数量

一家酒店需要多少接待员？这很难说。一条古老的经验法则是：一位接待员应该能够处理 50~60 间住房。然而，该公式不包括后台人员。如果还要求接待员处理客人账单和出纳员的工作，则该比率必须大幅降低。具体因素取决于以下几点。

1. 酒店的入住率

空房间不会产生任何服务或账单。

2. 客人的平均停留时间

连住 7 晚的客人比入住 1 晚的客人给前台带来的负担更少（他们只需要注册一次，账单也更简单）。

3. 活动方式

大多数酒店在清晨和下午晚些时候都会经历出发和抵达的“高峰”，这可能需要额外的员工值班。度假酒店可能有类似的周末“高峰”。另外，繁忙的机场酒店可能会有更均匀的到达和离开时间分布。

4. 所需的联系人的数量

团体可以预先注册，或者一些手续可以由团体组织者负责。自动入住和退房可以减少客人在接待处所需的时间。经验丰富的“FITs”（频繁的独立旅行者）可能会欢迎这种创新，但其他客人仍然喜欢与人接触，接触时应考虑到有助于创造“好客”印象。

（二）工作时间

酒店的营业时间是全年无休，必须每周 7 天营业。所以按照正常工作日 8 小时计算，整个 24 小时可以由三个连续轮班来完成，即：6:30~7:30 的某个时间开始的早班；14:30~15:30 开始的晚班；22:30~23:30 开始的夜班，换班至 06:30~07:30。

夜班通常不像其他两个班那样需要那么多的工作人员，而且常常吸引一些不介意在夜间工作的人员。

前厅通常会设置一些“常日班”，可以减少一些压力。例如08:30~10:30与16:30~18:30。它可能适合有家庭或其他特殊情况的员工，也可以作为后备人才计划的一部分，让员工定期“正常”工作一天。

安排员工轮换是前台经理最具挑战性的职责之一。除小型酒店外，前台必须在周末和工作日随时提供服务。尽管酒店可能需要应对入住率方面的合理变化，但仍需要建立假期权利，并提前安排轮值制，以便员工知道他们什么时候下班。轮值制必须被视为对所有相关人员都公平。编制员工轮换表（客房部、餐饮部以及前台）是编制中期入住率预测的主要原因之一。

假设一家中型酒店采用标准的三班制模式，那么一天的工作可能会安排如下（这是一个简化的例子，大多数酒店都会有自己特定的安排）。

（1）07:00~09:00早班接替夜班。检查备用金；早上叫醒电话、打印早班报表等；办理离店手续；出示账单；处理付款；登记卡。

（2）09:00~12:00处理邮件（提前预订和确认等）；检查住客名单，并与客房部核对；检查住客的信用额度；检查客房状态，必要时给其他酒店打电话；检查客房部报告并关注差异房（如有）。

（3）12:00午餐后付账单，兑现午餐和酒吧收据。

（4）15:00检查备用金和保险柜，核对现金等。

（5）15:00~17:00晚班接班。检查备用金等；检查客房供应情况和当前入住人数；检查所有贵宾抵达并确认安排；准备第二天的抵达和离开名单；准备第二天的登记卡；文件通信；提前入住。

（6）17:00~20:00入住正常到达；检查18:00点的释放，确保这些房间可满足偶然的请求；检查任何不显示状态的房间；处理预订事宜（如有必要）。

（7）20:00~23:00邮寄房费、晚餐和酒吧券；检查备用金和保险柜，核对现金等。

（8）23:00~次日7:00夜班接班；检查备用金等；处理晚入住客人和未经预订直接上门入住的客人；检查房间状态报告；进行夜间审计；运行备份程序。

二、优秀酒店接待员的素质要求

（一）优秀酒店接待员的第一要素

由于服务业的特点，要成为一名真正杰出的酒店接待人员，第一要素是热爱这项职业，而且性格开朗。

热爱职业，首先又关系到对服务业商业的评价问题。在这个问题上，过去和如今、东方和西方，均有很大的区别和变化。过去认为服务行业（售货员、酒保、招待员等）是侍候人的行业。如今随着第三产业在整个经济中所占比重越来越大，随着社会逐渐趋于发达和合理，人们逐步认识到社会各行业间都是相互服务与被服务的关系，接待人员的队伍越来越庞大，层次越来越高（许多服务业工作需要至少大专学历的人才能胜任），接待人员的地位和收入也越来越高。在社会分工日趋精细的现代社会中，广义地讲，每个人都是为别人为社会服务的，并同时接受别人、别的行业对自己的服务。如果一个人对商业、服务业存在低人一等的偏见，觉得不光彩和厌恶，那就不可能成为优秀的酒店接待人员。必须要热爱这项职业，兴致勃勃地学习探索，才有可能出类拔萃。对于想终生从事该行业的人来说，必须树立“以为人服务为快乐”的基本思想。

由于服务工作是人与人的直接接触和交流，所以性格也是重要因素。性格开朗、热情的人，乐于与人接触，能够从给别人带来的喜悦中自己也享受到喜悦之情，相对来说这样的人容易培养成优秀的服务人才。而性格忧郁、郁郁寡欢的人，或者性格过于内向、不敢或不愿与旁人打交道的人，干这一行显然就多了几分困难。仅仅由于工作需要而强忍着克制自己的性格，是很难持久的，而忧郁沉闷的气质和面容，会影响客人的心情甚至同事伙伴的情绪。当然，性格虽有先天因素，也绝非一成不变。对于已经投身于服务业而又性格忧郁或内向的人，要重视这个问题的重要性，通过认真学习和积累经验，来逐渐改善这一点，否则就很难成为行家。

无论先天的性格和气质如何，从事商业、服务业的工作人员，必须培养出一种“能主动为客人服务，并且能够从客人的愉快心情中自己也享受到愉快”的独特性格和气质，这是杰出酒店接待人员最重要的素质之一。酒店的工作不仅仅是一种职业，更是一种生活方式。酒店就是将一种美好的生活理念带给大众的职业。员工要能够带着自身愉悦的同时才能向客人传递愉悦。

（二）个人仪容仪表是服务水平的重要部分

美国企业管理学家施奈德（Benjme Schneider）和鲍恩（David Bowen）指出：企业气氛是影响客人购买行为的一个主要因素。企业气氛不仅与员工的行为有关，而且与服务设施、服务设备、接待人员和客人的仪态仪表相关。其中接待人员的仪态仪表是服务性企业服务环境极为重要的组成成分。

在招聘工作中，不少服务性企业都非常重视应聘人员的容貌。在培训工作中，许多服务性企业都非常强调员工仪态仪表的重要性，并花费大量时间和精力，对员工进行形体训练。同时，服装是影响员工仪态、仪表和服务性企业市场形象的一个重要因素，必须给予高度重视、严格要求。一般人的穿戴可随个人性格喜好而随意变化，不必过分挑剔指责。但对酒店接待人员来说，不修边幅是绝对不允许的。要牢记，酒店接待人员的个人仪表是给客人的第一印象，其重要性甚至要超过店铺的门面装潢。可以想象，在豪华优雅的环境中，如果站着几名肮脏邋遢的接待员，简直就是一幅讽刺漫画！相反，如果接待员穿着统一的制服，穿戴整洁考究，本身就是对酒店最好的活广告，有助于企业形成专业化市场形象，会刺激客人的购买欲望。

接待人员的角色行为也会影响服务性企业的市场形象。接待人员必须学会一整套符合自己职业要求的行为方式。例如，接待人员应做到微笑迎宾，给客人留下良好的初步印象。个人仪容仪表是酒店服务水平的重要部分。要把个人仪容仪表看成是职业水平的重要组成部分。

（三）优秀接待人员应具有的特殊能力

美国著名企业管理学家坦锡克（David A.Tansik）认为，接待人员不仅需要专业技能，而且需要以下一系列知识、技能和能力。

1. 社交能力

酒店接待员与客人之间的接触程度很高，大部分情况下都是为客人提供面对面服务，在服务过程中，客人提供的信息是接待人员需要加工的主要原材料。要从客人那里获得服务工作必不可少的信息，酒店接待员不仅应掌握酒店服务专业技能，而且应具有较强的社交能力和沟通能力，才能为客人提供热情、友好的酒店接待服务。只掌握一种技能，并不能保证优质服务。

当然，在不同的服务情景下，接待人员的专业技术能力和交际能力的重要性也不同。如果接待人员工作非常繁忙，客人必须排队等待服务，客人希望接待人员加快服务速度，而并不会要求接待人员过分热情友好。然而，如果接待人员相当空闲，客人对接待人员的服务态度就会有较高的要求。

2. 合作能力

客人是服务性企业的“兼职员工”。客人必须参与服务过程，配合接待人员的工作，并亲自完成一部分服务工作。因此，客人应在消费过程中学习必要的服务知识和技能。然而，不少客人，特别是第一次接受某项服务的客人，却缺乏消费经验和足够的知识，无法发挥好“兼职员工”的作用，这就要求接待人员做好这类客人的指导和培训工作。

3. 销售能力

前台接待人员与客人相互接触、相互交往，为服务型企业提供了极好的销售机会。接待人员应掌握推销技能，促使客人购买更多产品和服务。

4. 观察能力和自我调节能力

前厅接待人员应善于观察客人的消费行为，设身处地为客人着想，善于根据客人消费过程中的各种暗示，调整自己的服务方法和销售方式，才能提高客人感觉中的服务质量和本企业的销售额。当然，酒店接待员还需掌握必要的计算机能力和一定的语言技能及跨文化技能等。

任务二　酒店接待员的仪容仪表

案例导入

Courtesy English on the Telephone

Mrs. Penny，the supervisor，and a new operator，Tammy in the Telephone Exchange.

Tammy：Hello，this is the Elite Hotel. Tammy speaking（Puts call through）.

Mrs. P：Tammy，please remember never to say “Hello” . It sounds too familiar and casual. Say “Good morning” ，or whatever the time of the day.

Tammy：I always used to say “hello” in the office I worked in before. It’s so friendly.

Mrs. P：Yes，but we are in the “courtesy industry” dealing with guests，not friends. Also，you need not give your own name.

Tammy：I’m sorry. My old boss always asked me to identify myself.

Mrs. P：Well，we are a very busy exchange. So identify the hotel and follow by saying：“May I help you?”

Tammy answers another call.

Tammy：Good afternoon，Elite Hotel. May I help you?

Yes，sir. Hang on（She looks up a room number）. That's Mr. Black in Room 603（She puts the call through）.

Mrs.P：Tammy，you did very well with your greeting，but please remember that we don't give out the names of guests to callers.

Tammy：Why? He asked me who was in 603?

Mrs.P：If he is really a friend，he'd know his friend's name，wouldn't he?

Tammy：Oh，but he wanted to be put through.

Mrs.P：He may be a tout or a salesman. Or worse，he may be checking if the guest is in his room. If the guest is out，he might want to go in to steal.

Tammy：I'm so sorry. Is it all right to give the number if they know the name?

Mrs.P：That's fine. Just another thing–don't say，"Hang on". Say："Just a moment，please. I'll check the information."

Tammy：I see.

Mrs.P：And when you come back with the information say："I'm sorry to have kept you waiting."

Tammy："I'll remember."

Mrs.P：One last thing. Don't put a guest through to an extension without a word. Always say："I'll put you through，sir."

Another call.

Tammy：Good afternoon. Elite Hotel. May I help you?

Rm. 1517? OK! Just a moment please. I'll put you through...

Mrs.P：Splendid，Tammy，but not "OK"，please.

Tammy：Should I say，"Yes，sir."

Mrs. P：Good. Always use，"sir or madam". You can also use，"Certainly，sir."

Tammy：I've got a lot to learn!

Mrs. P：You've done well for the first day.

[评析]

礼貌用语是酒店从业人员的必修课，既体现了员工的个人修养，也体现了酒店对客人的尊重。

1. 接听电话的正确方法

（1）先要说明酒店名称，如果你不是接线生，则要说出自己的名字。

（2）必须保持愉快的声调，把你的微笑纳入你的声音里。切勿使用俗语。

（3）不可对客人用“Hello”，或“Hi”。

（4）客人可以对我们说“Ok”“Right”等，但是我们对客人则应该说“是的，先生。(Certainly，sir.)”“对的，先生。(That’s correct，sir.)”。

（5）不要匆忙地一声不响就为客人接线。应说：“先生，请等等。我为您转接。(Just a moment, sir. I’ll put you through. Please hold the line a moment. I’m putting you through to)”“请您说话吧，先生。(Please go ahead，sir.)”

（6）不要让客人等候而又不予反应，应警觉地向他们说：“对不起，那边无人接电话，请问是否要留言？（Sorry. There is no answer. Would you like to leave a message?)”

2. 问候客人的要点

（1）一知道客人的姓氏，应立刻称呼客人的姓氏。

（2）当人们听到对方称呼自己的名字时，会感到开心。若你不能肯定对方的姓名时，可以问：“您是布朗先生吗？（It is Mr. Brown，isn’t it）?”

（3）时常以“先生”“女士”称呼客人，称呼客人“Miss”时候必须接受其姓。

（4）酒店规定不可以说出客人的名字及房间号。

（5）接电话时，要清楚地对客人说出酒店的名称，即使每天都要说很多次。

相关知识

一、专业的仪容仪表

仪表指人的外表，包括容貌、姿态、风度以及个人卫生等方面。仪容在某种程度上也是仪表所包括的内容，泛指人的外观、外貌。酒店接待人员的仪容仪表的要求，有职业的特殊性和专门要求，和一般人的讲究穿戴完全不一样。下面我们简要地介绍一下有关的具体要求。

（一）酒店员工仪表仪容的具体要求

酒店员工讲究个人卫生，勤理发、勤洗手、勤剪指甲，确保无口臭及体味。仪表仪容的具体要求包括头发、面部、指甲、个人卫生、化妆等方面。

1. 头发

梳理整洁，男子要定时理发。无论男女，都不准留怪异的发型。男接待员剃光头或头发过长、女接待员发型怪异，都容易引起客人的不信任或反感。

2. 面部

时刻保持面部整洁干净。女接待员需化淡妆，不浓妆艳抹、不佩戴首饰。男接待员始终保持面部胡须干净，不许蓄络腮胡、山羊胡及短须。

3. 手、指甲

手应该经常保持干净，指甲要修剪整洁，不得蓄长指甲，女性如果涂指甲油，只能涂无色透明的，不要涂有色的指甲油。上岗前、便后或手弄脏时，一定要洗手刷指甲缝。

4. 鞋袜

皮鞋要每日擦亮。男子以黑色皮鞋为宜，黑色或深色袜子相配。女子以中跟或低平跟鞋为宜：很尖的高跟鞋会导致步态不灵活，也易引起疲劳。女袜不可过于花哨，以淡雅的皮肤色浅棕色为宜，男女的袜子都要每日更换，长袜不可有破洞。

5. 制服

每人应有两套制服，以备随时洗换，制服要按规定穿整齐，裤子应每日熨出裤线。围巾或帽子也必须保持清洁和整齐的外形。名牌一定要随时佩戴在制服左上方正确的位置。除非工作需要，禁止在酒店外穿整套或任何一部分的制服。制服若有损坏，必须立即通知制服间，以及时修补。应确保制服干净无污点，并且熨烫平整。

6. 衬衣和领带

西装制服必须配衬衣和领带。衬衣要特别注意领口、袖口的清洁，衬衣料子要素雅大方，不宜太花哨。领带要打结整齐，不可松垮歪扭。

7. 装饰品

除订婚戒指、结婚戒指外，接待人员在岗位上时，不宜佩戴过多过于花哨的首饰和佩饰品，一来显得大方利索素雅，二来也避免饰物掉落，使自己狼狈，也给客人留下不好的印象。

8. 香水、香脂

接待员在岗时不宜使用过多的香水香脂，以避免香气熏人。香水要选择气味清淡高雅的，用量要少。

前厅部员工是“酒店的脸面”，既是脸面，就需要穿着有风度的衣装，保持仪表堂堂的态度。不仅如此，还要保持一定程度的威严。对于维持大堂的正常秩序，客人们也要听从前厅工作人员的指挥。不论是多么重要的客人，若是给其他客人带来了麻烦，也要引导他 / 她的言行举止。当然不是命令，是请求——加了威严的请求。前厅部员工穿上了酒店的制服，不是为了对客人指手画脚，这是职务的需要，也是责任的象征，是请求客人配合我们的信号。

（二）酒店接待员的仪态礼仪

仪态可以传达思想感情，可以真实地反映心理活动。酒店仪态礼仪的具体要求包括表情、微笑、站姿、走姿、坐姿、手势等方面。

1. 微笑

真正的微笑是一种态度，是热烈的眼神、亲切柔和的声音、谦恭礼貌的肢体动作，它们不受大脑意识控制，是内心喜悦的自然表达。让自己内心真切实在地快乐起来，用内心实实在在的快乐而散发出的笑容去感染客人。

2. 站姿规范端庄

两脚微微开立，双腿并拢直立，体重均匀分布于两脚，一只脚比另一只稍微向前并指向前方。时刻谨记良好的姿势需注意以下几点：收肩（要放松）、肩平且双臂自然下抬头、目视前方、挺胸、直腰、收腹、提臀。

3. 语言要求

（1）作为专业要求，酒店接待员首先要掌握服务业的一套常用的应答客人的专门用语，注意语法修辞的正确和通俗易懂，同时努力克服个人平时习惯的随意用语，如一般人见面说的“嘿，你来啦！”就要改成“欢迎您光临！”，要适时运用“您好”“欢迎光临”“请”“谢谢”“对不起”“没关系”等礼貌用语，要注意向服务对象主动打招呼。其次，要注意接待员的应答一般都很简短；正因其简短且是与陌生人应答，才更需要讲究学问，探索不同情况下最得体又最简明的言辞。

（2）坚持专门的礼貌用语；坚持使用标准语法，开始可能觉得别扭或有负担，时间长了也就习惯成自然。说话有礼貌不仅反映出接待人员个人的修养和素质，也直接反映了这一个企业的素质。作为酒店员工能不能既保持适当的矜持，又能以短短的问候，给客人留下一个有人情味儿的温暖印象，这是服务的要点。

知识链接

1. 打招呼 Hello

招呼客人时，应常保持笑容，望着对方打招呼。不要说："喂"（"Hi"），或"哈罗"（Hello）。

最好对客人说：

"早安，先生 / 女士。""Good morning，sir/madam."

"午安，先生 / 女士。""Good afternoon，sir/madam."

"晚安，先生 / 女士。"（黄昏）"Good evening，sir/madam."（sunset）

"我可否为您效劳，先生 / 女士。""May I help you，sir/madam."

"非常高兴或再次见到您，先生 / 女士。""It's good to see you again，sir/madam."

"欢迎您光临 ... 先生 / 女士。""Welcome to ____________，sir/madam."

"先生 / 女士，祝您入住愉快！""I hope you enjoy your stay with us，sir/madam."

不可对客说："您好吗？""How do you do?" 因为这只适合于介绍的场合。应说："今天好吗？先生。""How are you today，Mr.__________."

2. 说再见 Farewell

"多谢光临。""Thank you for coming." Not "For YOUR coming"

"再见，请再光临，先生 / 女士。""Please come again. Good-bye，madam & sir."

"晚安，祝您好眠。""Good night. Sleep well." 或者"请好好地休息。""Have a good rest."

"希望您在本酒店住得愉快。""I hope you enjoyed your stay with us，madam & sir. Good-bye."

"祝您旅途愉快。""Have a nice trip."

4. 纪律要求

（1）上班前不饮酒，不吃有异味的食品。

（2）不准擅自脱岗、漏岗，不在服务场所使用电话。

（3）严格遵守职业道德。

5. 行为举止要求

（1）经过公共区域时，不要没精打采，要抬起头走路。一定不要抢在客人的前面走；永远不要从两个客人之间挤过，尤其是在他们交谈时。永远不要与同事手拉手地走在一起。

（2）一定要站直，并且精神饱满。

（3）客人看到酒店员工打哈欠或大声喊叫时，对酒店是不会产生好印象的。

（4）搔痒的动作会使人感觉很不干净。

（5）咬指甲会使人认为你缺乏自我控制。

（6）当你和客人乘坐同一部电梯时，不要抢在客人前出入电梯。

（7）经常要为客人开门，并微笑着向他们打招呼。

（8）当客人接近你的办公桌时，一定要请他们坐下。如果他们拒绝坐下，你不要继续坐着，应站起来与客人一起站着。

（9）即使工作不是很忙，也不要倚靠服务台，更不要显示出不耐烦的表情。正确的站姿和随时愿意提供帮助的表情给人以专业的感觉。

（10）如果你觉得很热，到客区外的区域凉快一下。切勿用餐巾擦脸。

（11）工作时间和工作区域内，要时刻保持专业形象。同事之间在休息时间可以开玩笑、讲笑话。

（12）当客人离开酒店时一定要和他们说再见。一句亲切友好的话会让客人觉得很温暖，愿意下次再回来。

展示给客人你最佳的仪容、仪表！给客人留下深刻的印象，既要尊重对方，也要自我尊重。我们酒店的形象，员工就是这一切的代表。

（三）接待客人的礼节

客人在我们的酒店逗留时，不仅记住了他们的房间，而且也记住了他们所享受的服务。酒店除了供应房间、食品和饮料以外，最重要的是为客人提供完善的个人服务（使我们的客人高兴、满意）。

在任何时候，经常展示微笑："下午好，欢迎光临 ××× 酒店"以及"希望您过得愉快，谢谢光临，再见。"将每位光临酒店的客人看作世界上最重要的人。大多数旅行者远离家门，来到一个陌生的城市里，会感到轻微不适，因此酒店有责任使他们过得高兴而难忘，像你所期望被对待的一样对待我们的客人。

（四）电话礼仪

通常酒店里第一次接触客人是通过电话。为了确保礼貌地、体贴地对待每一位打电话的人，必须遵守下列准则。

（1）及时接听电话。在三声铃响之内接听电话。如果你正在接听另外一个电话，可以先通过“请稍等”等待应答，然后接听新的电话。电话线上的客人不会看见站在你面前的客人，记住这一点是很重要的。如果你正在接待客人，表达歉意然后接听电话（不要让打电话的人等候超过 30 秒钟）。

（2）当接听电话时，首先要表示热诚的欢迎，报上你的部门和姓名，然后问，“能为您效劳吗？”例如：“早上好！房管办公室，我是简，能为您效劳吗？”使用礼貌用语：“谢谢”“请”“对不起”“不用谢”和“荣幸之至”等。

（3）准备笔和记录簿，记下必要的信息。在记录时，保证准确和仔细是非常重要的。认真聆听另外一方说话。为确保准确，重复姓名、房间号码或者电话号码以及其他信息。在 10 分钟或更少的时间内采取行动，确定满足客人的要求。

（4）如果电话是打给其他人的，立刻通知这个人并且确定他接听了电话。我们不应该挑选电话（询问是谁打来的电话）。

（5）如果你听不懂电话中的语言，让能听懂这种语言的员工来帮助打电话的人。

（6）不要与电话听筒旁边的人说话，客人可能会听见。如果确有需要首先请求客人允许先不要挂断，然后完成你的谈话。

（7）不必要时，不要在电话上停留太久时间。如果你需要花几分钟才能得到客人所需要的信息，可以和打电话的人说：“我得到信息之后，再给您回电好吗？”然后确定你的承诺、回电。

（8）不要告诉客人“请等一会儿。”事情往往要花费比“一会儿”更长的时间！准确就是礼貌。

（9）当电话结束时，谢谢打电话的人并且小心地挂断电话。使用挂断键或者等对方挂上听筒之后再挂断。“砰”地一下挂上听筒是很不礼貌的。

二、小结

为了能够具备以上素质，酒店接待员要在专业上认真，要善于随时调整自己的情绪，成为一名敬业同时让人敬重的专业人士。想要成为岗位上一道独特的人文风景，其安身立命之本，是不断积累、更新专业知识以及重视操作经验。国外的“万时定律”和袁枚的《随园食单》中的“务极其工，自有遇合”不谋而合——你若用不少于 1 万小时的时间专注在某专业领域追求极限，就可达到大多数人够不着的高度。酒店接待工作还需团队协同推进，处在信息瞬息万变、手机端学习的分享年代，单打独斗或我行我素者终将被淘汰。酒店接待员需在学习中探索心智与身手的完美协同，认真满足客需，和睦同事同行。

这份职业的意义就在于这是个需要精耕细作的职业，同样会产生优秀的“服务大师”。创建“中国服务”不仅需要出色的总经理，也同样需要优秀的专业人员，要使他们乐于在岗位上深化造诣，成为在各自岗位上潜心钻研而能做出成绩的能工巧匠。中国服务的成功一定是与大量的专业人员在各自岗位的成功紧密相连。

拓展阅读

享誉世界的丽思 · 卡尔顿酒店（Ritz Calton Hotels）的服务秘诀之一就是给客人提供满意且超越期望的服务。丽思人人耳熟能详的 Savvy Service Basics（黄金服务法则）完美地诠释了世界技能大赛酒店接待项目的理念。

Savvy Service Basics

Inviting Sense of Arrival

Our guests feel welcome anywhere，anytime，because：

1.Make Great First Impressions

I ensure a great first impression every time through：

- Great presentation of me and my area；
- Following “clean as you go” throughout the hotel.

2. I Use the 15/5 Rule

I proactively and formally acknowledge every guest I come in contact with using the 15/5 rule：

- At I5 steps，I make eye contact and smile；
- At 5 steps，I stop and step aside whenever possible，nod，and greet

them.

3.I Use Perfect Phone Etiquette

I provide exceptional telephone etiquette:

- With a smile;
- Answering in 3 rings;
- Using the guest's name;
- Asking, "May I please place you on hold" ;
- Allowing the caller to end the call;

4.I Thank Every Guest

I thank"the guest by saying."Thank you for:

- ...staying with us;
- ...your comments;
- … dining with us;
- ...calling Renaissance。

5. I Care for the Hotel & Community

I protect and care for my hotel and my community by:

- Using resources wisely;
- Practicing preventive maintenance;
- Reporting defects immediately。

Random Acts of Kindness

Our guests are delighted and have a smile on their faces because...

6. I Delight Unexpectedly

I go out of my way to delight unexpectedly by:

- Creatively helping guests in need;
- Meeting special requests beyond the expected;
- Adding a special note or statement to delivery of guest requests。

7. I Enhance the Experience

I learn something new about each guest and enhance the trip experience by:

- Recommending hotel services and local events;
- Telling the Hotel Story。

8. I Take Ownership

I help with any request by:

- Handing it myself;
- Following up with the guest;
- Following up with the department。

9. I Show Kindness

I show kindness to everyone by:

- Complimenting guests;
- Inquiring about their stay;
- Wishing them a great day。

10. I practice Teamwork

I practice teamwork with courtesy and respect by:

- Helping my fellow associates without being asked;
- Sharing information that will help us delivery Savvy Services。

VIP Personalization

Our guests feel recognized and special because...

11. I Learn Preferences

I help guests ensure a successful visit by:

- Anticipating needs;
- Watching, listening and identifying preferences;
- Acting on what I've learned;
- Recording the preferences。

12. I Deliver Individual Service

In every Interactions, I deliver individual service by giving:

- Relevant and detailed information;
- Specific and accurate direction。

13. I Use L.E.A.R.N.

I am committed to receiving any guest issue:

- Without asking permissions;
- By understanding the individual's expectations;
- By using the L.E.A.R.N. process。

14. I introduce Repeat Guests

I introduce repeat guests:

- By name to another associate;
- Sharing the guest's unique preferences and interests with the associate。

15. I Learn More

I can give guests the information they need through my continuous efforts to learn more about:

- My position;
- My department;
- Other hotel departments。

Very Crisp Conduct& Language

Our guests experience attentive behaviors. They know we respect them because...

16. I Am On Stage

I am always "On Stage":

- I smile;
- I always look my best;

● I am professional – I know not to point，use jargon or slang，or discuss personal matters in front of the guest。

17. I Ask，"May I Please"

I address guests respectfully：

● By name if I know it，or by

● Sir，Ma'am，Gentlemen，Ladies if I don't，and；

● By using "May I ... please"。

18. I say，"I Would Be Delighted!"

I respond to guests enthusiastically with：

● "I（am，would be）delighted!"。

● "... at once!"。

19. I Am Aligned With The Mission

Every action I take at work is aligned with：

● The Brand Promise；

● The Associate Commitment；

● Mr. Marriott's belief that if we take care of each other，we will be able to take care of our guests.

（注：L.E.A.R.N. 程序：L–Listen 仔细聆听；E–Empathize 感同身受；A–Apoligize 真诚道歉；R–React 积极应对；N–Notify 告知结果）

实战演练

3~5 位同学组成一个小组。以小组为单位，完成以下工作（具体工作流程和评价标准可参考本书附录 A）。

一、结合酒店接待员的仪容仪表要求，整理自己的仪容仪表，小组成员之间互相检查，以达到标准。

二、讨论酒店接待员穿着制服的重要性。

三、讨论酒店接待员应具备哪些专业素养，并举例说明。

四、细读丽思·卡尔顿酒店的黄金法则（Savvy Service Basic），尝试翻译成中文，并分享体会。

附录 A：实战演练流程及评价标准

一、工作流程

（1）学生分组，3~5 人一组，每组指定 1 人为小组长。以小组为单位调研本模块的工作任务。

（2）每个小组通过图书馆、网络等途径，分别收集相关资料，全面了解本模块工作任务。

（3）每个小组课后收集材料，完成工作任务。

（4）每个小组 10 分钟的课堂演示和介绍。

（5）教师归纳总结。

二、制订工作计划

三、设备、工具准备

1. 前厅实训基地

（1）模拟前台及其所配置的设备与用品用具，如笔、Opera 系统、打印机及酒店相关宣传资料。

（2）模拟礼宾服务台及其所配置的设备与用品用具，如笔、Opera 系统、打印机及酒店相关宣传资料。

2. 基本电教设备

包括多媒体电脑、投影设备；摄影、录像等设备。

3. 学生要求着正装

四、团队分配方案

每个小组，小组长负责组织本组相关问题的计划、实施及讨论汇总，填写本组人员工作任务实施的小组工作业绩考核表。每个组员按要求完成自己所负责的工作。

小组工作业绩考核表

成员	工作内容	成绩

五、任务评价

3 名裁判为一组，各自单独评分，计算出平均权重分，除以 3 后再乘以该子项的分值计算出实际得分。裁判相互间分差必须≤ 1 分，否则需要给出确切理由并在小组长或裁判长的监督下进行调分。

（一）评分标准及成果展示

1. 评分标准

序号	考核内容	考核要点	配分	评分标准	扣分	得分
1	仪容仪表	名牌佩戴在外衣左上方，服装整洁得体、无破绽，纽扣齐全；鞋袜洁净；不留长指甲；不佩戴过于醒目奇特的饰物；男接待员不留胡须，发长不过耳；女接待员化淡妆	10	有一项不符合要求，扣5分，扣完为止		
2	仪态	行走、站姿正确，行为规范有礼	10	有一项不符合要求，扣2分或3分，扣完为止		
3	语音语调	嗓音很好，语音语调清晰 嗓音较好，语音语调较清晰 嗓音平淡，语音语调尚可 嗓音偏高，语音语调不清 嗓音偏低，语音语调模糊	10 8 6 4 0	—		
4	主动迎宾	对客人微笑、行注目礼、用敬语问候客人	10	遗漏一项扣3分；有一项没做到位，扣1分或2分，扣完为止；累计两项没做到位，扣3分		

2. 成果展示

各小组派代表上台总结完成任务的过程中，学会了哪些技能，发现错误后如何改正，展示拍摄情景视频或展示照片，并在老师的监督下进行示范操作展示。

（二）学生自我评估与学生间互评

模块（学习任务）学习评价表

班级：　　　　　　　　　　学生姓名：
模块名称：　　　　　　　　学习任务名称：

评价项目	评价标准	分值
组织纪律	（1）具有较强的组织纪律性，并起模范带头作用 （2）能够遵章守纪，对自己有一定的职业要求 （3）基本上服从纪律，不拖后腿，不违背组织要求 （4）有服从意识，但未能达到规章要求 （5）服从意识和组织纪律要求不高	5 4 3 2 1

续表

评价项目	评价标准	分值
合作意识	（1）协作能力强，乐于助人 （2）主动与大家沟通协作，有工作热情 （3）参与工作可以满足基本工作要求 （4）被动地接受，应付工作需要，协作意识较弱 （5）有不配合的举动，协作意识较差	5 4 3 2 1
理解与尊重	（1）对待同学处处显示信任、友好和尊重，礼貌待人 （2）与师长、同学友好相处，能理解别人 （3）能与别人正常相处 （4）基本能够适应人事环境 （5）对人不礼貌，与别人相处不到位	5 4 3 2 1
责任感	（1）积极投入，勇于奉献，具有较强的责任心 （2）责任心强，不计个人得失 （3）能投入并负责起自己的工作 （4）责任心尚可，为他人服务意识不高 （5）责任心很欠强，不愿意付出	5 4 3 2 1

（三）小组评估与总结

模块小组：　　　　　　　　　　　　小组成员：

等级	评价标准	小组评语	教师评语
优秀	1. 工作计划目标明确，计划详细，分工清楚，可操作性强 2. 原始资料收集齐全、准确、完整 3. 情景模拟对话格式正确，结构完整，条理清晰。能够用相关专业术语表达服务内容 4. 课堂演示自然大方，视频制作精美，展示准确，能完整展示教学内容，有独创性 5. 在资料整理、技能展示、课堂演示、工作计划等方面表现出较强的职业习惯		
良好	1. 工作计划目标明确，计划详细，分工清楚，可操作性强。 2. 原始资料收集齐全、准确、完整 3. 情景模拟对话格式正确，结构完整，条理清晰。基本能够用相关专业术语表达服务内容 4. 课堂演示自然大方，视频制作良好，展示准确，能完整展示教学内容 5. 在资料整理、录频展示、课堂演示、工作计划等方面表现出良好的职业习惯		

续表

等级	评价标准	小组评语	教师评语
及格	1. 工作计划目标比较明确，计划较为详细，有基本的分工 2. 原始资料收集比较齐全 3. 情景模拟对话格式基本正确，结构完整。基本用相关专业术语表达服务内容 4. 课堂演示与视频自然，基本能展示教学内容 5. 在资料整理、技能展示、课堂演示、工作计划等方面表现职业习惯的养成		
不及格	1. 工作计划不完整，分工不明确 2. 原始资料收集不全、不准确 3. 情景模拟对话格式不正确。不能够用相关专业术语表达服务内容 4. 课堂演示与视频不熟练、不规范，不能完整展示教学内容 5. 在资料整理、技能展示、课堂演示、工作计划等方面不能表现出良好的职业习惯		

（四）教师评估与总结

附录B：《中国旅游饭店行业规范》

（中国旅游饭店业协会2009年8月修订版）

第一章　总则

第一条　为了倡导履行诚信准则，保障客人和旅游饭店的合法权益，维护旅游饭店业经营管理的正常秩序，促进中国旅游饭店业的健康发展，中国旅游饭店业协会依据国家有关法律、法规，特制定《中国旅游饭店行业规范》（以下简称为《规范》）。

第二条　旅游饭店包括在中国境内开办的各种经济性质的饭店，含宾馆、酒店、度假村等（以下简称为饭店）。

第三条　饭店应当遵守国家有关法律、法规和规章，遵守社会道德规范，诚信经营，维护中国旅游饭店行业的声誉。

第二章　预订、登记、入住

第四条　饭店应当与客人共同履行住宿合同，因不可抗力不能履行双方住宿合同的，任何一方均应当及时通知对方。双方另有约定的，按约定处理。

第五条　饭店由于出现超额预订而使预订客人不能入住的，饭店应当主动替客人安排本地同档次或高于本饭店档次的饭店入住，所产生的有关费用由饭店承担。

第六条　饭店应当同团队、会议、长住客人签订住房合同。合同内容应当包括客人入住和离店的时间、房间等级与价格、餐饮价格、付款方式、违约责任等款项。

第七条　饭店在办理客人入住手续时，应当按照国家的有关规定，要求客人出示有效证件，并如实登记。

第八条　以下情况饭店可以不予接待：

（一）携带危害饭店安全的物品入店者；

（二）从事违法活动者；

（三）影响饭店形象者（如携带动物者）；

（四）无支付能力或曾有过逃账记录者；

（五）饭店客满；

（六）法律、法规规定的其他情况。

第三章　饭店收费

第九条　饭店应当将房价表置于总服务台显著位置，供客人参考。饭店如给予客人房价折扣，应当书面约定。

第十条　饭店应在前厅显著位置明示客房价格和住宿时间结算方法，或者确认已将上述信息用适当方式告知客人。

第十一条　根据国家规定，饭店如果对客房、餐饮、洗衣、电话等服务项目加收服务费，应当在房价表或有关服务价目单上明码标价。

第四章　保护客人人身和财产安全

第十二条　为了保护客人的人身和财产安全，饭店客房房门应当装置防盗链、门镜、应急疏散图，卫生间内应当采取有效的防滑措施。客房内应当放置服务指南、住宿须知和防火指南。有条件的饭店应当安装客房电子门锁和公共区域安全监控系统。

第十三条　饭店应当确保健身、娱乐等场所设施、设备的完好和安全。

第十四条　对可能损害客人人身和财产安全的场所，饭店应当采取防护、警示措施。警示牌应当中外文对照。

第十五条　饭店应当采取措施，防止客人放置在客房内的财物灭失、毁损。由于饭店的原因造成客人财物灭失、毁损的，饭店应当承担责任。

第十六条　饭店应当保护客人的隐私权。除日常清扫卫生、维修保养设施设备或者发生火灾等紧急情况外，饭店员工未经客人许可不得随意进入客人下榻的房间。

第五章　保管客人贵重物品

第十七条　饭店应当在前厅处设置有双锁的客人贵重物品保险箱。贵重物品保险箱的位置应当安全、方便、隐蔽，能够保护客人的隐私。饭店应当按照规定的时限，免费提供住店客人贵重物品的保管服务。

第十八条　饭店应当对住店客人贵重物品的保管服务作出书面规定，并在客人办理入住登记时予以提示。违反第十七条和本条规定，造成客人贵重物品灭失的，饭店应当承担赔偿责任。

第十九条　客人寄存贵重物品时，饭店应当要求客人填写贵重物品寄存单，并办理有关手续。

第二十条　饭店客房内设置的保险箱仅为住店客人提供存放一般物品之用。对没有按规定将贵重物品存放在饭店前厅贵重物品保险箱内，而造成客房里客人的贵重物品灭失、毁损的，如果责任在饭店一方，可视为一般物品予以赔偿。

第二十一条　如无事先约定，在客人结账退房离开饭店以后，饭店可以将客人寄存在贵重物品保险箱内的物品取出，并按照有关规定处理。饭店应当将此条规定在客人贵重物品寄存单上明示。

第二十二条　客人如果遗失饭店贵重物品保险箱的钥匙，除赔偿锁匙成本费用外，饭店还可以要求客人承担维修保险箱的费用。

第六章　保管客人一般物品

第二十三条　饭店保管客人寄存在前厅行李寄存处的行李物品时，应当检查其包装是否完好、安全，询问有无违禁物品，并经双方当面确认后，给客人签发行李寄存牌。

第二十四条　客人在餐饮、康乐、前厅行李寄存处等场所寄存物品时，饭店应当当面询问客人寄存物品中有无贵重物品。客人寄存的物品中如有贵重物品的，应当向饭店声明，由饭店员工验收并交饭店贵重物品保管处免费保管；客人事先未声明或不同意核实而造成物品灭失、毁损的，如果责任在饭店一方，饭店按照一般物品予以赔偿；客人对寄存物品没有提出需要采取特殊保管措施的，因为物品自身的原因造成毁损或损耗的，饭店不承担赔偿责任；由于客人没有事先说明寄存物品的情况，造成饭店损失的，除饭店知道或者应当知道而没有采取补救措施的以外，饭店可以要求客人承担相应的赔偿责任。

第七章　洗衣服务

第二十五条　客人送洗衣物，饭店应当要求客人在洗衣单上注明洗涤种类及要求，并应当检查衣物状况有无破损。客人如有特殊要求或者饭店员工发现衣物破损的，双方应当事先确认并在洗衣单上注明。客人事先没有提出特殊要求，饭店按照常规进行洗涤，造成衣物损坏的，饭店不承担赔偿责任。客人送洗衣物在洗涤后即时发现破损等问题，而饭店无法证明该衣物是在洗涤以前破损的，饭店承担相应责任。

第二十六条　饭店应当在洗衣单上注明，要求客人将送洗衣物内的物品取出。对洗涤后客人衣物内物品的灭失，饭店不承担责任。

第八章　停车场管理

第二十七条　饭店应当保护停车场内饭店客人的车辆安全。由于保管不善，造成车辆灭失或者毁损的，饭店承担相应责任，但因为客人自身的原因造成车辆灭失或者毁损的除外。双方均有过错的，应当各自承担相应的责任。

第二十八条　饭店应当提示客人保管好放置在汽车内的物品。对汽车内放置的物品的灭失，饭店不承担责任。

第九章　其他

第二十九条　饭店如果谢绝客人自带酒水和食品进入餐厅、酒吧、舞厅等场所享用，应当将谢绝的告示设置于经营场所的显著位置，或者确认已将上述信息用适当方式告知客人。

第三十条　饭店有义务提醒客人在客房内遵守国家有关规定，不得私留他人住宿或者擅自将客房转让给他人使用及改变使用用途。对违反规定造成饭店损失的，饭店可以要求入住该房间的客人承担相应的赔偿责任。

第三十一条　饭店可以口头提示或书面通知客人不得自行对客房进行改造、装饰。未经饭店同意进行改造、装饰而造成损失的，饭店可以要求客人承担相应的赔偿责任。

第三十二条　饭店有义务提示客人爱护饭店的财物。由于客人的原因造成损坏的，饭店可以要求客人承担赔偿责任。由于客人原因，饭店维修受损设施、设备期间导致客房不能出租、场所不能开放而发生的营业损失，饭店可视其情况要求客人承担责任。

第三十三条　对饮酒过量的客人，饭店应恰当、及时地劝阻，防止客人在饭店内醉酒。客人醉酒后在饭店内肇事造成损失的，饭店可以要求肇事者承担相应的赔偿责任。

第三十四条　客人结账离店后，如有物品遗留在客房内，饭店应当设法同客人取得联系，将物品归还或寄还给客人，或替客人保管，所产生的费用由客人承担。三个月后仍无人认领的，饭店可登记造册，按拾遗物品处理。

第三十五条　饭店应当提供与本饭店档次相符的产品与服务。饭店所提供的产品与服务如果存在瑕疵，饭店应当采取措施及时加以改进。由于饭店的原因而给客人造成损失的，饭店应当根据损失程度向客人赔礼道歉，或给予相应的赔偿。

第十章　处理

第三十六条　中国旅游饭店业协会会员饭店违反本《规范》，造成不良后果和影响的，除按照有关规定进行处理外，中国旅游饭店业协会将对该会员饭店给予协会内部通报批评。

第三十七条　中国旅游饭店业协会会员饭店违反本《规范》，给客人的人身造成较大伤害．或者给客人的财产造成严重损失且情节严重的，除按规定进行赔偿外，中国旅游饭店业协会将对该会员饭店给予公开批评。

第三十八条　中国旅游饭店业协会会员饭店违反本《规范》，给客人人身造成重大伤害或者给客人的财产造成重大损失且情节特别严重的，除按规定进行赔偿外，经中国旅游饭店业协会常务理事会通过后，将对该会员饭店予以除名。

第十一章　附则

第三十九条　饭店公共场所的安全疏散标志等，应当符合国家的规定。饭店的图形符号，应当符合中华人民共和国旅游行业标准 LB/T001—1995 旅游饭店公共信息图形符号。

第四十条　中国旅游饭店业协会会员饭店如果同客人发生纠纷，应当参照本《规范》的有关条款协商解决；协商不成的，双方按照国家有关法律、法规和规定处理。

第四十一条　本《规范》适用于中国旅游饭店业协会会员饭店。

第四十二条　本《规范》自 2002 年 5 月 1 日起施行。

第四十三条　本《规范》由中国旅游饭店业协会常务理事会通过并负责解释。

附录 C：第 46 届世界技能大赛酒店接待赛项要求（英文）

WorldSkills Occupational Standards (WSOS)

General notes on the WSOS

The WSOS specifies the knowledge, understanding, and specific skills that underpin international best practice in technical and vocational performance. It should reflect a shared global understanding of what the associated work role(s) or occupation(s) represent for industry and business (www.worldskills.org/WSOS).

The skill competition is intended to reflect international best practice as described by the WSOS, and to the extent that it is able to. The Standard is therefore a guide to the required training and preparation for the skill competition.

In the skill competition the assessment of knowledge and understanding will take place through the assessment of performance. There will only be separate tests of knowledge and understanding where there is an overwhelming reason for these.

The Standard is divided into distinct sections with headings and reference numbers added.

Each section is assigned a percentage of the total marks to indicate its relative importance within the Standards. This is often referred to as the "weighting" . The sum of all the percentage marks is 100. The weightings determine the distribution of marks within the Marking Scheme.

Through the Test Project, the Marking Scheme will assess only those skills that are set out in the Standards Specification. They will reflect the Standards as comprehensively as possible within the constraints of the skill competition.

The Marking Scheme will follow the allocation of marks within the Standards to the extent practically possible. A variation of up to five percent is allowed, provided that this does not distort the weightings assigned by the Standards.

WORLDSKILLS STANDARDS SPECIFICATION

SECTION		RELATIVE IMPORTANCE (%)
1	Work organization and self-management	15
	The individual needs to know and understand: • The services and facilities offered by the hotel and their tariffs • Legal requirements of the hotel regarding check-in, health and safety, discrimination, guest's property, guests' behaviour, service of alcohol, sale of goods and services, data protection • The rules in the event of an evacuation of hotels and the systems of first point of call for emergency services • The facilities available for guests with disabilities • The structure, role and requirements of front office operations within the hotel industry • Reporting structure, shift patterns and types of staff • The management of the guest cycle • The types of customer likely to use the hotel.	
	The individual shall be able to: • Deal effectively with guest related unexpected situations • Maintain health and safety for guests, colleagues and visitors • Identify oneself with one's organization and its goals • Hand over to the next shift ensuring that all information is passed on • Prioritize work effectively • Ensure that the reception area is well presented in terms of appearance, signage, cleanliness • Apply rules and guidance relating to guests' security • Maintain guests' privacyHotel • Apply all legislation relating to the sale and service of goods and services within the hotel	
2	Communication, customer care, and interpersonal skills	36
	The individual needs to know and understand: • The importance of effective communications with guests • Procedures and guidance for communicating with guests • Barriers to effective communication and how to overcome them • Hotel's policies regarding uniform and personal appearance • The importance of personal presentation • The importance of the hotel reception area in creating a first impression • The use of correct titles and protocols • The links between hotel reception functions and other departments • The role of reception as the hub for communications between departments	

续表

	SECTION	RELATIVE IMPORTANCE (%)
	The individual shall be able to: • Welcome, attend to and communicate with all guests depending on guest type and/or situation, including those with disabilities and communication difficulties • Provide accurate and comprehensive information about the hotel's services and facilities • Maintain good professional relations and communications with colleagues and suppliers • Receive and deliver information from/to colleagues and suppliers • Communicate effectively and in a timely manner with other departments within hotels • Maintain good professional relations and communications with guests • Receive and deliver information from/to guests • Make and receive telephone calls and e-mails • Attend guests during stay and ensure their satisfaction • Maintain excellent personal presentation, abiding by the rules of the establishment regarding uniform, name badge and personal appearance • Be aware of and react appropriately to non-verbal communications such as body language and gestures • Apply listening techniques effectively • Engage in appropriate and professional conversation • Demonstrate self-confidence in dialogue • Demonstrate tact and diplomacy • Effectively resolve conflicts • Respond to special requests	
3	Hotel reservation procedures	3
	The individual needs to know and understand: • Room allocation procedures including density chart, conventional chart, software solutions • The place of central reservations within a hotel chain • Software systems used to record hotel reservations • The types and range of tariffs • The status of provisional, confirmed and guaranteed bookings • Policies regarding deposits and the procedure for taking a deposit at the point of booking • Release times for rooms • Hotel's policies regarding overbooking • All documentation used within hotel relating to reservations • Hotel's policies regarding yield management • Policies relating to the use of agents or brokers	

续表

SECTION		RELATIVE IMPORTANCE (%)
	The individual shall be able to: • Take individual reservations in person, over the telephone, by e- mail, booking platform or letters • Take group reservations by telephone, e-mail, booking platform or letters • Take reservations via approved agents or brokers and record appropriately • Accept walk-in bookings based on room availability, agreeing tariff and payment according to hotels' policies • Request and take deposits according to the hotels' policies • Allocate rooms according to the hotels' policies and procedures • Record requests for additional services or sales to ensure delivery and appropriate charging	
4	Checking-in procedures	3
	The individual needs to know and understand: • Legal requirements regarding documentation and records for national and international hotel guests • Electronic and manual systems for checking-in guests • Procedures and protocols for issuing keys • Different types of traditional and electronic room keys • Registration requirements • The function and updating of guests' histories • Usual guest requests such as early morning calls, newspapers, breakfast, room service • Automated check-in procedures • Procedures for dealing with guests' luggage, belongings and car parking • Group check-in procedures • Overbooking policies	
	The individual shall be able to: • Check in guests according to the hotel's policy and procedure • Maintain all necessary documentation and information relating to guests • Issue room keys to guests • Provide directions to allocated room and information about hotel services and facilities • Request and take instructions for additional services and sales • Ensure payment to prepare for smooth check-outs • Advise on transferring guests' luggage to rooms and organise transfers according to the hotels' policies • Prepare and deal efficiently with arrivals of groups • Handle efficiently overbooking and book-out situations	

续表

	SECTION	RELATIVE IMPORTANCE (%)
5	Administration and back office procedures	8
	The individual needs to know and understand: • Various types of guest recording and accounting systems including manual (tabular ledger) and computerised systems • Types of account • Posting charges to the guest's bill such as restaurant charges, room service, bar, VPO • Credit control systems • Bad debts and how the hotel manages them • How to interpret data including guest histories, mailing lists, databases, accounts, Room statistics; room and sleeper occupancy, average room rates, room yield, • Gross operating profit • How to access data on and improve revenue, promotions, discounts, forecasts, trends, strategies • General office and administrative procedures and processes including filing, word processing, databases, photocopying and maintenance of records • The importance and means of security relating to handling and recording cash and cash equivalents	
	The individual shall be able to: • Use computers and usual office software • File documents and data physically and electronically • Handle and account for cash and cash equivalents • Manage currency exchange as required • Conduct general office and administrative procedures such as filing, word processing, databases, photocopying and maintenance of records • Calculate currency exchanges and transactions with appropriate commission according to hotel's policies • Post charges to guest's accounts accurately • Maintain credit systems in line with hotels' policies • Create and record any guest related document (confimations, letters, etc.)	
6	Sales promotion	14
	The individual needs to know and understand: • The range and purpose of promotional activities used by hotels and hotel groups • The role of the hotel receptionist in promoting and maximizing sales and profit • The role of the hotel receptionist in promoting repeat bookings • The impact of visual displays and promotional material • The role and benefits of loyalty programmes • How to promote hotels online • The role of yield management and online distribution • The different partners and third parties used to generate sales, and their respective roles	

	SECTION	RELATIVE IMPORTANCE (%)
	The individual shall be able to: • Promote and sell hotel services and facilities to guests on arrival and during their stay • Maximize sales, room occupancy, room charges in line with hotel policy and yield management • Book additional services such as taxis, flowers and theatre tickets on behalf of guests • Create effective promotional displays in the reception area • Respond to hotel or hotel group advertising and promotional activities • Manage price resistance • Promote and sell loyalty programmes, recoganize members and ensure they receive the appropriate benefits	
7	Managing complaints	8
	The individual needs to know and understand: • the hotels' complaints procedures • The scope for flexibility and conformity to the procedures • Basic techniques for investigation and analysis • The limits of personal authority • Principles underlying conflict management	
	The individual shall be able to: • Demonstrate foresight in anticipating potential problems and complaints • Put complainants at ease, including moving to an appropriate locations as required • Listen to complaints attentively, taking notes as required • Ask questions objectively and sensitively • Show consideration and empathy while maintaining objectivity • Organize the notes taken, distinguishing between fact and opinion or assumption • Refer to the hotels' procedures in order to identify options and solutions • Apply the hotels' procedures as appropriate to the situation • Refer matters to line managers where they go beyond their personal authority • Check satisfaction after the recovery of service	
8	Checking-out procedures	3
	The individual needs to know and understand: • Check-out times • Billing procedures on guests' departure • Various types of payment method: • Procedure for accounting for advance deposits when preparing guests' bills and receiving payment • How to account for any refunds	

续表

	SECTION	RELATIVE IMPORTANCE (%)
	• Sales taxes and how they apply to hotel bills • Documentation relating to checking-out and guests' departure • Express check-out procedures • Late check-out procedures and policy • How to manage check-outs for large groups and parties	
	The individual shall be able to: • Check-out guests according to the hotels' policies and procedures • Manage express check-out and late check-outs • Manage check-outs for large groups or parties • Receive payments • Account for advance deposits received by hotels and any refunds due to the guests • Apply sales taxation appropriately	
9	Promotion of local area	10
	The individual needs to know and understand: • Cultural, historical and tourist information for the local area • Options of public transportation • The local cuisine • Aspects of local communications and tradition • Know how to obtain new information fast by using the internet	
	The individual shall be able to: • Promote the local area, region and country trough storytelling, experiences and guidance • Plan trips, book tickets and make reservations on behalf of guests • Anticipate guests' needs and promote destinations accordingly • Assist in transportation • Research,obtain and keep information up to date • Learn by heart the most important subjects, to be able to provide guest with quick responses • Collect feedback on the guests' experiences	
	Total	100

References for industry consultation

WorldSkills is committed to ensuring that the WorldSkills Occupational Standards fully reflect the dynamism of internationally recognized best practice in industry and business. To do this WorldSkills approaches a number of organizations across the world that can offer feedback on the draft Description of the Associated Role and WorldSkills Occupational Standards on a two-yearly cycle.

In parallel to this, WSI consults three international occupational classifications and databases:

1.ISCO-08: (http://www.ilo.org/public/english/bureau/stat/isco/isco08/) ILO: 4224

2.ESCO: (https://ec.europa.eu/esco/portal/home)

3.O*NET Online (www.onetonline.org/)

This WSOS appears to relate to Hotel, Motel, and Resort Desk Clerks https://www.onetonline.org/link/summary/43-4081.00,and/or Hotel Receptionist:http://data.europa.eu/esco/isco/C4224

Adjacent occupations may also be explored through these links.

The following table indicates which organizations were approached and provided valuable feedback for the Description of the Associated Role and WorldSkills Occupational Standards in place for WorldSkills Shanghai 2022.

参考文献

［1］东京帝国饭店营业企划室，孙琳．帝国饭店服务秘诀［M］．北京：中国旅游出版社，2000.

［2］袁学娅．中外酒店管理比较——入世后我国酒店管理如何同国际接轨［M］．沈阳：辽宁科学技术出版社，2002.

［3］胡质健．收益管理——有效实现饭店收入的最大化［M］．北京：旅游教育出版社，2009.

［4］［加］詹姆斯·莫里斯，时李铭酒店英语与国际服务文化——3A 酒店英语认证教材［M］．北京：机械工业出版社，2020.

［5］卡瓦那，NINEMEIER. 饭店业督导［M］．北京：中国旅游出版社，2002.

［6］Bacal R . Perfect phrases for customer service ：hundreds of ready-to-use phrases for handling any customer service situation［J］. 2010.

［7］陈为新，黄崎，杨荫稚．酒店管理信息系统教程：Opera 系统应用（第二版）［M］．北京：中国旅游出版社，2016.

［8］陈安萍．酒店财务管理实务［M］．北京：中国旅游出版社，2017.

［9］Abbott，Lewry P / ，S.（Author）. Front office ：procedures，social skills，yield and management［M］. Butterworth-Heinemann，1999.

［10］艾哈迈德·伊兹密尔．现代饭店前厅的营运与管理（引进版）［M］．北京：高等教育出版社，2005.

［11］微信公众号：甘涌酒店研究院．

［12］微信公众号：酒店圈儿．